JN069272

「同志社大学人文科学研究所研究叢書 LXIII」

先住民・移民・女性・高齢者の
人権はいかに
守られるのか？

ラテンアメリカと 国際人権レジーム

宇佐見 耕一 編著

晃洋書房

は じ め に

　ラテンアメリカにおける自由権と社会権からなる人権は，憲法や法律におい
て比較的早期から制度的には保護されてきた．しかし，その実効性とそれらが
適用される範囲に限界があることも多くの論者により指摘されてきた．そうし
た既存の人権保護制度の不十分性は，先住民，移民／難民，女性等最も保護を
必要としている社会的脆弱層において顕著であることも知られている．他方，
世界的にも，また米州地域レベルでも人権を保護する多くの条約，宣言，声明
等が一般的なものや特定のグループを対象として発せられてきており，それら
は日本も参加している国際人権レジームと呼ばれている．

　本書は，そうした国際人権レジームが各国の社会的脆弱層を保護する法制度
や機構の整備にどのような影響を与え，またそれらが実質的に各国の社会的脆
弱層の人権保護にどの程度実質的意味を持っているのかを明らかにすることを
目的としている．本書の執筆者 7 名は，政治学等社会科学的アプローチをする
研究者と，フィールドワークを基に分析を行う人類学・社会学的アプローチを
する研究者からなる．前者は本課題をマクロ的見地からアプローチし，後者は
ミクロ的見地からアプローチしており，こうしたマクロとミクロレベルから課
題にアプローチするのが本書の特色である．

　本書の基となる科研費による研究会は，2019年に発足し2022年度末で終了し
た．予備的研究が終了し，本格的調査を行おうとした2020年に新型コロナ感染
症が世界的に流行し，同年と2021年海外での調査は不可能となった．ようやく
2022年夏から海外調査が可能となり，研究の遅れを取り返すべく，最善の研究
を行ったつもりである．この間，ラテンアメリカの社会的脆弱層は，新型コロ
ナ感染症により最も打撃を受けたことを我々は忘れてはならない．本書を通じ
て，ラテンアメリカの社会的脆弱層の権利保護の実態を読者に少しでも理解し
ていただき，彼らとの連帯意識を思い描いていただければ，執筆者一同の喜び
とするところである．

編　著　者

目　　次

序　章　国際人権レジームとラテンアメリカにおける人権保護

宇佐見耕一

は じ め に

　2020年代の今日のラテンアメリカにおいて，世界的傾向に沿って LGBT 等多様性に関する人権保護が制度的に拡大する傾向にある一方で，自由権と社会権を含めた従来から存在する人権に関する多大の問題群は未解決のまま存在している．それらを含めた今日のラテンアメリカの人権問題を考えるとき，1970年代までの権威主義体制，1980年代の政治的民主化と経済危機，1990年代の新自由主義経済導入と社会政策の拡大，21世紀になってからの左派政権の拡大等々の経済・政治・社会の変容を意識する必要がある．自由権と社会権を含めた人権は，まず各国において保護されるべきものだからである．

　人権の保護は，制度的には各国の行政・司法・立法で保護されるべきものであるが，他方で世界人権宣言以降国際的に人権を保護する数多くの宣言や条約等が締結され，後述する国際人権レジームと呼べる制度を形成しているといえる．人権に関する研究をみると，ラテンアメリカ各国における自由権と社会権を含めた人権の状況，問題点や政策提言に関する研究は極めて多くなされている．他方，国際人権レジームが，各国の人権保護にどのような影響を与えているのかという研究は，権威主義体制下の人権侵害問題を扱う研究を除いて少ない．本書においては，国際人権レジームが各国の各種人権問題に関してどのような影響を与えているのかという点を分析することを目的としている．

　ラテンアメリカ諸国では，各分野で憲法，法律，政令といった法制度での権利保護は，従前から進んでいる．その事例としてよく引用される1917年のメキシコ憲法では，先住民の権利，教育の権利，思想・表現の自由，死刑の禁止，土地や水の国家への帰属とその再配分，8時間労働制をはじめとする労働者の

諸権利等先進的に各種の権利を保障している[1]．しかし，ラテンアメリカ諸国で制定されている人権保護の諸制度が実質的に各種の権利を保障されているのかという点に関しては重大な疑問が残されていることは，周知の事実であろう．そのうえで，国際人権レジームが各国における人権の実質的保障に関して，いかなる影響があるのかという設問が本書の具体的に解明しようとする課題である．

1　国際人権レジーム[2]

　第二次世界大戦後における国際的な人権に関する宣言・条約の出発点として，1948年の第3回国連総会において決議された「世界人権宣言」がある．同宣言は，「すべての人間は，生まれながらにして自由であり，かつ，尊厳と権利について平等である」にという文言に始まるように，「基本的人権，人間の尊厳及び価値並びに男女の同権[3]」という基本的人権のうち，主として自由権に関してそれを保障すべきものであると宣言している．この人権宣言は，世界の全ての機関がこの宣言の目標を達成するように漸進的に措置を講ずる努力をすべきであるという努力目標であるが，その後の国際的な人権に関する各種の宣言・条約の基底をなす宣言であるといえる．

　「世界人権宣言」では，このように人権のなかの自由権を保護する内容であったが，国際連合では1966年には社会権規約と呼ばれる「経済的，社会的及び文化的権利に関する国際規約」（国際人権A規約）が総会で採択された．それは，同時に採択された自由権規約と呼ばれる「市民的及び政治的権利に関する国際規約」（国際人権B規約）と対をなすものであった．学説的には人権のうち自由権と社会権は，性格が異なることが指摘されている．例えばグランストンやドネリーは，社会権は法律に規定しただけではそれが実現できず，資源や地位等により適用対象が異なるため，普遍的制度となっていない（Granston, 1973: 65-67; Donelly, 2013: 41）と主張している．他方ノワックは，最低限の社会権の保障が自由権の保障と同様に根本的に重要であるとしている（Nowak 2002 1）．

　社会権を規定した国際人権A規約では，労働に関する諸権利，社会保障，児童，食料・住居，健康，教育および文化活動に関する諸権利の保護が定められている[4]．他方，自由権を保護する国際人権B規約では，死刑の規制，拷問の禁止，奴隷・強制労働・不当逮捕の禁止が定められ，さらに裁判での平等，罪刑

法定主義，思想・良心・宗教の自由，表現・結社の自由，家族の保護と婚姻が両性の合意に基づくものであることの保障，児童の保護，政治活動の自由，法の前での平等が定められている．このように国際人権法においては，自由権のみならず社会権も人権を構成する要素としてみなされている[5]．しかし，この国際人権A規約で言及されている社会権は，今日の観点からみると限定的であった．

　その後国連をはじめとした国際機関が中心となり，**表1**にあるように人種差別の禁止，女性の権利，障碍者の権利，高齢者の権利等個別のカテゴリーに対応した権利条約・宣言が制定された．国際的な人権保障の制度的拡大は，条約や宣言の拡大にとどまらず，それを執行する国際機関が形成されていった．古くは労働者の権利を擁護する機関として，国際労働機関（ILO）が1919年に設立されたのをきっかけに，国際連合児童基金（UNICEF 1946年設立），世界保健機関（WHO 1948年設立），国際連合難民高等弁務官事務所（UNHCR 1950年設立），

表1　国際連合が制定した人権に関する条約・宣言と実施機関

1966年	人種差別撤廃に関して「あらゆる形態の人種差別の撤廃に関する国際条約」同条約の下，人種差別撤廃委員会が設置された．
1979年	女性差別撤廃に関して「女子に対するあらゆる形態の差別の撤廃に関する条約」同条約の実施状況と締結国からの報告書を検討する機関として女子差別撤廃委員会が設置されている．
1984年	拷問等の禁止に関して「拷問およびその他の残虐な，非人道的なまたは品位を傷つける取扱いまたは刑罰を禁止する条約」同条約の実施監視機関として拷問禁止委員会が設置されている．
1989年	子どもの権利全般に関して「子どもの権利に関する条約」同条約の実施の監視と各国からの報告書の検討機関として子どもの権利委員会が設立された．
1990年	移住労働者とその家族の権利に関して「すべての移住労働者とその家族の権利の保護に関する国際条約」同条約の監視機関として移住労働者委員会がある．
1991年	高齢者の権利のための国連原則
2006年	障害者の権利に関して「障害者の権利に関する条約」同条約の監視機関として障害者の権利委員会が設立された．
2006年	強制失踪の禁止とその保護を目的とした「強制失踪からのすべての者の保護に関する国際条約」
2007年	先住民の権利に関する国際連合宣言
2008年	国連総会における性的志向と性的自任に関する宣言

出所：国連広報センター（https://www.unic.or.jp/activities/humanrights/document/other_treaties/）に加筆　2021年7月16日閲覧．

国際移住機関（IOM 1951年設立），ジェンダー平等と女性のエンパワーメントのための国連機関（UN Women 2010年設立）などが設立されている．

　このように，人権を保護する国際的な条約，宣言，またその実行を担う国際機関が形成され，それは国際人権レジームと呼ばれるようになった．クラスナーはレジームを「国際関係の所与の争点領域においてアクターの期待が収斂する所の明示的もしくは暗黙の原則，規範，ルールおよび意思決定手続きの総体である」（クラスナー，2020: 3）と定義している．そして本書で取り扱う国際人権レジームは，人権ガバナンスの基盤となる「国連を舞台として作られた世界人権宣言と国連人権諸条約を中心としたもの」（赤星，2021: 177）から構成されている．

　また，今日の国際機構とは，単に主権国家が集まり協議・共通の政策を遂行する場にとどまるのではない．国際政治の場では，多様な政治アクターが参加するようになり，国際機関や市民社会組織の参入もみられるようになってきている．そこでは国家間で何を取り決めたのかのみならず，それが国際機関事務局によってどこまで実施されるのか，さらに市民社会組織がどのような影響を与えているのかいう点にも注目する必要があるとされる（山田，2020: 19-21）．例えば，現在国連が推進している持続可能な開発目標（SDGs）には，多くの人権保護目標が掲げられているが，そこには国家，国際機関，市民社会組織のみならず民間企業も大きな役割を果たすことが期待されている．

　本書の課題であるどの程度国際人権レジームが国内的に実効力をもつかという問題に関して，ドネリーの1986年に発表した国際人権レジームの構造を分析した論文が明確な分析枠組みを提示してくれる．彼は，国際人権レジームの構成要素を規範・原則・ルールと，その決定手続きによりその分類枠組みを示している．まず，規範・原則・ルールについて，それが完全に国際的なものから完全に国内的なもののまでの次の四段階に分類している（宮脇，2003: 60-61; Donnelly, 1986: 603-604）．① 国際的基準がそのまま各国により受け入れられた権威のある国際規範，② 国家が部分的に国際基準を受け入れた国家による例外規定のある国際基準，③ 国家により受け入れられてはいないが推奨されている国際ガイドライン，④ 国際的基準が不在の国家レベルの基準．

　一方，国際規範等の決定手続きに関して，ドネリーは以下の6つのタイプを挙げている．① 有効な強制力を伴う国際的決定，② 国際的監視，③ 国際的政策協調，④ 国際的情報交換，⑤ 国際的勧告または支援，⑥ 国家主権のもとに

行われる国家による決定．彼の国際レジーム構成要素の分類は，この規範・原則・ルールと，その決定手続を交差させて行われる．そして主として決定手続きを基にレジームを ① 強制レジーム，② 履行レジーム，③ 促進的レジーム，④ 宣言的レジームに分類している（宮脇, 2023: 60-61; Donnelly, 1986: 603）．このように，国際レジームといってもレジームによりその性格が異なることが指摘されている．

　他方，本書で取り扱う国際人権レジームは，国際条約，宣言，規約があり，それに加えてそうした条約や宣言等の実効性を担保する国連，ILO，WHO 等の実施機関から構成される複合的なレジームである．これをどのように分析するのかという問題に関して，コヘイン（Keohane）とヴィクター（Victor）は，その気候変動に関する国際レジームを考察した論文において，レジーム・コンプレックス（regime complex）という概念を提起している．彼らは国際的な案件を規制する制度を，一方の極に単一の統合された法的制度を備えた機関があり，その対極に非常に分散した配列の制度があるとする．レジーム・コンプレックスとは，この両極端の中間に位置する国際レジームであるとする（Keohane and Victor, 2011: 7）．

　彼らの考えに基づいて山田は，環境問題や人権問題の解決には多様な利害関係者がアクターとして参加しているとする．この多面的課題と多様なアクターは相互に関連しており，その合理的解決には複数のレジームを関連付けながら同時並行的な解決を模索する必要があり，そのためには複数のレジーム要素から構成されるレジーム・コンプレックスというが概念を用いて分析することが有効であるとする（山田, 2021: 97）．コヘイン等によるレジーム・コンプレックスの定義は「確認できるコアとヒエラルキー的ではないがゆるやかに結びついた制度のシステムを伴う半ヒエラルキー的レジーム（Keohane and Victor, 2011: 8）」ということになる．国際人権レジームの実態は，こうした多様な制度が緩やかに結びついたレジーム・コンプレックスであり，その中に特定のイッシューに特化した人権レジームがあり，それらがゆるやかに結びついたレジームであるといえる．

　また，こうした人権レジームをグローバリゼーションのなかで，国家を超える権利主体の出現とみなす論者としてサッセンがいる．彼女は移民労働者の人権レジームに関して，グローバリゼーションの現象の中に，グローバル資本による国家の役割の変容と超国家的レジームの形成と，国籍を超えた個人の権利

を重視した国際人権レジームの形成を見出している（サッセン, 2004: 162-173）. そこでは国際人権レジームの下では, 国家を超えて個人や市民社会組織が権利の主張をなし得る制度の形成とみなしている.

　こうしてみると, 本書の課題は国際人権レジームの中の個別的イッシューに関する人権レジームがどのような性格のものであり, それが人権保護に関して国家に与える影響のみならず, 個人の人権あるいは特定の人々の人権をいかに保護しているのかを解明することが本書の課題となる.

2　ラテンアメリカにおける人権問題

　ラテンアメリカにおける人権の状況を概観するために, 2021年版の米州人権委員会の報告書にある地域全体の人権状況の記述から紹介しよう（CIDH, 2021）. まず, 新型コロナウイルス感染症に対して各国で対策が取られているが, 歴史的に排除されてきたグループには対策が及ばず, 感染症の拡大により特定のセクターは, 重度の貧困状況に直面している点が指摘されている. また, 感染症により自由が剥奪されている収監者の生活状況の悪化, 民主主義と司法制度の弱体化の懸念, 民主的スペースの閉鎖, 人権擁護者・ジャーナリストへの暴力（殺人・ハラスメント, 脅迫, 犯罪化を含む）, 人権侵害に対する高いレベルでの免責と各種行政レベルでの汚職, 市民の治安維持に関する武装化, 性暴力の拡大, 社会経済的排除の深化, 国家による社会的抗議に対する不均衡な抑圧の存在が指摘されている.

　そのなかで移民と人の移動に関する人権問題として① ベネズエラにおける人権の危機として, 六百万人以上の移民・難民の発生, ② ニカラグア人の移動の増加, ③ 中米から北米への移動, ④ ハイチ人の連続的な人の移動, ⑤ 国境地帯での危機と治安悪化, ⑥ 歴史的また現代における国内からの人の排除と移動が指摘されている（CIDH, 2021: 469-471）. このように米州人権委員会の年次報告では, 相変わらず人権のうち自由権の侵害が続いていることが述べられている. 同時に社会的排除のように社会権に関する問題の存在にも注目している.

　同米州人権委員会の報告では, 人権のうちでも自由権に関しても問題が多いことが指摘されている. そのなかで特に注目されるのが, 人体に危害を加える人権侵害・暴力の多さが繰り返し指摘されている点である. 図1は, 2019年に

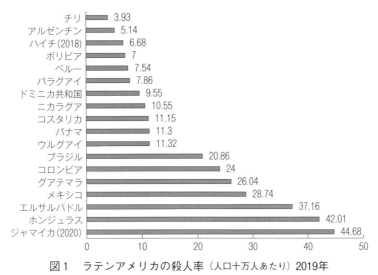

図1　ラテンアメリカの殺人率（人口十万人あたり）2019年

出所：UNdata（http://data.un.org/DocumentData.aspx?q=homicide&id=443#33）2023
年3月23日閲覧.

　おける人口10万人あたりの殺人件数を示したものである．そこにはカリブ諸国
のジャマイカや中米諸国で特にその数値が高いが，域内大国のブラジルやメキ
シコにおいても高い数値が示され，暴力が日常化している状況を知ることがで
きる．その指数が最も高いジャマイカは，人口10万に当たりの殺人数が44.68,
ブラジルで20.86，最も低いチリで3.93である．同様の指数は，日本では0.25,
ドイツ0.75，韓国0.58であり，ラテンアメリカの状況は，極めて危機的である
と言わざるを得ない．
　また，ラテンアメリカ諸国の多くは，1980年代に権威主義体制から民主主義
に移行したと考えられている．しかし，2023年現在でも民主主義に問題を抱え
ている国が存在する．例えばフリーダムハウスの政治的権利と市民的自由から
構成される民主化指数は，自由，部分的自由，非自由に分類されている．ラテ
ンアメリカ諸国で非自由に分類されている国は，キューバ，ハイチ，ニカラグ
ア，ベネズエラである．また部分的自由に分類されている国は，域内大国のメ
キシコを含み，その他ボリビア，ドミニカ共和国，エルサルバドル，ホンジュ
ラス，パラグアイ，ペルーである[6]．このように今日のラテンアメリカ諸国の中
では，自由権のうちの政治的権利や市民的自由に問題のある国が多く存在して

表2　ラテンアメリカ主要国のインフォーマル率（21年）・失業率（21年）・貧困率（20年）

| | インフォーマル率% | | 失業率% | | 貧困人口率% | |
国名	男性	女性	男性	女性	最貧困率	貧困率
アルゼンチン	46.9	45.9	7.9	9.9	6.0	34.2
ボリビア	83.5	86.7	4.6	5.6	13.5	32.3
ブラジル	45.8	46.9	10.7	16.5	5.1	18.4
チリ	26.4	27.8	8.6	9.2	4.5	14.2
コロンビア	62.4	61.6	11.3	17.5	19.2	39.8
コスタリカ	37.0	40.5	12.7	22.0	4.0	19.4
エクアドル	67.3	70.4	3.6	5.7	10.8	30.6
エルサルバドル	66.2	71.9	6.3	6.3	8.3	30.7
グアテマラ	79.0	79.0	1.8	2.9	n.d.	n.d.
ホンジュラス	83.6	81.0	7.0	10.7	20.0 (19)	52.3 (19)
メキシコ	56.7	54.2	4.1	4.2	9.2	37.4
パナマ	58.7	51.3	11.0	11.8	5.7 (21)	15.6 (21)
パラグアイ	68.1	70.0	5.9	9.7	6.0	22.3
ペルー	64.0	73.0	5.2	6.6	8.6	28.4
ウルグアイ	22.8	19.7	7.9	11.0	0.3	5.0
ラテンアメリカ平均	56.2	56.7	7.7	11.3	13.1	32.8

注：ラテンアメリカ平均は，主要国の平均.
出所：CEPAL, *Anuario Estadístico de América Latina y el Caribe 2022*, Santiago de Chile: CEPAL, 2022.
CEPAL, *Balance preliminar de las economías de América Latina y el Caribe 2022*, Santiago de Chile: CEPAL, 2021.
https://statistics.cepal.org/portal/cepalstat/dashboard.html?theme=1&lang=es　2023年3月28日閲覧.

いる.

　ラテンアメリカ諸国では，人権のうち社会権も大きな問題を抱えている．例えば雇用に関して，2021年の主要国平均の失業率を性別にみると男性では7.7%，女性は11.3%である．それ以外は労働人口の中の就業人口である．しかし，ラテンアメリカの雇用で問題なのは，就労人口の中でインフォーマルセクターの比率が高いことである．インフォーマルセクターでの雇用は，正規の労働契約はなく，雇用が不安定で低賃金であるばかりでなく，正規雇用に付随

する社会保障の権利も有していない．インフォーマル就労率と並んで問題なのが貧困率の高さである．これも最高のホンジュラスの52.3％から最低のウルグアイの5.0％まで国による差が大きいものの，ラテンアメリカ平均で32.8％が貧困ライン以下の所得しか得られていない．

　さらに貧困は所得貧困に限らず，健康，教育，生活水準が剥奪された生活水準全般から見た貧困にも注目する必要がある．国連開発計画（UNDP）がまとめた健康，教育，生活水準の剥奪度を総合した多元的貧困指数がそれを示している（UNDP, 2022: 32-33）．そこでは2010年から2021年にかけて調査年度にばらつきがあり，全ラテンアメリカ諸国が調査されていないものの，域内の多次元的貧困指数に関しておおよその傾向を知ることができる．この統計では，ラテンアメリカ域内における多元的貧困率は，最高がハイチで48.4％と約半数の人口が生活水準全体から見て貧困状況にある．しかし，それが最低のコスタリカでも37.1％と決して低くなく，同国の所得貧困より高い数値を示している．このようなラテンアメリカにおける多次元的貧困指数の高さを見ると，そこには国際人権A規約の第3部において保障されている，労働に関する諸権利，社会保険及びその他の社会保障の権利，家族・児童・母性に関する権利，食料・住居に関する権利，健康・衛生・医療に関する権利，教育に関する権利[7]といった社会権一般が実質的に不十分にしか保障されていないことがみてとれる．

　このようにラテンアメリカ地域では，自然権と社会権を含めた人権の保護が不十分であることが確認された．それは一方で，国家による各国民の人権の保護が多面的に不十分であることが理由であろう．他方，本書の課題は国家を超えた国際的人権レジームが各国の各種人権保護にどのような影響を与えたのかを明らかにすることである．以下，本書でどのようにこの課題に取り組んでいるのかに関して，本書の構成を説明しつつ読者諸氏にそれを提示したい．

3　本書の構成

　前述したように，国際人権レジームの中の個別的イッシューに関する人権レジームがどのような性格のものであり，それが人権保護に関して国家に与える影響のみならず，個人の人権あるいは特定の人々の人権をいかに保護しているのかを解明することが本書の課題となる．この課題を解明するために本書は，政治学的視点と社会学・人類学的フィールドワークからの視点を交差させた分

析を行う．具体的に本書は，以下のような構成を持つ．

第1章は，アルゼンチンにおける高齢者の人権と地域的人権レジームを取り扱ったものである．アルゼンチンは国際的，また米州地域における高齢者の人権を保護する制度制定に関して，国家として積極的かかわってきた．そして米州レベルでの高齢者保護条約が制定された．そこには国際機関の国連ラテンアメリカ経済委員会が大きな役割を果たした．このように第1章では，国際的，地域的高齢者保護の人権レジームの形成過程を分析し，そうして成立した高齢者人権保護レジームが，アルゼンチン国内で行政，立法，司法のレベルどの程度の影響を持っているのかを検証する．第2章と3章は，それぞれメキシコにおける家内労働者の人権および難民／移民の人権とそれぞれの国際レジームとに関する論考である．第2章では，家事労働者条約をはじめとした家事労働者の人権にかかわる国際人権レジームがメキシコの中でどのように政策化され，それがインフォーマルセクターに属する家事労働者の人権保護にどこまで効果があるのかを検証している．第3章では，移民／難民に関わる国際人権レジームがメキシコの移民／難民政策にどのような影響を与え，そうしたメキシコの政策がメキシコにおける移民／難民の権利をいかに保護している，あるいはいないのかを移民／難民に対するインタビューを基にミクロ的視点から検証している．第4章から第6章にかけては先住民の権利に関わる国際人権レジームと各国の先住民の権利保護に関する論考である．第4章では，ペルーを事例として先住民の権利保護に関する国際人権レジームのうち事前協議制度がペルー国内の先住民の権利保護にどの程度有効であるのかを，ペルーにおける先住民の状況や政治的推移といったマクロ的背景と合わせて分析している．第5章では，同じくペルーにおける先住民の権利を擁護する事前協議制の有効性に関して，フィールド調査を基にミクロ的視点から分析している．第6章では，コスタリカにおける先住民を保護する国際人権レジームが同国の先住民をどの程度保護しているのかに関し，フィールド調査を基に教育と土地問題に焦点を当て分析している．第7章では，ベネズエラにおけるチャベスとマドゥーロ政権下での人権，特に自由権の侵害と国際人権レジームとの関連を考察する論考となっている．

注
1）https://www.scjn.gob.mx/sites/default/files/pagina_transparencia/documento/2022-

12/CPEUM-20221118.pdf　2023年3月11日閲覧.
2）序章第1節は，宇佐見（2021）の論文を基にしている.
3）外務省ホームページ（https://www.mofa.go.jp/mofaj/gaiko/udhr/1b_001.html）
　2021年7月9日閲覧.
4）https://www.mofa.go.jp/mofaj/gaiko/kiyaku/2b_004.html　2023年3月13日閲覧.
5）https://www.mofa.go.jp/mofaj/gaiko/kiyaku/2c_004.html　2023年3月13日閲覧.
6）https://freedomhouse.org/countries/freedom-world/scores　2023年3月24日閲覧.
7）外務省ホームページ（https://www.mofa.go.jp/mofaj/gaiko/kiyaku/2b_001.html）
　2021年7月13日閲覧.

参考文献
赤星聖　「人権（労働者，女性，子ども）──人権規範の浸透と多中心化・多争点化する
　ガバナンス」西田真規子・山田高敬編『新時代のグローバルガバナンス論──制度・
　過程・行為主体』，ミネルヴァ書房，2021年.
宇佐見耕一「国際人権レジームと社会福祉・社会保障」宇佐見耕一他編『世界の社会福祉
　年鑑2021』旬報社，2021年.
クラスナー，スティーヴン　D.,「構造的原因とレジームの結果──媒介変数としての
　レジーム」クラスナー，スティーヴン　D.編（河野勝監訳）『国際レジーム』勁草
　書房，2020年（Krasner, Stephen D., "Structural Causes and Regime Consequences:
　Regimes as Intervening Variables", Krasner, Stephen D ed. *International Regimes*,
　Ithaca NY: Cornell University Press, 1983）.
サッセン，サスキア（田淵太一・原田太津男・尹春志訳）『グローバル空間の政治経済学
　──都市・移民・情報化』岩波書店，2004年（Sassen, Saskia, Globalization and its
　Discontents, New York: New Press, 1998）.
宮脇昇『CSCE人権レジームの研究──「ヘルシンキ宣言」は冷戦を終わらせた』国際書
　院，2003年.
山田高敬「国際レジームの系譜──統合から分散へ」西谷真規子・山田高敬編『新時代の
　グローバルガバナンス論──制度・過程・行為主体』ミネルヴァ書房，2021年.
──────「国際機構」，西谷真規子・山田高敬編『新時代のグローバルガバナンス論──
　制度・過程・行為主体』ミネルヴァ書房，2021年.
CEPAL, *Anuario estadístico de América Latina y el Caribe 2022*, Santiago de Chile: CEPAL,
　2022.
──────*Balance preliminar de las economías de América Latina y el Caribe 2022*, Santiago
　de Chile: CEPAL, 2021.
CIDH: Comisión Interamericana de Derechos Humanos, *Informe anual 2021*, CIDH, 2021,
　https://www.oas.org/es/CIDH/informes/IA.asp?Year=2021　2023年3月23日閲覧.
Donnelly, Jack, "International Human Rights: A Regime Analysis" *International Organiza-
　tion*, Vol. 40 No. 3, 1986.
──────*Universal Human Rights, In Theory and Practice*, Ithaca: Cornell University
　Press, 2013.

Granston, Maurice, *What are Human Rights*, New York: Taplinger Publishing, 1973.

Keohane, Robert O. and David G. Victor "The Regime Complex for Climate Change", *Perspective on Politics*, 2011, Vol. 9 No. 1.

Nowak, Manfred *Introduction to the International Human Right Regime*, Leiden: Brill Academic Publishers, 2002.

UNDP, *Global Multidimensional Poverty Index 2022*, UNDP, 2022, https://hdr.undp.org/ system/files/documents/hdp-document/2022mpireportenpdf.pdf　2023年3月30日閲覧.

第1章　アルゼンチンにおける高齢者保護と　　国際人権レジーム

宇佐見耕一

は じ め に

　アルゼンチンにおいて高齢者の人権が権利として社会に定着したのは，ペロン政権期（1946-55年）に，大統領夫人のエバ・ペロンが主導して1948年に発出された「高齢者の権利宣言」が最初のものであろう．この「高齢者の権利宣言」は，ペロン大統領が労働総同盟書記長に手渡した「労働者の権利宣言」とともに，1949年のペロン憲法と呼ばれるアルゼンチンの最高法規の中に組み込まれることとなった．国内的高齢者保護制度としては，第二次世界大戦後にみられた年金制度の整備拡大があり，現在では拠出制度のほかに低所得者向けの非拠出制度が拡大されている．同時に高齢者向けの医療制度が整備されて，その他ケアの制度も順次整備されてきている．

　他方，1948年の世界人権宣言が採択されたパリで開かれた国連総会において，エバ・ペロンは高齢者の権利に関する取り組みを提起していた（Roqué, 2017: 68）．さらに，国際的にアルゼンチンは2015年に制定された米州高齢者人権条約の作成を先導していた．このようにアルゼンチンでは，第二次世界大戦直後から高齢者の人権保護に関して，国内的取り組みと国際的取り組みがなされてきた．本章では，アルゼンチンの高齢者の人権保護に関する諸制度の形成において，国際人権レジーム，特に国際高齢者人権レジームがアルゼンチンの高齢者の人権保護にどのような影響を与えたのかを考察する．

　序章で述べたように人権には自由権と社会権があり，また社会権を構成する社会保障制度の諸制度は各国において形成されるものであり，国際的な人権レジームの諸制度に対する影響は国ごとに異なっている．本章では，高齢者に関連した国際人権レジームとアルゼンチン国内の高齢者保護制度形成の関係を考

察する.

　この課題に取り組むにあたり，ジェソップの指摘した議論が参考となる．彼によるとケインズ主義的福祉国家はシュンペーター的市場競争の世界へ移行する．そこでは，ワークフェアー的要素が強まり，福祉国家は相対化し，そして多様な主体が参加する福祉レジームへ移行するとする．その移行の三番目，国家の相対化のシフトがここでは注目される．ジェソップの述べている国家の相対化とは，先進国におけるケインズ的福祉国家が揺るぎ，それまで経済政策や社会政策の策定において国家が握っていた優位性が低下する中で起こった現象である．ジェソップは，国家の相対化における経済・社会政策策定の機能の移行は，上方，下方，そして並行的に移行すると想定している．上方へのシフトとは経済社会政策の策定において，IMF，世界銀行，OECD や ILO などの国際機関，また G8（現在は G7：著者注）などの国際フォーラムの役割が増すことである．並行的にとは，EU のように域内諸国の政策形成に影響を与えるのみならず，域外にもその影響を及ぼしている．下方への移行とは，地域レベル，都市レベルや地方レベルでの経済・社会政策の立案であり，そこではミクロレベルでのサプライサイドの経済政策や社会的再生産政策の形成が，それが適応される場所に近接してなされることを意味している（Jessop, 2002: 252-253; 宮本, 2004: 212; 宇佐見, 2021）.

　こうした先進諸国におけるケインズ主義福祉国家の揺るぎに伴う国家の相対化は先進国に限らず，時期をずらしてアルゼンチンを含むラテンアメリカ諸国においても見られた．ラテンアメリカでは，1970年代にそれまでの国家中心の輸入代替工業化政策が行き詰まり，1980年代の経済危機を経て，1990年代行新自由主義経済政策を採用するようになった．域内全域において広範に採用された新自由主義経済政策への転換において，世界銀行や IMF といった国際機関の域内の経済政策また社会政策への影響力が増していったことは周知の事実である．同時にメキシコは米国やカナダとともに NAFTA を形成し，南米南部でもアルゼンチンやブラジルを中心にメルコスール（Mercosur）と呼ばれる地域統合が形成された．こうした国家の上方・並行への移動には，人権にかかわる国際人権機関が形成する国際人権レジームの影響力拡大，また並行へ移動は米州機構やメルコスールなど域内の地域統合での人権に関する条約や合意の影響力拡大が想定される．本章での具体的課題としては，ジェソップの主張する国家の相対化，その上方や並行移動が人権保護，特にここではアルゼンチンに

おける高齢者の人権保護にどのような影響を及ぼしているのかという問いを明らかにすることを目的とする．

　このテーマに関する先行研究では，松岡が世界やラテンアメリカ，特にメキシコを中心に高齢者保護の法的制度を紹介している（松岡, 2021）．アルゼンチン国内では，社会政策論の立場からの研究が多い．そのなかでも，年金制度を中心とした高齢者向け社会保障制度の特性や問題点に関する議論が盛んである（Colheo, 2002; Isuani y San Martin, 1995等多数）．しかし，それらはアルゼンチン一国内の社会政策を論ずるという立場にとどまっており，国際的な人権レジームとの関係は見られない．

　他方，国際人権条約と国内の社会的保護を結び付けた研究は，今のところ少数である．セプルベダは，国際人権条約に言及しながら，権利を基とした社会的保護について分析し，その理想的言説と現実の乖離を指摘している（Sepúlveda, 2014）．高齢者に関する国際人権レジームがアルゼンチン国内の司法といかなる関係にあるのかに関しては，ダボーベ（Dabove）の論文がある．アルゼンチンが米州高齢者人権保護条約を批准したのが2017年であり，同論文は直接的に同研究の対象となっていないが，そこでは2008年に開催されたイベロアメリカ司法サミットにおいて制定された「ブラジリアの社会的脆弱層の司法へのアクセスに関する100か条（100 Reglas de Brasilia sobre el acceso a la justicia de las personas en condiciones de vulnerabilidad）」を反映した判決がアルゼンチン司法の場でなされていることを指摘している（Dabove, 2017: 33-40）．彼女の論文は，高齢者に関する国際的また地域的人権レジームが，アルゼンチンの国内司法の場で用いられていることを根拠として，司法面で国際人権レジームのアルゼンチン国内司法へ影響していること指摘するものである．国際人権レジームとアルゼンチンの高齢者の人権保護制度の形成との関係を考えるとき，一般に自由権の人権保護制度と社会権の社会保障のみを考察の対象としがちであるが，ダボーベの研究からそこに司法制度を含む仲裁機能も入れるべきであることが示唆されている．

　こうした課題を明らかにするために，本章第１節では，高齢者の人権に関する国際人権レジーム・コンプレックスについて検討する．その中では，米州における地域的人権レジームの形成にも言及する．第２節では，アルゼンチンにおける高齢者保護制度の形成を検討する．そして第３節では，高齢者に関する国際的・地域的人権レジーム・コンプレックスが，アルゼンチンの高齢者保護

制度にどのような影響を与えているのかを考察する.

1 高齢者に関する国際人権レジーム・コンプレックス

1.1 国際レベルの高齢者人権レジーム・コンプレックス

　高齢者の人権を保護する国際人権レジームは，世界人権宣にはじまる多数の宣言や条約などから構成される，高齢者国際人権レジーム・コンプレックスを構成している．このうち米州に関しては，国際的高齢者人権レジーム・コンプレックスと連携しつつも，地域的人権レジームがあり，次節において別途取り上げることとする.

　表 1-1 は高田がまとめた国連における高齢者の権利に関する主要な取り組みである．1948年アルゼンチンにおいて「高齢者権利宣言」が発布され，高齢者の権利を世界人権宣言の場で提起したが，実現には至らなかったことは既に述べた．国連で高齢者の権利に焦点を当てた最初の本格的文書は1982年にウィーンで開催された高齢者問題世界会議で採択された「高齢者問題世界行動計画[1]」である．ここでは，世界的な人口の高齢化がもたらす影響を多面的に分析し，障害の緩和と残存機能の再訓練等のケアの重要性の指摘からなる勧告1から，医療，栄養，高齢者の消費者保護，住宅と環境，家族，社会福祉・社会保障，就労，教育等の49項目にわたる勧告を行っている．また，各国政府に対して行動計画に沿い独自の国家戦略を決定することを求めている．このウィーン会議では，高齢者問題を世界的問題であると位置づけ，高齢者の権利保護に関連する諸問題を国際的に提起した点が評価される.

　1991年の国連総会において，「高齢者のための行動原則」が採択された．この行動計画では，高齢者の自立，参加，ケア，自己実現，尊厳が尊重されるべきであるとしている．そこでは各国政府がこの原則を各国の政策に取り入れることが奨励されている[2]．国際高齢者年の1999年には国連で「高齢者のための行動計画」が採択された．そこでは，健康と栄養，高齢消費者の保護，住宅と環境，家族，社会福祉，所得保障と雇用，教育に関する51の勧告が行われている．また，「高齢者のための行動原則」は各国政府の役割を第一義的なものとしつつも，国内や地方の非政府ボランティア組織，および国際非政府組織の積極的関与も推奨している[3]．ここに，国際人権レジームを構成するアクターが，主権国家にとどまらず，市民社会組織等の非政府組織も大きくそれに関与している

表1-1　国連における高齢化に関する主な取組みの経緯

1948年	世界人権宣言
1948年	高齢者の権利宣言（アルゼンチン：決議草案）
1966年	経済的，社会的及び文化的権利に関する国際規約 市民的及び政治的権利に関する国際規約
1982年	第1回高齢化世界会議（ウィーン）・「国際行動計画」採択
1991年	国連総会「高齢者のための国連原則」を採択
1992年	国際高齢者年実施を決定
1999年	国際高齢者年
2002年	第2回高齢化世界会議（マドリッド）／高齢化NGOフォーラム 「政治宣言」・「高齢化国際行動計画2002」（マドリッド国際行動計画）採択
2006年	人権理事会の創設（ジュネーブ）
2008年	マドリッド国際行動計画のフォローアップ（第1次） （第2次・2013年，第3次・2015〜2017年）
2010年	国連総会「高齢化に関するオープンエンド・ワーキンググループ」設置
2011年	第1回・第2回高齢化に関するワーキンググループ 国連事務総長「高齢者の人権の現状に関する報告書」
2012年	国連人権高等弁務官「高齢者の人権状況に関する報告書」 第3回高齢化に関するワーキンググループ
2013年	人権理事会「高齢者による全ての人権の享受に関する独立専門官」設置 第4回高齢化に関するワーキンググループ
2014年	第5回高齢化に関するワーキンググループ
2015年	国連総会「持続可能な開発のための2030アジェンダ」決議 第6回高齢化に関するワーキンググループ 米州機構「高齢者人権条約」決議
2016年	「高齢者による全ての権利の享受に関する独立専門官」が報告書を提出
2016年	第7回高齢化に関するワーキンググループ
2017年	第8回高齢化に関するワーキンググループ
2018年	7月第9回高齢化に関するワーキンググループ

出所：高田清恵［2018］「高齢者人権条約の展望——国連・高齢者権利条約の制定に向けた取り組みとその意義」
『学術の動向』23巻5号，19ページ．（高田清恵先生より掲載許可あり）

ことが示されている．

　高齢者の国際人権レジーム形成を大きく前進させたのが，2002年のマドリー
ド会議である[4]．このマドリッド会議の参加者は，国連加盟国，国連ラテンアメ
リカ・カリブ経済委員会（ECLAC）やUNICEF等の国連機関，アフリカ統一

機構 (OAU) や米州開発銀行 (IDB) 等の国際機関，および多数の非政府組織 (NGO) である．このマドリッド会議では，高齢者の権利擁護に関する「政治宣言」と「高齢化に関するマドリッド行動計画」が採択された．「行動計画」において，その実現の主要な主体は各国政府にあることが明記されている．同時に，すべての市民社会や民間部門の参加の重要性が強調されている．ここでは，主権国家や市民社会組織に加えて，多くの国際機関が関与している．国際機関は多様な問題に対する専門家を抱えており，高齢者保護の人権レジーム形成のアクターとして，国際機関やそこに属する専門家が市民社会組織と並び主要な役割を果たしていたことが分かる．また，民間部門の参加も期待されている．

　同会議の政治宣言では，人口の高齢化が急速に進んでいる状況，特に開発途上国においても進んでいる状況を確認し，民主主義やジェンダー平等，人権の保護とともに開発の権利も謳われている．そのうえで，高齢者が健康，安全や活発な社会参加等が保障される尊厳のある高齢者の権利と，ネグレクト，ハラスメントや暴力の排除を確認している．また，マドリッド高齢者会議では，132条からなる「高齢化に関する国際行動計画」が採択されている．例えば第21条の「高齢者の社会，文化，経済および政治的貢献の認証」には，以下の**表1－2**に示されたとおりの目標が提示されている．

　このマドリッド会議における「行動計画」の特徴の第一点は，高齢者の健康，就労，学習等の諸事項を権利として認定した点である．その第二点は，「行動計画」の実行のアクーが第一義的には国家であるとしながらも，諸国際機関が深く関与し，広く全世界の市民社会組織や民間セクターとの協力を強調している点である．事実，国際機関だけを見ても**表1－3**にある多くの機関が参加している．そこには国際機関に属する専門家も含まれている．第三点としては，高齢者の権利の実現を豊かな先進国に限定せず，資力の乏しい開発途上国での実現に特に留意を払う必要性を強調している点である．第四点として，2022年のマドリッド会議は，その政治宣言と行動計画を単に宣言として発したのみならず，その後の調査の重要性を指摘し，フォローアップを行う必要性を明記した点である．第五点として，マドリッド会議の「政治宣言」や「行動計画」は条約ではなく，各国の主として政府に対して，そして全世界の市民社会組織や民間セクターに対する勧告である点である．

　2010年以降，国連で高齢者の人権擁護強化のためのワーキング・グループによる会合が毎年開催されるようになった．そこでは，それまでに国連で採択さ

表1-2　高齢化に関する国際行動計画

（a）すべての高齢者の人権と基本的自由の全面的実現.
（b）貧困の根絶と国連の高齢者に関する原則に基づく高齢者への保障の向上.
（c）賃労働やボランタリーをとおしての高齢者の経済, 政治および社会への完全なる参加のためのエンパワーメント.
（d）生涯を通しての学習やコミュニティなどへの参加をとおしてよき生活の実現, 自己実現, 個人的開発への機会の提供.
（e）経済, 社会, 文化的権利および市民的・政治的権利の全面的享受の保障. 高齢者に対するいかなる種類の暴力や差別の排除.
（f）高齢者間のジェンダー平等へのコミットメントとジェンダー差別の撤廃.
（g）家族の根本的重要性, 世代間の扶助・連帯・互助および社会開発への相互扶助の確認.
（h）予防やリハビリテーションを含む高齢者の健康のケア, 支援, 社会的予防の提供.
（i）「高齢化に関する国際行動計画」実現のための, すべてのレベルの政府の, 市民社会, 民間セクターと高齢者のパートナーシップの促進.
（j）高齢者の健康に関する科学的知見の利用と実用的テクノロジーの実現. 特に開発途上国においてそれに留意すること.
（k）先住民高齢者, その特有な環境, そして彼らの声を決定に反映させるための有効な手段の認証.

出所：国連ウェブサイト（https://documents-dds-ny.un.org/doc/UNDOC/GEN/N02/397/51/PDF/N0 239751.pdf?OpenElement）2022年12月29日閲覧.

表1-3　マドリード会議に参加した国際機関

ヨーロッパ経済委員会（ECE）, ラテンアメリカ・カリブ経済委員会（ECLAC）, アジア・太平洋社会・経済委員会（ESCAP）, 西アジア経済・社会委員会（ESCWA）, 国連児童基金（UNICEF）, 国連人間居住計画（UN-HABITAT）, 国連人口基金（UNFPA）, 国連ボランティア, 国際労働機関（ILO）, 国連食糧農業機関（FAO）, 国連教育科学文化機関（UNESCO）, 世界保健機関（WHO）, 世界銀行（World Bank）, 国際原子力機構（IAEA）, アンデス共同体（Andean Community）, 独立国家共同体（CIS）, ポルトガル語諸国共同体（Community of Portuguese Speaking Countries）, 欧州評議会（Council of Europe）, 米州開発銀行（IDB）, 国際赤十字赤新月社連盟, ラテンアメリカ議会（Parlamento Latinoamericano y el Caribe）, アラブ連盟（League of Arab States）, アフリカ統一機構（OAU）, マルタ騎士団（Sovereign Military Order of Malta）

出所：国連ウェブサイト（https://documents-dds-ny.un.org/doc/UNDOC/GEN/N02/397/51/PDF/N0 239751.pdf?OpenElement）2022年12月30日閲覧.

れた高齢者の権利保護に関する宣言等に関して議論を行い, それに関する各国における制度制定がどのようにすれば最適になされるかを討議する場となっている[5].

　他方, 2001年に国連で採択されたミレニアム開発目標は, 主として開発途上国の貧困削減を目標としていた. これに対して, 2015年に採択された持続的開発目標（SDGs: Sustainable Development Goals）は, 全世界の調和のための17の目標

を定めたものである．その中の多くの項目が高齢化社会での問題とその解決を求めている．第一のゴールである貧困の根絶は，高齢者の貧困問題の解決を求める目標でもある．第二のゴールである飢餓ゼロも高齢者の飢餓の根絶を含む．飢餓は，開発途上国において特に顕著であるが，その他の地域でも見られる全世界的問題でもある．第三のゴールであるすべての世代の健康の保障と厚生の促進は，深く高齢者と関係する問題である．第四のゴールである質の高い教育をすべての人に提供するという目標は，主として若年層を対象とした目標として考えられている．とはいえ，国連の高齢者の権利に関する一連の宣言の中に，高齢者の教育を受ける権利が繰り返し謳われており，この項目も高齢者の権利と関係している．第五のゴールであるジェンダー平等では，全ての女性に対する差別や暴力の排除，ケアや家事に従事する女性の不払い労働の認知，女性の参加の拡大等となっている．こうした目標は，高齢者の女性やジェンダー関係にも該当する．この他の項目でも，高齢者の権利とその保護の必要性と関係している．

　これら SDGs のすべての項目は，高齢者の権利保護と直接的また間接的に関係している．序章で述べたように，SDGs は，開発途上国のみならず先進国を含めた各国政府にその実現を求めている．同時に内外の市民社会組織と民間セクターの積極的参加を促している．この SDGs で特徴的なのは，民間セクターの広範な関与である．その際注目すべき点は，SDGs が企業外部性にあたるチャリティではなく，企業の目標と合致する内部化された目標となりつつある点である．そのことは，SDGs へのより積極的な民間セクターへの参加を促すものと考えられる．

　高齢者に関する国際人権コンプレックスは，国連を中心として政治宣言，行動計画，フォローアップのための毎年のワーキング・グループの会合の開催等を基軸としている．そこには世界銀行をはじめとした多数の国連関係機関，きわめて多数の市民社会組織，そして広範な民間セクターが参加するに至っている．しかし，それらは高齢者の人権保護を促進させる効果があるとはいえ，強制力をともなう条約ではなく，あくまでも国連の推奨する努力目標にとどまっている．ここまでは全世界的な国際的な人権レジームの形成が各種宣言や会議により形成されてきたことをみてきた．それは，ジェッソップの言う「福祉国家」の上方への拡大とみることができる．それでは，高齢者の権利保護が地域レベルどのように制度化されたのが，次節で米州高齢者権利条約を中心にみて

みる.

1.2　米州国際高齢者人権レジーム

　第1節で述べた国際高齢者人権レジーム・コンプレックスは, グローバル化時代の福祉国家の国連を中心とした上方への展開であった. この福祉国家の上方への移動と並行して見られた現象に, 福祉国家の横への拡大であり, それが米州高齢者人権レジーム・コンプレックスの形成である. ラテンアメリカ地域には, 地域統合として北米地域を包括する米州機構, 北米とメキシコを含む経済統合の米国・メキシコ・カナダ協定 (NAFTA から移行した USMCA), ブラジルとアルゼンチンを中心としたメルコスール (Mercosur) をはじめとする多くの地域統合が存在する. これら米州レベルで存在する地域統合のうち, 人権に関し最も活発な活動をし, 宣言や条約を発しているのが米州機構である.

　人権保護にする米州機構の条約としては, 1969年にコスタリカで締結された米州人権条約 (Convención americana sobre derechos humanos: Pacto de San José) がある[7]. 同条約では, 米州大陸における民主主義的制度の下で自由権と社会権からなる人権の確立を再確認している. そこでは, 1967年にブエノスアイレスで開催された第3回特別米州会議において定められた経済, 社会, 教育に関する権利を米州機構の規約に編入し, 米州人権条約がそれを実行する組織, 権限や手続きを規定すると定めている.

　米州地域で最初に高齢者の権利に関する条約・宣言等は, 米州人権条約を補完するために1988年にサン・サルバドルで開催された米州機構総会で採択されたサン・サルバドル議定書である. その第17条にすべての人々はその高齢期に特別の保護を受ける権利を有し, 条約締結国はその権利を実現するために必要な手段を採用することを確約する, とある (Secretaría de Derechos Humanos, 2011: 65-66). しかし, このサン・サルバドル議定書は, 米州人権条約の付随議定書であり, 米州で本格的に高齢者の権利保護の宣言は, 2003年にサンチアゴにおいて NGO 主体で開催された会議で採択された「ラテンアメリカ・カリブにおける高齢者に対する政策提言」である.

　サンチアゴ会議で特筆されるのが, ラテンアメリカ域内16か国からの学者や市民社会組織の代表者等の市民社会の代表者により運営された点である. このように, 米州機構に関連した会議においても, そのアクターとして主権国家のみならず市民社会組織が大きな役割を果たしていることが分かる. そこでは域

内の高齢化問題として，高齢者の問題に貧困問題，脆弱な状況にある高齢者が多い，富の集中，低い水準の教育，問題の多い医療システム，脆弱な社会保障の問題が付随していると分析している（Secretaría de Derechos Humanos, 2011: 68）そのような問題解決のために高齢者の組織化が必要であると説く（Secretaría de Derechos Humanos, 2011: 70）．こうした観点が出されたのも，サンチアゴ会議が市民社会主導でなされたためであろう．

　同会議の政策提言としては，第一に高齢者のための現行法規等を国家に遵守させるために高齢者団体を制度化させやすいようにする．第二に健康な生活をマスコミ等で推奨し，教育においても高齢者問題を課題とする．また高齢者の医療制度を各段階で拡充させる．第三に国家が高齢者の所得補償を行い，雇用を創出し，年金等社会政策を拡充させる．そのために国家に加えて社会的な連帯のメカニズムを創設し，雇用主にも高齢者の年金額が増大するように促す（Secretaría de Derechos Humanos, 2011: 71-76）．このように政策提言としては，国家に対して高齢者の生活保障を促しつつ，市民社会と民間企業も関与することが主張されている．

　域内での高齢者の権利保護に関する動きを促進する機関として，国際機関である国連ラテンアメリカ・カリブ経済委員会（CEPAL）がオーガナイザーとして果たした役割は大きい．同委員会は，2003年，2007年および2012年に高齢者の権利に関する会議を主催している（Martin et. al., 2015: 217; Huenchuan, 2013: 35）．2003年にチリのサンチアゴにおいて国連ラテンアメリカ・カリブ経済委員会（CEPAL）主催による第１回ラテンアメリカにおける高齢者に関する国際会議が開催された．そこでも高齢者の権利擁護と適切な経済保障の制定，健康促進と社会保障の整備，高齢者にふさわしい政治，経済，身体，社会，文化状況を作り上げることが謳われている（CEPAL, 2013）．

　2007年には市民社会が中心となってチリのサンチアゴ会議で作成された「2007年サンチアゴ宣言」（Declaración de Santiago de Chile 2007, Camino a Madrid +5）と国連ラテンアメリカ・カリブ経済委員会がブラジリアで組織した会議において「ブラジリア宣言」（Declaración de Brasilia）が採択された．サンチアゴ会議の目的は，2002年に開催されたマドリッド会議での行動計画がラテンアメリカ・カリブ域内でいかに実行されているのかを評価する点にある．そこでは各国の開発計画において高齢化問題の注目度が低いため，行動計画を実現するために十分な資金的手当てがなされていなかった点や，ラテンアメリカ地域では格差

問題が依然として高齢者福祉と生活条件の向上の妨げとなっている点が指摘されている（Secretaria de Derechos Humanos, 2011: 79-80）．ラテンアメリカ・カリブ地域の国家代表が参加したブラジリア会議は，第2回のラテンアメリカにおける高齢者に関する国際会議があり，以下の勧告が参加諸国になされた．高齢者就労のアクセス確保と社会保障の拡充，高齢者の医療と介護へのアクセスの確保，および教育・公共空間・住宅へのアクセス確保と差別と暴力の撤廃である（Huenchuan, 2013: 41）．

　その後2009年にはトリニダード・トバゴで第5回ラテンアメリカ首脳会議が開催され，その際ポート・オブ・スペイン宣言（Declaración de Compromiso de Puerto España）が出された．そこでも国連ラテンアメリカ・カリブ経済委員会の要請により高齢者に関するテーマが公共政策の課題に編入されために努力されていると（Secretaría de Derechos Humanos, 2011: 86）述べられ，域内での高齢者の権利拡大に同委員会と，そこに属する専門家が大きな役割を果たしていたことが示されている．同年チリのサンチアゴにある国連ラテンアメリカ・カリブ経済委員会本部で域内市民社会組織が参集し「権利とともにある高齢化．ラテンアメリカ・カリブ市民社会の原則と戦略（Envejecer con derechos. Principios y estrategias de la sociedad civil de América Latina y el Caribe）が出された（Secretaría de Derechos Humanos, 2011: 87）．

　2011年にはコスタリカのサン・ホセで第3回ラテンアメリカ・カリブでの高齢化に関する国際会議が開催された．同会議には域内からアルゼンチンをはじめとした17か国の代表，域外からはイタリアと日本の代表が参加した．また，同会議には多くの国際機関や市民社会組織が参加した（Huenchuan, 2013: 42）．同会議結論は，サン・ホセ書簡（Carta de San Jose）という形で発表され，高齢者の権利を特別法により保護されるべきであること，高齢者のニーズを満たすための資金を確保すること，および高齢者の市民社会への参加や高齢者保護を決める審議会やモニター制度に参加すること等が宣言されている．また同会議は国連ラテンアメリカ・カリブ経済委員会とコスタリカ政府が主催し，ここにもラテンアメリカの高齢者保護制度整備に関して国連ラテンアメリカ・カリブ経済委員会が大きな働きをしていたことが分かる[8]．また，2011年以降の作業部会には各国代表，国連機関および市民社会組織が参加していたが，アルゼンチン政府が議長となってきたとの論文もあり（Dabove, 2017: 23），またアルゼンチン政府外務省のホームページにも同条約をアルゼンチンが強く推進していたとあ

り，アルゼンチン政府も積極的に米州における高齢者の人権保護の枠組み作成に関与していたことがうかがわせる.

このような経緯を経て，2015年に米州高齢者人権保護条約が発効するのであるが，それに先立ち米州機構総会は2009年米州機構常任委員会に専門家，国際機関や市民社会組織により高齢者問題と米州高齢者権利保護条約制定の可能性を検討するために特別会議開催するよう要請していた．2011年には高齢者の人権を擁護するワーキング・グループが結成され，同グループが米州高齢者人権保護条約の草案を作成した．このように米州高齢者人権保護条約は，米州機構が主体となり，域内国家のみならず国際機関，専門家や市民社会組織の意見を取り入れまとめられたものである（Martin et. al., 2015: 218-221）．また，それに至るまでに国際機関である国連ラテンアメリカ・カリブ経済委員会（CEPAL）が，会議の主催や運営，また高齢者の権利に関する諸事項のとりまとめに大きな役割を果たしたことは注目すべきである.

2015年に41条からなる米州高齢者人権保護条約（Convención Interamericana sobre la Protección de los Derechos Humanos de las Personas Mayores）が発効した．同条約の調印あるいは批准国は，アルゼンチン（2017批准，以下同様），ボリビア（2017），ブラジル（調印2015未批准），チリ（2017），コロンビア（未調印2022），コスタリカ（2016），エクアドル（未調印2019），エルサルバドル（未調印2018），メキシコ（未調印2023），ペルー（未調印2021），スリナム（未調印2023），ウルグアイ（2016）とラテンアメリカ諸国ばかりである.

そこでは高齢者の差別の禁止・尊厳の尊重，参加の促進などの原則がまず示されている．次に条約締結国の義務として，本条約に反する行為の禁止，本条約が定める権利を実現する措置をとることが定められた．高齢者の権利としては，高齢者の参加，暴力の排除，健康に関するインフォームド・コンセント，介護，労働，医療，教育，住宅，政治および司法等の権利が列挙されている．また本条約の実効性を確保する手段として，第一に締結国による会議と専門家の委員会の設置，第二に米州人権委員会および米州人権裁判所への提訴の手段が保障されている.

米州高齢者人権保護条約の実効性の確保で特筆すべき点は，同条約第36条の規定，すなわち個人または国家により認証された市民社会団体は，米州人権委員会に同条約違反に関して提訴する権利を定めている点である．同じく，条約締結国および締結予定国は，同条約に関して米州人権裁判所の管轄権を認める

ことが定められている[12]．このように，米州高齢者人権保護条約違反に対して，個人あるいは市民社会団体が米州人権委員会，あるいは人権裁判所に提訴できるという国際的司法手段による条約の実効性を担保する制度が同条約で定められている．

　世界レベルで高齢者の人権保護条約ができていない中，米州ではラテンアメリカ諸国が中心となり米州高齢者人権保護条約が締結された．もちろん，そこには世界人権宣言以来，2002年のマドリッド会議で採択された「高齢化に関するマドリッド行動計画」等の世界レベルにおける高齢者に対する人権意識の高まりが背景にあり，またそれを推進した国連，国際機関および多数の市民社会組織の働きかけの存在が大きく影響を与えたことは，諸文献上からも確認できる．

　他方，ラテンアメリカで域内の高齢者人権保護条約が締結された背景には，国際機関である国連ラテンアメリカ・カリブ経済委員会の存在が大きい．世界的な高齢者の権利保護の潮流を受けて，同機関では域内各国代表，諸国際機関また多くの市民社会組織をまとめて域内の高齢者の状況と高齢者保護に関する国際会議を幾度となく開催した．2015年に締結された米州高齢者人権保護条約は，そうした会議の賜物である．こうしてラテンアメリカ域内で，高齢者に関する一連の会議で出された声明や米州高齢者人権保護条約などからなる高齢者保護に関する人権レジーム・コンプレックスが形成されたとみることができる．

　ジェソップの言葉を借りれば，世界レベルでの高齢者人権レジーム・コンプレックスの形成は，福祉国家の上方への拡大とみられ，ラテンアメリカ地域での高齢者人権レジーム・コンプレックスの形成は，福祉国家の地域，すなわち横への拡大とみることができる．しかし国家による社会福祉が拡充したうえで，それが上方にまた並行に拡大し人権レジーム形成した先進諸国，特に欧州連合と比べると，国家による社会保障が不十分な状態での上方と並行に拡大した高齢者人権レジーム・コンプレックス形成がラテンアメリカ諸国に与えた影響は，実質的にどのようなものであろうか確認する必要がある．そこで次に，こうした国際レベルでの高齢者人権レジーム・コンプレックスとラテンアメリカ地域での米州高齢者人権レジームが域内諸国の高齢者保護政策形成に与えた影響に関して，域内で高齢者の権利保護制度の形成を促してきたアルゼンチンを事例にみていく．

2 国際高齢者人権レジームがラテンアメリカに与えた影響
——アルゼンチンを中心に——

2.1 米州高齢者人権保護条約のアルゼンチンの政策形成に与えた影響

　アルゼンチンでは，第二次世界大戦後に成立したポピュリスト政権であるペロン政権において，ペロン大統領夫人のエバ・ペロン主導で1948年に高齢者の権利宣言が発せられている．エバ・ペロンは1948年8月26日に「財団の創設者であり主催者の栄誉を得るものとして政府と世界に対して高齢者の権利を主張したい」（Eva Peón, 発行年不詳）と述べ，その二日後の8月28日に労働・社会保障省において高齢者の権利宣言を公布した．そこでは，高齢者の保障について記されているが，まず高齢者の扶養の義務は第一に家族が負い，それが不可能な場合国家が出動するという補完性の原理が示されている．そしてこの高齢者の権利宣言は，その後ペロン政権下で制定されるペロン憲法の中に取り込まれている（宇佐見, 2011: 86）．

　このようにアルゼンチンでは，第二次世界大戦直後から高齢者の権利に対して国家として強い関心を示し，前述したように国際高齢者人権レジーム・コンプレックス形成にも強くかかわってきた．2015年に米州高齢者人権条約が制定されると，アルゼンチンは同条約を中道右派マクリ（Macri 2015-2019）政権下の2017年に批准している．同条約が批准されると連邦議会下院に常設高齢者委員会が設置され，同条約を根拠とした多くの法案や決議案が提起されている．2018年には連邦議会によりアルゼンチン憲法第75条22項の規定，すなわち国際条約は法律より上位に位置するとする規定により，米州高齢者人権条約は憲法と同格に位置付けられた[13]．

　米州高齢者人権保護条約がアルゼンチンにおいて高齢者保護法制を促進した例を挙げると，2018年3月には当時野党であったペロン党系の「勝利のための戦線（当時の名称）」（Frente para la Victoria）に属する7名の下院議員から，社会開発省内に高齢者政策の調整を目的とした連邦高齢者委員会（Consejo Federal de las personas mayores）を設置する法案が提出された．同法案設置の根拠として，高齢者の人権保護に関する国際条約の存在が指摘されている[14]．同じく同年3月には与党系議員10名から高齢者の電子機器へのアクセスを容易にする法案が提出された．同法案は，中道左派ペロン党系のフェルナンデス（Fernandez

2019〜）政権下の2022年10月に高齢者のデジタル包摂法（ley de inclusión digital para las personas mayores）として成立した.[15] 同法案の根拠として，高齢者の教育や新しい技術・情報へのアクセスの促進を謳った米州高齢者人権保護条約第20条が挙げられている. 2022年3月には，野党PRO所属の下院議員4名により60歳以上の高齢者の人権擁護を意図した高齢者人権擁護局（Defensoría de los adultos mayores）の設置を目的とした法案が提起された.[16] 2022年11月には与党「すべての人々の戦線（当時の名称）」（Frente de Todos）の一議員によりすべての国家公務員の高齢者に対する能力開発法案（Capacitación única y obligatoria en derechos humanos de las personas mayores para todos los ámbitos del Estado Nacional）が提出された. 同法案の根拠として米州高齢者人権保護条約とそれを批准したアルゼンチンの法律が掲げられている.[17] このようにアルゼンチンでは米州高齢者条約批准以降，連邦議会レベルで同条約を根拠とした多くの高齢者保護に関する法案が提起され，その一部が既に立法化されている. その提起された法案の多くが，高齢者の人権のうち社会権を保護しようとするものであった.

　また，少数ではあるが米州高齢者人権保護条約は，アルゼンチンの司法の場においても高齢者の人権を保護するために機能している. 以下は　ビラリーニョ（Vilariño）氏が調査したコリエンテス州最高裁判所の判例である（Villariño, 発行年不詳）. 原告は89歳の高齢女性で，訴状は原告が同居する嫁とその4人の子供を訴えるものであった. 訴状によれば原告の高齢者は彼らからの肉体的・精神的暴力を理由に，彼らのその住居からの退去を求めている. すなわち，同裁判は高齢者に対する虐待を扱った事案であった. 判決は原告の勝利となり，被告人の48時間以内の住居からの退去，退去しない場合の強制執行を含む，および避難していた原告の原状回復を命じるものであった. 判決理由として家庭内暴力に対する予防措置を定めたコリエンテス州法律5019号，および家庭内暴力に関する連邦法24.417号に違反であるとする. 同判決はそれに加えて，米州高齢者人権保護条約を引用し，同条約には高齢者の平等な状態，すべてに人権，および基本的自由を保障していることも判決の理由としている.

　しかし実際には，米州高齢者人権保護条約を基にした司法の場で高齢者の人権を擁護する判例は極めて少なく，司法の場で米州高齢者人権保護条約は未だ積極的意味は持ち得ていないのが現状である. 実質的にアルゼンチンにおいて高齢者の人権，特に社会権を擁護する機関は司法よりも，連邦と地方の護民局（defensoría del pueblo）である. 筆者が2022年8月24日に連邦護民局と同月25日

ブエノスアイレス市護民局で高齢者の担当者へのインタビューによると，高齢者からの告発は健康，特に PAMI と呼ばれる年金受給者向け国立医療保険に対するものが非常に多いとのことであった[18]．その他に護民局の年次報告書には，年金受給に関する国家社会保障局（ANSES：Adminstración Nacional de Seguridad Social）に対する年金関係の告発も問題事例として記されている（Defensoría, 2021: 19）．司法を利用した高齢者の権利擁護としては，アルゼンチンの国内法に基づく年金関係の提訴の事例が約40万件と非常に多く[19]，その背景に年金事務の煩雑さと同問題専門の弁護士の存在が指摘できる．

　アルゼンチン国内には他のラテンアメリカ諸国同様に連邦と地方レベルでの護民局が存在する．護民局に対する告発は，本人の特定と問題を具体的に書いた書面を提出することで可能であり，裁判手続きよりも容易である点が利点である．しかし，この護民局は，高齢者を保護するために勧告を出すことができるが，そこに強制力はないことが司法と比べて実効性に劣る点である．

　ここまでみたように，米州高齢者人権保護条約は，アルゼンチンの連邦レベルで高齢者を保護する制度の立法化を促したといえる．しかし，司法面では直接同条約がアルゼンチン国内の裁判で高齢者保護の根拠として用いられた判例は少ない．高齢者がその各種権利擁護を直接提訴する機関としては，年金問題を除き，司法よりも連邦と地方レベルに存在する護民局への問題の提訴の方が提訴しやすい状況となっている．

2.2　米州人権委員会・人権裁判所

　米州高齢者人権保護条約は，国家もしくは組織が同条約違反の案件があった場合に米州人権委員会に直接提起でき，同条約に関して米州人権裁判所が管轄権を持つことが定めている．ここで米州人権委員会と米州人権裁判所の法的地位と権限を確認すると，まず米州人権委員会は「OAS 理事会の決議によって設立された機構の自律的団体」というものであったが，規約の改正に伴い「OAS の主要な機関となった」（齊藤, 2021: 5）しかし，その機能は委員会が人権侵害を確認すると，その事件に関する報告書を作成し，当該政府に適切な勧告をするというものであった（齊藤, 2021: 101）．他方米州人権裁判所には，提訴機関として強制管轄権が付与されている（齊藤, 2021: 60-61, 259）．そのため，米州裁判所では米州人権委員会の勧告を超えた，命令を各国に出せることになっている．

　しかしながら，アルゼンチンからの同条約を根拠とした米州人権委員会あるいは裁判所への提訴は筆者が調査した限りにおいてみられない．しかし，ペルーとチリから米州人権委員会と同裁判所への高齢者の人権，特に社会権を保護する提訴がなされ，同条約を基にした原告が勝利している．2018年３月に米州人権裁判所で判決がだされたチリの高齢者の死亡事例に関してみると，家族がチリ政府の責任を問い2016年８月に米州人権委員会に提訴した．同人権委員会はチリ政府が米州高齢者人権保護条約の生命・人格の不可侵・健康を定めた条項に違反するとの判断し，チリ政府に賠償を勧告したが，チリ政府からの返答がないため同案件を米州人権裁判所に移管した[20]．

　米州人権委員会から移管された案件に関して，米州人権裁判所の判決文によると，まずチリも批准している米州高齢者人権保護条約の規定から同裁判所に本件に関して管轄権があることが明示され，同裁判所で本件に関する裁判が行われた．同裁判所の判決としては，チリ政府に米州高齢者人権保護条約の高齢者の健康権，生命の権利，人格無謬権，司法を受ける権利，社会保障権を侵害したことを認めた．そしてチリ政府に対して同裁判所の判決を公示することと，医療制度の改善，家族に賠償金を支払うことを命じた[21]．

　この他では，米州人権裁判所で米州高齢者人権保護条約を基にした判例は少ないが，以下のようなものがある．2019年３月ペルーの高齢者A氏の年金支払いに関し，ペルー政府を提訴した事例である．この件では，原告が1998年に米州人権委員会に提訴し，同委員会が原告の訴えを認めて2017年に米州人権裁判所に同事案を回付したものである．米州人権裁判所では，同裁判所に管轄権がそもそもあるか否かが争われ，社会保障に関しても同裁判所に管轄権があり，ペルー政府は米州高齢者人権保護条約の社会保障権を侵害しているとして原告勝訴となっている[22]．同様に2020年10月には，国税庁監督機関の失業・年金受給者組合（Asociación nacional decesantes y jubilados de la superintendencia nacional de administración tributaria）がペルー政府に対して年金者の権利の確認を求める裁判で，原告の部分的勝利となっている[23]．

　このように米州，特にラテンアメリカ地域において高齢者の権利を保護するための各種会議，宣言がだされ，米州高齢者人権保護条約が締結された．また，その実効性を担保する機関として米州人権委員会および米州人権裁判所が管轄権を持つこととなった．米州高齢者人権保護条約は，アルゼンチン国内において高齢者保護立法を促し，その一部が立法化されている．また，少数ながらも

国内司法でも高齢者保護の根拠として同条約が使われるようになった．しかし，米州高齢者人権保護条約が定める国際司法機関としての米州人権委員会の勧告と米州人権裁判所による判決事例は少ない．高齢者の人権保護のためにアルゼンチン国内では米州人権条約が憲法と同等に位置づけられている．そのため，司法手続きではまず国内司法機関において，国内法あるいは同条約により高齢者人権保護違反事例が扱われことになろう．米州人権裁判所は，国内的救済が尽くされたか，あるいはそれが失敗に終わった後に最後の手段として事実上存在することになる（斎藤, 2021: 261）．

3　アルゼンチンの高齢者社会保障制度の拡充

　人口の高齢化とともに高齢者は非労働人口化し，また罹病率が上昇してくる．そのため，高齢者の人権保障は，経済保障（年金）や医療（医療保険・公立病院）など社会保障制度の整備と強く関係してくる．第二次世界大戦後のアルゼンチンの社会保障は，フォーマルセクターを対象とした社会保険制度の整備が先行した（宇佐見, 2011）．社会保険制度が成熟した1990年における高齢者人口に（男性60歳・女性55歳）のうち，公的年金を受給している人の比率は60.9%にすぎなかった（Isuani, 1993: 19）．1990年代は，失われた10年といわれる1980年代経済危機からの経済回復政策として，市場機能に信を置く新自由主義が経済政策のみならず，社会政策にも用いられた．そのため，それまで国営賦課方式であった年金制度が，一部民間積み立て方式に改革された．その結果，年金制度への加入率は上昇したが，年金保険料の未納率は高いままで（宇佐見, 2011: 189）．結局，労働市場でインフォーマル率が高止まりした状況では，年金保険料を支払える人口は変化しなかったのであった．

　21世紀になると，それまでメネム・ペロン党政権（1989-1999年）とデ・ラ・ラーア急進党・FREPASO連立政権（1999-2001年）が実施した新自由主義政策への批判の高まりを背景に，ペロン党左派のキルチネル政権（2003-2007年）と，その後継のクリスティーナ・キルチネル政権（2007-2015年）が成立し，インフォーマルセクター向けの社会政策が拡充されていった．そのため，2004年には，経済危機により年金保険料を納入できなかったものが多かったことを理由に，年金保険料未納者も最初の1か月分の未納保険料を支払えば，翌月から年金を受給でき，残りの未納分は分割で納めることができる「年金モラトリア

ム」法が成立した．この年金モラトリアムの対象は，失業者やインフォーマルセクター労働者に限らず，労働市場から退出した主婦も含まれ，そのため年金受給率は2003年には56.99％であったものが，2010年には87.8％に向上している（宇佐見, 2011: 187）．2016-17年にかけて65歳以上の者のいる世帯の94.6％が年金を受給している（Observatorio, 2018: 36）．

　こうしたインフォーマルセクターへの社会政策の拡大は，政権が左派から中道右派政権になっても継続した．2016年にマクリ中道右派政権下（2015-2019年）で，法律27.260号で「普遍的高齢者手当」（PUAM：Pensión Universal para Adultos Mayores）が制定された．「普遍的高齢者手当」は，クリスティーナ政権期にインフォーマルセクター等のこどもを対象とした「普遍的こども手当」と対をなすものであった．「普遍的高齢者手当」の受給条件は，65歳以上であり，アルゼンチン人か定住権を持ったアルゼンチンに20年以上居住する外国人，他のいかなる年金また失業手当を受給していないことで，受給年金額は最低年金の80％であり，同時に通称PAMIと呼ばれている年金受給者保険の医療サービスを受給できる．

　2017年には最低保障年金が法律27.426号により制定された．[24] 最低保障年金とは30年間以上年金保険料を支払った人に対して，最低賃金の82％を保障するものである．アルゼンチンには従前から各種非拠出制年金が存在していたが，従来の「非拠出制高齢者年金」の受給条件が70才以上で受給額は最低年金の70％であるため，インフォーマルセクターの高齢者は，「非拠出制高齢者年金」よりも受給額の高い「普遍的高齢者手当」の受給を選択するようになった．世界銀行の報告によれば，この結果アルゼンチンにおける年金のカバー率はほぼ100％とり，2018年における受給率も90％に迫ろうとしている（Apella, 2022: 14-15）．

　このように，第二次世界大戦以降はフォーマルセクターの高齢者向け社会保障制度の整備，また21世紀になってからのインフォーマルセクター向けの非拠出制年金の制度が拡充していった．高齢者向けの社会保障制度の拡充は，米州高齢者人権保護条約やそれに関係する宣言に先立って整備されており，アルゼンチンの国家主導で高齢者の社会権を保障する制度が整備されたといえる．**表1-4**は2022年の第一四半期における年代別貧困率を表したものである．それによると人口全体の貧困率が36.5％となっているのに対して，65才以上の高齢者層の貧困率は12.1％と各年代の中で最も低い数値となっている．これは21世

表1-4　都市部における年代別貧困率　2022年第一四半期

年齢	全体%	最貧困率%	貧困率%	貧困率合計%	非貧困%
合計	100	8.8	27.7	36.5	63.5
0-14	100	12.7	38.2	50.9	49.1
15-29	100	11.4	32.0	43.3	56.7
30-64	100	7.3	24.7	32.0	68.0
65歳以上	100	1.9	10.1	12.1	89.9

出所：INDEC, Condiciones de vida, vol. 6, núm12, Buenos Aires INDEC, 2022. p. 7.

　紀になってからアルゼンチン国内の社会保障制度整備，特にインフォーマルセクター向けの非拠出制年金制度の整備も強く関係しているものと推定される．
　もちろん現在のアルゼンチンにおいて高齢者の人権が理想的な形で保護されているわけではない．例えば2014年において60歳以上の27.1%が医療サービスに不満を持っており，受診に一か月以上待たなければならない高齢者は56.7%に達している（Observatorio, 2016: 129-133）．また，普遍的高齢者手当の制定等高齢者保護制度の進展は，主としてアルゼンチン国内要因により行われたと考えられる．しかし，アルゼンチン幼児・青年・家族局（la Secretaria Nacional de la Infancia, Adolescencia y Familia de Argentina）のヤエル・バンデル（Yael Bendel）博士は演説において，米州高齢者人権保護条約に則りアルゼンチンも高齢者の保護，特に拠出制と非拠出制を含む年金制度の拡大が行われたと述べている[25]．このことはアルゼンチンにおける高齢者の社会的保護政策の拡大の背景には，米州高齢者人権保護条約等の国際高齢者人権レジームが存在していること政府関係者が認識していたといえる．

おわりに

　一国における社会権，あるいは社会保障制度の整備は，その国の政策策定による．この点は，アルゼンチンにおいても同様である．一方で米州，特にラテンアメリカにおいて米州高齢者人権保護条約をはじめとする宣言や会議からなる，一国の政策策定に影響を及ぼし得る地域的高齢者人権レジーム・コンプレックスが成立した．これはジェソップの言う「福祉国家」の横への拡大とみることができる．それでは米州レベルで整備され米州高齢者人権保護条約に集

約される地域レベルの高齢者保護制度と，アルゼンチンの高齢者人権保護制度にはどのような関係があるのであろうか．

　まず米州レベルでの高齢者人権レジームの形成に，アルゼンチン政府が積極的に関与していることが指摘できる．アルゼンチンでは，ペロン政権期に高齢者人権宣言が制定され，そこでは世界に対しても高齢者の権利の確立の必要性を宣言している．また米州高齢者人権保護条約制定に先立つ一連の地域レベルでの会議をアルゼンチンが主催しており，アルゼンチン政府の米州高齢者人権保護条約制定への積極的かかわりがあったといえる．

　他方，米州高齢者人権保護条約のアルゼンチン国内における影響は，連邦議会レベルに多数の高齢者保護法案が同条約を根拠に提出され，その一部が実現され制度化されている点である．高齢者保護の社会保障制度の大枠は，アルゼンチン国内の理論で整備拡大したが，米州高齢者保護条約を根拠とした高齢者保護の制度化もなされており，地域レベルの米州高齢者人権レジームは，アルゼンチン国内ですでに整備された制度を補完・強化する役割を果たしている．

　また高齢者の人権を守る制度としては，手続きの煩雑な司法よりも，年金問題を除き，連邦・地方レベルの護民局への申し立てが多い．しかし，米州高齢者人権保護条約を根拠とした司法への告訴の事例も見られ，同条約は，司法のレベルでも国内の国内法に基づく高齢者保護とともに，護民局の制度を補完・強化しているといえる．他方，未だ事例としては存在しないが，米州高齢者人権保護条約違反を国内で解決できない場合，米州人権委員会および米州人権裁判所が最終的に判断する可能性も制度的に保障されている．

　最後に高齢者の人権は，医療や年金など社会保障と強く関係し，それらは一義的には国家の責任である．他方，国際的，あるいは地域的高齢者人権レジーム・コンプレックス形成には，主権国家のみならず，国際機関とそこに所属する専門家，また市民社会組織等も積極的にアクターとして関与している．そして，それらはジェソップの言う福祉国家の上への拡大や，地域的な横への拡大であり，米州高齢者人権条約は，福祉国家の横への拡大の事例である．アルゼンチンは，その高齢者人権レジームの地域的拡大，すなわち横への拡大に積極的に関与し，またその地域的高齢者人権レジームはアルゼンチンの高齢者保護を補完・強化する関係にあるとみることができる．

注

1）https://www.ipss.go.jp/publication/j/shiryou/no.13/data/shiryou/syakaifukushi/198. pdf　2022年12月16日閲覧.

2）「平成15年度版高齢者白書」https://www8.cao.go.jp/kourei/whitepaper/w-2003/zen bun/html/F2211100.html　2022年12月31日閲覧.

3）https://www.unic.or.jp/files/elderly.pdf　2022年12月31日閲覧.

4）https://documents-dds-ny.un.org/doc/UNDOC/GEN/N02/397/51/PDF/N0239751.pd f?OpenElement　2022年12月16日閲覧.

5）https://social.un.org/ageing-working-group/　2022年12月31日閲覧.

6）https://www.un.org/sustainabledevelopment/　2022年12月31日閲覧.

7）https://www.oas.org/dil/esp/tratados_B-32_Convencion_Americana_sobre_Derechos_ Humanos.pdf　2023年1月30日閲覧.

8）https://repositorio.cepal.org/bitstream/handle/11362/21534/1/S2012896_es.pdf　2023 年1月31日閲覧.

9）https://enaun.cancilleria.gob.ar/es/content/medidas-para-mejorar-la-promoci%C3%B3n-y-protecci%C3%B3n-de-los-derechos-humanos-y-la-dignidad-de-las-　2023年6月28日閲覧.

10）http://www.oas.org/es/sla/ddi/docs/tratados_multilaterales_interamericanos_a70_de rechos_humanos_personas_mayores.pdf　2023年1月31日閲覧.

11）https://www.cepal.org/sites/default/files/events/files/betilde_munoz_pogossian.pdf 2023年1月31日閲覧.

12）http://www.oas.org/es/sla/ddi/docs/tratados_multilaterales_interamericanos_a-70_ derechos_humanos_personas_mayores.pdf　2023年2月2日閲覧.

13）https://www.hcdn.gob.ar/proyectos/textoCompleto.jsp?exp=0584-D-2018&tipo=LEY 2023年2月17日閲覧.

14）https://www.hcdn.gob.ar/proyectos/textoCompleto.jsp?exp=1216-D-2018&tipo=LEY 2023年2月17日閲覧.

15）https://www4.hcdn.gob.ar/dependencias/dsecretaria/Periodo2018/PDF2018/TP20 18/0585-D-2018.pdf　2023年2月17日閲覧.

16）https://www4.hcdn.gob.ar/dependencias/dsecretaria/Periodo2022/PDF2022/TP20 22/1147-D-2022.pdf　2023年2月18日閲覧.

17）https://www4.hcdn.gob.ar/dependencias/dsecretaria/Periodo2022/PDF2022/TP20 22/6441-D-2022.pdf　2023年2月17日閲覧.

18）2022年8月24日　Defensoría del pueblo de la Nación Sr. Maximiliano Nitto（jefe de area de salud）8月25日 Defensoría del pueblo de CABA Dr. Eugenio Semino.

19）PROGRAMA NACIONAL DE REPARACIÓN HISTÓRICA PARA JUBILADOS Y PENSIONADOS　https://www.argentina.gob.ar/normativa/nacional/decreto-894-2016-263829/texto　2023年6月27日閲覧.

20）https://www.corteidh.or.cr/docs/casos/articulos/seriec_349_esp.pdf　2023年2月18日.

21）同上　2023年2月20日閲覧.

22）https://www.corteidh.or.cr/docs/casos/articulos/seriec_375_esp.pdf　2023年2月20

日閲覧.

23）https://www.corteidh.or.cr/docs/casos/articulos/seriec_413_esp.pdf　2023年 2 月20
日閲覧.

24）https: //www. anses. gob. ar/jubilaciones-y-pensiones/como-obtener-mi-pension/pensi
on-universal-para-el-adulto-mayor-puam　2023年 2 月25日閲覧.

25）https://enaun.cancilleria.gob.ar/es/content/medidas-para-mejorar-la-promoci%C3%B3n-
y-protecci%C3%B3n-de-los-derechos-humanos-y-la-dignidad-de-las-　2023年 6 月28日閲覧.

参考文献

宇佐見耕一「国際人権レジームと社会福祉・社会保障」宇佐見耕一他編『世界の社会福祉
年鑑2021』旬報社，2021年.

―――――『アルゼンチンにおける福祉国家の形成と変容――早熟な福祉国家とネオ・リベ
ラル改革』，旬報社，2011年.

齊藤功高『米州人権制度の研究――米州人権委員会と米州人権裁判所の挑戦とその影響』，
北樹出版，2021年.

高田清惠「高齢者人権条約の展望――国連・高齢者権利条約の制定に向けた取り組みとそ
の意義」『学術の動向』23巻 5 号，2018年.

松岡広子「高齢者の人権――ラテンアメリカにおける高齢者権利保護の国際的枠組みとメ
キシコの法制度および高齢者政策」宇佐見耕一他編『世界の社会福祉年鑑2021』旬報
社，2021年.

宮本太郎「福祉国家の行方」新川敏光・井戸正伸・宮本太郎・眞柄秀子著『比較政治経済
学』有斐閣アマル，2004年.

Apella, Ignacio, *El Sistema previsional argentino, sus logros y desafio, Aportes para una
debate de política informada*, Washigton: Banco Mundial, 2022.

CEPAL *Estrategia regional de implementación para América Latina y el Caribe del Plan de
Acción Internatcional de Madrid sobre Envejecimiento*, Santiago de Chile: CEPAL 2013.

Coelho, Vera Schattan P., "El poder ejectivo y la reforma de la seguridad social: los casos de
la Argentina, Brasil y Urguay", *Desarrollo Económico*, vol. 42 no. 165, 2002.

Dabove, Maria Isolina, "De los derechos humanos al derecho de la vejez: Acceso a la justicia
y protección internacional", Maria Isolina Dabove ed. *Derechos humanos de las personas
mayores, Acceso a la justicia y protección internacional*, Buenos Aires: 2017.

Defensoría del pueblo de la Nación, Informe anual 2021, Buenos Aires, Defensoría del pueblo
de la Nación, 2021.

Eva Perón（Subsecretaría de Informaciones de la Presidencia de la Nación）*La palabra, el
pensamiento y la acción de Eva Perón*, Buenos Aires, Presidencia de la Nación, sin fecha,
p. 225.

Huenchuan, Sandra, *Perspectivas globales sobre la protección de los derechos humanos de las
personas mayores, 2007-2013*, Santiago de Chile: CEPAL, 2013.

INDEC, *Condiciones de vida, Incidencia de la pobreza y la indigencia en 31 aglomerados urbanos*, vol. 6, núm12, Buenos Aires: 2022.

Isuani, Ernesto y Jorge San Martino, *La reforma previsional argentina*, Buenos Aires: CIEPP, 1993.

Isuani, Ernesto Aldo y Jorge A. San Martino, "El nuevo sistema previsional argentino. ¿ Punto final a una larga crisis? (segunda parte)", *Boletín Informativo Techint* no. 282, 1995.

Jessop, Bob, *The Future of the Capitalist State*, Cambridge: Polity Press, 2002.

Martin, Claudia, Diego Rodriguez-Pinzón, and Bethany Brown, *Human Rights of Older People, Universal and Regional Legal Perspective*, New York: Springer, 2015.

Observatorio de la Deuda Social Argentina, *Condiciones de vida de las personas mayores, Acceso y desigualdad en el ejercicio de derechos (2010-2017)*, Buenos Aires: UCA, 2018.

Observatorio de la Deuda Social Argentina, *El desafío de la diversidad en el envejecimiento. Familia, sociabilidad y bienestar en un nuevo contexto*, Buenos Aires: UCA, 2016.

Secretaría de Derechos Humanos, *Personas adultas mayores y derechos humanos*, Buenos Aires: Secretaria de Derechos Humanos · Ministerio de Justicia y Derechos Humanos, 2011.

Sepúlveda, Magdakena, *De la retórica a la ptctica: el enfoque de derechos en la protección social en América Latina*, Santiago de Chile: 2014.

Roqué, Mónica, "El camino de la comunidad internacional" María Isolina Dabove ed. *Derechos humanos de las personas maypres, Acceso a la justicia y protección internacional*, Buenos Aires: Astrea, 2017, pp. 67-73.

Vilariño, Tomás, *Trabajo de investigación*, n.d.

第2章　メキシコにおける家事労働者の労働と　　人権をめぐる権利保障

松 久 玲 子

は じ め に

　現在，世界で15歳以上の約7560万人が家事労働者として働いている．そのうちの6410万人（81.2％）は非正規雇用であり，76.2％は女性である（ILO, 2021: 17）．家事労働者の36％が東アジア・東南アジア，19％がラテンアメリカ・カリブ海域に分布している．ラテンアメリカ全体では，1436万4000人（女性91.1％，男性8.9％）の家事労働者がいる（WIEGO, 2022a）．

　2013年に国連の国際労働機関（International Labor Organization, ILO）総会で，家事労働者条約が可決された．家事労働者条約は，労働，女性，国際移民の3つの分野に関連する．一つは，児童労働を含めたインフォーマル・セクターの劣悪な労働状況である．もう一つは，国連がジェンダー平等をかかげるなかで，劣悪な労働環境で働かざるを得ないインフォーマル・セクターの労働のなかでも女性たちが占める割合が高いのは家事労働者である．家事労働者は，単に低賃金で労働権が保障されていないだけではなく，個人の家庭という私的空間において孤立して働くことが多く，セクシュアル・ハラスメントや性暴力などの被害を受けやすい．また，20世紀最後の四半期には，国際労働移動が拡大し，移民の女性化が顕在化した．移民女性労働者が最初に就く職種が，住む場所と賃金が保証された家事労働者だった．国境を越えて移民労働者として働く，最も脆弱性の高い第三世界の女性たちの保護のために，労働分野における国際的な人権保障の枠組みが作られた．

　個人の家庭で再生産労働を有償で担う家事労働者を対象とした研究は，1970年代以降の女性学・ジェンダー研究の分野で始まった．ラテンアメリカ地域で家事労働者問題を最初に扱ったのは，チェイニーとガルシア（Chaney, Elsa. M. &

García Castro, 1989）による『女中はもういらない』（*Muchachas No More: Household Workers in Latin America and the Caribbean*）で，ジェンダーの視点から低賃金，長時間労働で正式な契約も社会保険もなく搾取される家事労働者の実態を明らかにした．ラテンアメリカの家事労働者に関する研究は，植民地時代から現在までの家内（事）労働者の歴史（Arrom, 1988; Kuznesof, 1989; Sosenski, 2010），労働特性と労働者運動としての家事労働者の組織化に関する研究（Goldsmith, 2007a; 2010; Thomas, 2002; Orsatti, 2015）そして，移民研究における女性の労働を対象とした3つの研究分野において発展してきた．1990年代以降，国際移民の女性化にともない移民女性を対象とした研究が近年急速に発展している（Goldsmith, 2007b）．アメリカ合衆国において家事労働者として働くラテン系移民のエスノグラフィ（Hondagneu-Sotelo, 1994; 2007; Hondagneu-Sotelo, Pierrette ed., 2003）や，文化人類学・社会学の方法論により，家事労働者と労働市場，雇用関係，ジェンダーと母性，エスニシティと人種，グローバリゼーションと家事労働などのテーマに沿って，ラテンアメリカの家事労働者を取り上げた研究がある（Durin y Bastos, 2014）．また，インフォーマル・セクターの労働に関してILO で1999年に取り上げられたディーセント・ワーク（働きがいのある人間らしい仕事）や，2011年の家事労働者条約の採択にともない，労働者としての家事労働者の権利や労働条件について ILO で国別のリージョナル・レポートで取り上げられている（UNICEF/ECLAC, 2009; INEGI, 2012; ILO, 2013; 2019; 2020; 2021）．

　本章では，国際人権レジーム（社会権）に家事労働者条約を位置づけ，家事労働者の国際的人権保障が国家の枠組みのなかで，どのように解釈され，政策として展開されたのか，そして実際に家事労働者にいかなる影響をもたらしているのかを，メキシコを事例として考察する．第1節では，国際人権レジームにおける家事労働者条約の位置づけとそれを実行するガバナンス・アクターについて整理する．第2節では，メキシコにおける家事労働者条約の批准に向けての過程を分析し，メキシコの社会環境のなかでどのように人権保障が解釈され政策化されたのかを見てみたい．次に，第3節では，そうした政策が家事労働者に与えた影響を，先行研究に家事労働者組合や家事労働者のインタビューを加えて明らかにする．

1　家事労働者条約と国際人権レジーム

1.1　家事労働者条約とは

　2011年6月16日に「家事労働者のためのディーセント・ワークに関する条約（ILO189号）」（the Convention concerning Decent Work for Domestic Workers, 以下家事労働者条約と略す）および家事労働者の適切な仕事に関する勧告第201号（以下201号勧告と略す）がILO総会で採択され，2013年9月5日に発効した．ディーセント・ワークは，1999年にILO総会においてを初めて使用された概念で，結社の自由・団体交渉権・失業保険・雇用差別・最低賃金などを含め，人間らしい生活を営むことができる労働条件の確保により実現することができる．

　家事労働者条約によれば，「家事労働者とは雇用関係の下において，職業として家庭または家庭のために行われる労働に従事する者である（第1条）」．ILOの調査（Florenz, 2019）では，世界の家事労働者は先進国に1340万人（17.8％），発展途上国および新興国に6220万人（82.2％）分布している．家事労働者に占める女性の割合は，先進国では76％，発展途上国および新興国では女性が79％を占める．家事労働者の仕事内容は，家の掃除・ヘルパー，子どもや老齢者の介護，運転手，調理，守衛や庭師などだが，女性の仕事のほとんどは掃除・ヘルパーと介護で，男性はそのほかに運転手，守衛，庭師などがあり，仕事の領域が女性より多様である．世界的に家事労働者の81％は，正式な雇用契約がない非正規雇用である．家事労働者の平均的労働時間は，週35〜48時間だが，世界の家事労働者の賃金はそれ以外の労働者の56％にすぎない．家事労働者には，住み込みと通いの労働形態があるが，週48時間以上働く家事労働者のうち住み込みの割合は女性65％，男性56％に対して，通いの割合はそれぞれ33％，52％となっていて，住み込みの家事労働者の労働時間が最も長い．また，斡旋業者を通じて雇用される家事労働者は27％で，大部分は雇用主との直接交渉により雇用されている．

　家事労働者条約は，全27条から構成されている．条約では，家事労働者は他の労働者と同じ基本的な労働者の権利を有するべきで，安全で健康的な作業環境の権利，一般の労働者と等しい労働時間，最低でも連続24時間の週休，現物払いの制限，雇用条件に関する情報の明示，結社の自由や団体交渉権といった就労に関わる基本的な権利および原則の尊重・促進・実現などを規定した．ま

た，家事労働者の斡旋業者に関する規定が盛り込まれ，民間職業紹介所の不正な慣行から家事労働者を効果的に保護する措置，家事労働の特殊性に十分配慮した労働監督措置の開発が規定されている．特に，移民労働者に関する規定が盛り込まれ，リスクにさらされている可能性がある労働者に関して国境を越える前に雇用契約がなされることなどの特別保護規定が盛り込まれている．

家事労働者条約の補足規定として採用された201号勧告では，結社の自由や団体交渉権，雇用・職業上の差別撤廃，健康診断，雇用条件，労働時間，休憩時間・週休・年休，報酬，住まいや食事の提供，虐待や嫌がらせ，暴力から保護する仕組み，児童労働者，移民家事労働者などに関する配慮事項や指針が示されている．また，18歳未満の家事労働者に対する教育の保障，夜間労働の禁止，過酷労働の制限，家事労働者への虐待や暴力に対応するための苦情窓口の開設が加えられた．

1.2 人権レジームにおける家事労働者条約の位置づけ

家事労働者条約前文において，「家事労働が依然として過小評価され，および軽視されていること並びに主として女子によって行われており，これらの女子の多くが雇用条件および労働条件についての差別および他の人権侵害について特に被害を受けやすい移民または不利な立場にある地域社会の構成員であることを考慮し……」と記されているように，家事労働者条約はインフォーマル・セクター，女性，移民の問題に焦点があてられている．

まず，本条約の根拠となる国連の人権の枠組みとして，条約冒頭で国際人権A規約があげられている．次に，インフォーマル・セクターの労働に関しては，ILO が1999年に ILO 総会で提示された「ディーセント・ワーク」の概念により，脆弱性の高い労働者の権利と保護を提唱している．また，家事労働者の大部分が女性であること，そして女性に対する差別や暴力から女性を保護するための枠組みとして，1979年に国連で採択された女性差別撤廃条約（Convention on the Elimination of All Forms of Discrimination against Women, CEDAW）を関連条約としてあげ，家事労働者が直面する問題取り組みの根拠としている．また，前文では1990年に国連で採択された移住労働者の権利条約「すべての移住労働者とその家族の権利の保護に関する国際条約」（International Convention on the Protection of the Rights of All Migrant Workers and Members of Their Families）をあげている．特に近年，家事・育児・介護を含む再生産労働の国際分業化がすすみ，

女性移民が有償家事労働の担い手となっている現状がある．インフォーマル・セクターの劣悪な労働，ジェンダーによる不平等という世界共通の問題と国際労働移動という越境的問題の3つの要素が家事労働者問題の背後にあり，それらの問題に対処するための枠組みとして国際人権レジームの中の労働権・ジェンダー平等・移民の権利が相互に関連する人権レジームを形成している．

1.3　家事労働者条約のガバナンス・アクター

　国家を超えたガバナンスを実効化する仕組みとして，西谷・山田（2021）は，グローバル・ガバナンスの概念を紹介している．グローバル・ガバナンスとは，「中央政府の存在しない国際社会において一国に留まらない問題を解決するために，国境を越えた公共財を提供する制度枠組みおよび政治システムを指す」（西谷・山田, 2021: 1）．また，それを担うアクターとして，国際機構，地域機構，専門家・知識共同体，NGO・社会運動，企業を挙げている．国家は依然として世界の統治システムの基本単位であるが「非国家主体によるトランスナショナル・ガバナンスの相互作用で現代のグローバル・ガバナンスは成り立っている」（西谷・山田, 2021: 5）．次に，家事労働者条約をめぐるガバナンス・アクターについてみてみたい．

　国際機構における家事労働者条約の主要なガバナンス・アクターは，国連のILO，国連女性機関（The United Nations Entity for Gender Equality and the Empowerment of Women, UNWomen），国際移民機関（International Organization for Migration, IOM）である．1999年にディーセント・ワークの概念がILO総会で示され，有償家事労働を含むインフォーマル・セクターの労働改善のための規準となった．UNWomenは，女性差別撤廃条約を根拠として，女性への暴力，セクハラ，雇用などへの監視を行っている．国連で，1990年に移住労働者の権利条約が採択され，2003年に発効，現在58か国が批准している．条約は，適法，非適法を問わずすべての移住労働者とその家族の権利を保証している．2020年には職業斡旋業者のガイドラインが作成された．

　家事労働者条約は2013年に14か国で批准され発効したが，地域レベルで見てみると，批准国のうち8か国がラテンアメリカ諸国（アルゼンチン，ボリビア，コロンビア，コスタリカ，エクアドル，ニカラグア，パラグアイ，ウルグアイ）だった．

　アメリカ大陸にまたがる地域機構に関しては，米州機構に設置された人権問題に関わる地域機関として米州人権委員会および米州人権裁判所がある．ラテ

ンアメリカおよびカリブ海地域において個人に対する国家の人権侵害に対して請願をすることができる．移民および家事労働者に関連する請願は，アメリカ合衆国に対する2件の移民労働者に関する請願がされている[1]．メキシコ政府に対しては，2010〜2020年の間の人権侵害の請願のなかに家事労働者に関わる請願はなかった．他のラテンアメリカの地域機構には，国連ラテンアメリカ・カリブ経済委員会（Economic Commission for Latin America and the Caribbean, CEPAL）やカリブ海移民協議会（Caribbean Migration Consultations, CNC）が，ラテンアメリカ地域の家事労働者の調査，報告，ネットワーク作りを行っている．「世界女性の10年」（1985年〜1995年）に，ILOラテンアメリカ地域会議はインフォーマル・セクターの拡大に伴う非正規労働や労働における男女格差，児童労働を取り上げ，ラテンアメリカ11か国で児童労働に関する調査を行った．2005年には11か国の労働組合と家事労働者組合代表の参加するセミナーを開催し，家事労働者組織と労働組合との関係強化を支援した．2007年にキトで開催されたCEPALの第10回地域会議では，有償家事労働がメインテーマとなった．2008年の第31回ILO理事会は，家事労働者のディーセント・ワークをILO総会の議題に取り上げることを決定し，家事労働者条約への道筋を示した．

　また，ラテンアメリカの地域機関は，同時に家事労働者に関する調査や報告書を作成する専門職・知識共同体でもある．ラテンアメリカ地域レベルの国連機関のCEPAL，ILO，IOM，UNWomenの専門職によるレポートや報告書が家事労働者に関する知見に大いに貢献してきた．また，ラテンアメリカ地域の研究者による調査や学会活動が，ラテンアメリカ地域の家事労働者組合の形成に向けて重要な役割を担った．1983年にメキシコで開催されたラテンアメリカ研究学会（Latin American Studies Association, LASA）の定期大会でフェミニスト社会学者であるE. M. チェイニーがチリ，ペルー，メキシコの家事労働者組合の代表を招いてパネルディスカッションを行った．これを契機として，1988年にボゴタでアルゼンチン，ボリビア，ブラジル，チリ，コロンビア，ドミニカ共和国，メキシコ，パラグアイ，ペルー，ウルグアイ，ベネズエラの計11か国の家事労働者組合の代表が集まり，ラテンアメリカ・カリブ海域家事労働者連盟（Confederación Latinoamericana y del Caribe de Trabajadoras del Hogar, CONLACTRAHO）が設立された．

　NGO・社会運動としては，国際家事労働者連盟（International Domestic Workers Federation, IDWF）や「非正規雇用のエンパワーメント・グローバル化・組

織化する女性たち」(Women in Informal Employment, Globalizing and Organizing, WIEGO) の活動がある．IDWF は，2013年に設立されたアドボカシー活動や家事労働者の調査研究を行う NGO で，2022年の時点で，65か国から85の団体が加盟し，会員は約60万人である．WIEGO は，女性を対象としたインフォーマル経済の調査およびインフォーマル・セクターで働く女性の連帯・援助を行っている．また，ラテンアメリカ諸国では，各国の家事労働者組合や組織が，国際レベルの NGO と連帯しながら独自に活動を展開している．

　家事労働者条約は，家事労働者の人権と労働権を保護するために，ディーセント・ワーク，CEDAW，移民条約という3つを基軸として構成された条約である．家事労働者条約のラテンメリカにおけるガバナンスは，国際機構レベルでは国連の3つの機関 ILO，UNWomen，IOM が中心となっている．さらに国連の地域機関であるラテンアメリカ ILO，UNWomen，CEPAL などがガバナンス・アクターとなっている．同時にラテンアメリカの国連地域機構や研究機関などの研究者たちにより構成される知識共同体が，調査・報告・研究を通じてラテンアメリカの家事労働者の状況を把握し，政策提言をする上で大きな役割を果たしてきた．これらの知識共同体は，国際 NGO の IDWF や WIE-GO，あるいはラテンアメリカ地域レベルの家事労働者連合 CONLACTRAHO の活動を支援することによりガバナンスに影響を与えている．そして，各国の家事労働者組合や組織は，トランスナショナルな NGO 組織と連携し，問題を共有することにより，アドボカシー活動や国家の家事労働者政策にかかわっている．家事労働者条約のガバナンスでは，国連に属する国際レベル・地域レベル・国家レベルという階層性のあるアクターと知識共同体や家事労働者組合・組織などの水平的なアクターにより構成されている．次節では，メキシコを事例として，上述のガバナンス・アクターが国内の家事労働者政策にどのような影響を与え，効果を上げているのかを検討する．

2　メキシコの家事労働者政策

　メキシコは，家事労働者条約の批准に8年を要し，2019年に批准，2020年に発効した．家事労働者条約批准に向けての当事者の活動として，2015年に女性を中心とした全国家事労働者組合 (Sindicato Nacional de Trabajadoras y Trabajadores del Hogar, SINACTRAHO) が家事労働者支援・研修センター (Centro de Apoyo y

Capacitación de las Empleadas de Hogar, CACEH）を母体として設立された．CACEH
は，家事労働者の活動家であるマルセリーナ・バウティスタ（Marcelina Bautis-
ta）が2000年にメキシコ市に設立した家事労働者組織である．バウティスタは
2006～2012年に CONLACTRAHO の事務局長を務め，現在まで CONLAC-
TRAHO と連携して活動を行っている．SINACTRAHO にメキシコ各地の小
規模な家事労働者組織が参加して，組合員100人で発足し，2016年２月18日に
メキシコ市当局により組合として承認された．組合員は約800人（2017年）で，
設立後は CONLACTRAHO に加入した．CACEH は家事労働者が中心となっ
て活動しているのに対して，SINACTRAHO では大学関係の研究者やフェミ
ニストなどの知識共同体が支援している．主な活動は，家事労働者の権利や保
護に関するアドボカシー活動，組合活動の指導者養成のための研修の開催など
で，2017年にインタビューを行った時点では，家事労働者と雇用主の書面形式
の労働契約の推進に焦点を当てた活動を実施していた．SINACTRAHO が集
団契約を雇用主との間で行い，組合員に協定状況を保証する契約書のひな型を
ホームページに公開し，家事労働者が利用できるようにした．また，月２回の
ワークショップを開催してる．土曜，日曜日には家事労働者が休日に多く集ま
る公園などで組合の勧誘活動を行っている．201号勧告２の「家事労働者が結
社の自由および団体交渉権の実効的な承認」のための受け皿が SINACTRA-
HO となっている．

　国レベルのガバナンス・アクターはメキシコ人権審議会（Consejo Nacional de
Derechos Humano, CNDH）である．2017年に，家事労働者条約批准の勧告を行い，
移民と若年女性に対する人権侵害に言及している．「家事労働者の大部分は社
会保険に関連する労働者の権利を享受していない」と指摘し，社会正義と
ディーセント・ワークを実現するために家事労働者条約の即時批准を勧告した．
2018年に最高裁判所（la Suprema Corte de Justicia de la Nación, SCJN）は，国がメキ
シコ社会保険庁（Instituto Mexicano del Seguro Social, IMSS）の社会保険加入を家事
労働者に義務付けないことを違憲とした．その判決を受けて，メキシコ政府は
労働法の改正に着手した．連邦労働法ではすでに家事労働者を労働法の対象と
していた（連邦労働法331条から343条）が，2012年，2019年の労働法改正を経て，
批准に至った（Diario Oficial, 2019.7.2）．

　改正点は，331条第１項の家事労働者の定義に関して，住み込みと通いの２
つの形態をとること，また，通いの場合，雇い主は複数の場合もあることが明

記された．第 2 項は児童労働に関するもので，15歳以下の家事労働者の雇用禁止，年二回の健康診断，労働時間は一日 6 時間，週36時間を上回らないこと，雇い主が基礎教育を修了させる責任を持つこと，15歳以上でも基礎教育を修了していない家事労働者を雇わないこと，児童労働をなくし教育機会を奪わないことが加えられた．第 3 項では，書面による契約と契約書の形式が示された．妊娠を理由とした雇止めの禁止と，この条件が移民家事労働者にも同様に適用されることが付記された．

　333条では，住み込みの家事労働者の場合，夜間に最低 9 時間の継続的休息と昼の 3 時間の休憩，一日 8 時間以下の労働が明記された．334条の第 1 項では，住み込みの家事労働者の場合，雇い主は食事と居室を提供すること，食事，居室などの現物支給は賃金の現金支払いの50％を上回らないことが規定された．第 2 項は，休暇，特別休暇，有給休暇，社会保険加入の義務，ボーナスなどが契約に含まれることが示された．335条は最低賃金の適用，337条第 2 項で，移民家事労働者に同様の権利が適用されることが規定された．341条は，契約解消について双方の申し出の他に暴力や差別があった場合を加えた．343条では，雇い主は家事労働者を解雇する場合，30日前に通達し，8 日間分の給料を支払う義務がある．社会保険法の改正も行われ，家事労働者は社会保険の対象者となり（12条），社会保険加入を義務付けた（13条）．

　メキシコ政府による家事労働者条約の批准へ向けての対応は，雇用契約と社会保険の加入が中心となった．家事労働者と雇用主の正式な書面契約に関しては，家事労働者組合が集団契約を行い，書面契約のひな型を提供するシステムが作られた．また，労働法を改正することにより，家事労働者の労働権を保障したが，家事労働者の社会保険の加入が大きな課題となった．加えて，家事労働者に対するセクハラ・暴力，あるいは労働対価のジェンダー格差などに関しては，国立女性機構（InstutoNacional de las Mujeres, INMUJERES）のアドボカシー活動が中心となり，移民の家事労働者の施策は，家事労働者法にメキシコ国民と同等の権利を有することが明記されたが，具体的なメキシコ政府による施策はほとんど見られない．

3　メキシコにおける家事労働者条約の実効性

3.1　家事労働者の状況

　メキシコ政府の発表（2022年下四半期[6]）によれば，パンデミックを経たのちの家事労働者数は194万人で，平均労働時間は週29.9時間，平均労働日数は週4.26日である．平均収入は月額3720ペソ，男性の平均収入は月額4210ペソ，女性は3700ペソである．家事労働者の男女比が，男性2.35％，女性97.37％である．2022年の「国際家事労働者の日」（3月30日）に向けた国立統計地理情報院（Instituto Nacional de Estadística y Geografía, INEGI）の発表によれば[7]，15歳以上の女性の家事労働者数は180万人，平均時給38ペソで週30時間労働している．平均年齢は44歳，75％が30〜59歳である．平均就学年限は8.2年，ほぼ前期中等教育修了レベルである．約99％が書面での正式契約を行っておらず，健康保険に加入しているのは約4％，ボーナスや休暇などの手当てを受けているのは28％にすぎない．掃除などの家事一般を行っている家事労働者は86％，料理・庭師・見回り・門衛などの特定分野の家事労働者は1％，洗濯・アイロンかけのみは2％，子ども・老人・障碍者の介護は11％となっている．2019年の調査（Bensusán, 2019: 25）によれば，女性労働者の収入は58％は最低賃金以下，1〜2倍が38％，3倍以上は4％のみである[8]．93.8％が通い，4.6％が住み込みで，通いの家事労働者の場合，一軒のみで就労している家事労働者は61％である．2軒以上の家に通っている家事労働者は10％で，そのうち2軒で就労している家事労働者が60％を占める．家事労働者の大部分は人口10万人以上の都市地域に就労している．また，家事労働者の28.4％が先住民である．

　次に，雇い主に関する調査では（Florenz, 2019），雇用主の男性世帯主の割合は69.1％，女性世帯主は30.9％，平均年齢は55.7歳である．単身世帯は18.8％，核家族は58.8％，拡大家族は14.5％，複合家族は7.9％となっている．子どものいない夫婦が15.3％，子どものいる夫婦が32.7％，ひとり親が10.9％である．雇い主の学歴は，プレパラトリア，師範学校，技術学校，大学などの高等教育以上が80.2％を占めている．就労している割合は66.9％，就労していない雇い主のうち主婦は24.4％，年金受給者が60.6％，障碍者が1.4％，その他は13.8％である．収入レベルは，無収入0.7％，最低賃金レベル3％，最低賃金1〜2倍が7.0％，2〜3倍が10.2％，3〜5倍が21.7％，5倍以上が27.5％，

特定できないが29.5％となっている．平均収入（2016年）は，月額3万9789.3
ペソで，家事労働者の約10倍近い収入がある．雇用者の多くは，中間層以上の
階層で，教育レベルや収入において雇い主と家事労働者の間には大きな格差が
存在する．

　女性の家事労働者を対象とした INMUJERES の報告書（INMUJERES, 2018）
では，家事労働者の権利について何かしら知っている割合は26.1％，わずかし
か知らないは41.8％，よく知っているは16.5％，知らないは15.4％，わからな
いは0.2％となっている．約67％が労働者としての権利に関する知識がない．
調査時点から過去5年間で賃金を支払われなかったことがある，と答えた調査
対象の家事労働者の割合は15.8％，また住み込みの家事労働者の場合に，過去
5年間で病気の時に医者や薬代を支払ったのは，本人あるいはその家族が
68.3％で，雇用主は9％にすぎなかった．雇用先での問題は，雇用者からの虐
待・いやがらせが19.5％だった．他に超過労働や低賃金などの労働条件の悪さ
をあげているのは32.2％で，特に18〜29歳の若年層の間では，不満があると答
えた割合は40.5％にのぼった．保険，ボーナス，有給休暇などの給付の不足を
あげているのは48.3％となっている．また，家事労働者の91.8％が仕事を過小
評価されていると感じていて，90.2％が何か物がなくなると家事労働者のせい
にされると述べている．一方で，54.3％は雇い主に良くしてもらっていると答
えている．

　コロナウィルスによるパンデミックは，家事労働者にも深刻な影響をおよぼ
した．メキシコでは，2020年3月から4月にメキシコ市のロックダウンを政府
が行った．2020年12月から2021年2月までメキシコ市は非エッセンシャル事業
の閉鎖をし，多くの市町村はティアンギス（定期的に開催される仮設市場）も開催
を中止した．2021年初めまでのメキシコにおける死者は15万人以上といわれて
いる（WIEGO, 2022b）．2020年3-7月の間に　メキシコでは女性家事労働者の
33％に当たる73万2000人が職を失った（CEPAL, 2021）．家事労働者は自宅での
勤務ができない職種であり，通いの場合，60％は公共交通機関を利用し，30分
以上の通勤時間がかかる（ILO, 2019: 1）．メキシコのトラスカラ州において2020
年9月までのコロナウィルスの感染による死亡者1050人のうち，231名は家事
労働者だった．また，メキシコ市では，初期の死者1万人のうち，2018人が家
事労働者であることが報告されている．事前通達のない不当解雇や賃金カット，
通常の仕事量の増加，住み込みの家事労働者の強制隔離，就労家庭内での暴力

など，様々な不利益を受けた．また，雇用主の家族が家事労働者によりコロナ感染するという恐怖から，保証なしに一時的な停職を言い渡された例や住み込みの家事労働者が家族に会いに家に帰ったら解雇するといわれた事例があった．パンデミック下で就労を継続した場合でも，通常の掃除の他に除菌などの追加的な労働が加わり，実質賃金が減少した．パンデミックの下で，雇用主や他の被雇用者からのセクシュアル・ハラスメントや暴力が増加したことも挙げられている（Teixeira, 2021: 9-11）.

　メキシコの家事労働者の大部分は女性であり，ほとんどが通いで掃除などの一般的な家事労働を低賃金で担っている．雇用主と家事労働者の間には経済・社会的に大きな格差があり，「信頼」という言葉に象徴される疑似家族的な感情のしばりがある．慣習と感情的なつながりを背景に，家事労働者のほとんどは，正式な書面契約なしで，労働権に関する情報を知らず，健康保険・社会保険に加入していない非正規労働者である．コロナによるパンデミックはインフォーマル・セクターの労働者により大きな負担を強いたが，家事労働者も例外ではなかった．

3.2　家事労働者の労働権・社会保障

　メキシコの家事労働者の97.1％が非正規雇用である．ほとんどの家事労働者は正式な契約を結んでおらず，社会保険に加入していない．雇用に際して大部分の家事労働者は斡旋機関を通さず，雇い主との直接交渉あるいは前の雇用主からの紹介で職を得ており，書面での契約をしていないのがほとんどである．2018年の時点では99.2％が，書面での契約をしていない．社会保険の加入は一般家事労働者が1.6％，介護などの特定分野の家事労働者が3.4％にすぎなかった．メキシコ全体の就労人口の56.8％は社会保険に未加入だが，家事労働者の場合はさらにその割合は低く，98.3％は未加入だった（CONAPO, 2022.3.30）.

　家事労働者へのインタビュー[9]から見える労働実態は，雇い主と被雇用者の間に厳密な労使関係の意識が希薄で，特に中高年以上の家事労働者と雇用者との間に疑似家族・疑似親族的な関係が存在する．例えば，労働時間に関しては就労開始・終了時間はあいまいで，正式にとり決められていいない．午前中に職場に入り，既定の仕事が終わり次第終了という例が多い．インタビューを行った家事労働者のなかで，唯一就労の開始時間と終了時間が取り決められていたのは，マンションの棟の掃除を受け持つ家事労働者だった．また，子どもの病

気や私的な都合により連絡なしで休む場合もある．昼食に関しても，取り決めがあるわけではなく雇用者の「好意」により用意されたり，されなかったりする．また，急なものいりのため，家事労働者の賃金の前借や借金などが借用書なしで行われる．雇用者の「好意」で不要となった衣類や品物などを家事労働者に与えることもある．直近の職の継続年数は，女性の一般家事労働者の場合，6.7年（2018年調査）である（Bensusán, 2019: 39）．家事労働者法，201号勧告に規定されているように，書面による契約書の作成については，家事労働者を代表する団体として SINACTRAHO が雇用契約のひな型を作成し，そのホームページ上で公開し，無償で利用できるようになっている．しかし，家事労働者は同じ雇用主の家で継続的に働いている場合が多く，インタビューでは雇用者と家事労働者の双方ともが相互の「信頼関係」を強調していた．こうした「信頼関係」のなかで，特に問題が生じた場合を除いて，家事労働者の側から雇用主に書面契約をあらためて要求することは難しい．モンテレイの修道院は，若い家事労働者の就職斡旋とその寄宿先を提供していたが，就労に関する取り決めがなされており就学要件が加えられていた．待遇に問題がある場合には，修道院が仲介役となって改善する余地があった．このように第三者機関が間に入っている場合には，雇用契約が事前に取り決めることが可能だが，現状のように雇用者と被雇用者との直接契約の場合，問題が生じない限り新たに書面による契約を言い出すのは難しい．

　次に，社会保障に関しては，IMSS が2019年に家事労働者を社会保険に加入させるパイロットプログラムを全国レベルで展開した．家事労働者は，しばしば複数の雇い主がいる．このプログラムでは毎月20日までに家事労働者または雇用者，あるいは双方が登録し，それぞれが労働日数に応じてそれまでに社会保険の支払いをすます．それにより，次の月に社会保険の適用を受けられる．IMSS への登録と参加は，オンラインまたは IMMS の出先機関の窓口で手続きができ，書類等が簡略化された．18か月にわたるパイロットプログラムの社会実験を経て，社会保険法が改正された．IMSS の発表によれば，2020年5月14日の時点で，IMSS 加入者数は2万2300人[10]，家事労働者法の発効後の2021年12月3日の発表では社会保険加入者数は4万1373人，保険対象者6万7800人となっている[11]．保険加入者のうち，福祉保健機構（INSABI）の加入者は57.1%，IMSS の加入者は36.4%，その他が6.5%である．INSABI は，メキシコ国内にいる社会保険を持たないすべての人に対応しているが，受診時には国民登録と

個人番号（CURP）が必要となる．被保険者は，国内の公的医療機関において無料で医薬品，検診，外科治療，入院などの医療サービスを受けることが可能である[12]．INSABI が医療保険のみをカバーしているのに対して，IMSS の社会保険は医療，病院，薬，出産医療サービス，労災，障害と死亡，退職金，障害年金，託児所などの福利厚生を含め社会保障の範囲が広い．さらに適用範囲は本人と配偶者，16歳までの子ども，学生の場合は25歳までの子ども，世帯をともにする両親が利用することができる．IMSS の手続きは，雇用主と家事労働者双方が行う必要があるが，雇用主の場合は個人番号，電子メール，居住証明書，雇用契約書，家事労働者の場合は社会保険番号 NSS（Número de Seguridad Social），国民登録の個人番号，居住証明書，一日の賃金，労働日数のデータが必要で[13]，毎月20日までに登録する必要がある．保険料は，雇用者90％，家事労働者が10％を支払う[14]．概算で収入が月額3080.40ペソの場合，家事労働者の月額保険料は，904.22ペソ（Gobierno de Mexico. programa piloto より）である．既婚者の場合，すでに配偶者の保険が適用されている場合があり[15]，新たに加入する必要がある単身の家事労働者にとっては，保険料が雇用主にも生じるので，IMSS 加入は容易ではない．

　コロナウィルスのパンデミック期の保障として，政府は2020年にインフォーマル・セクターの労働者に２万5000ペソの貸付をおこなった．家事労働者が無収入の場合に２か月間1500ペソの貸し付けを行った．また，市町村ではインフォーマル・セクターの労働者にフードバスケットを提供した（WIEGO. 2022b: 11）．メキシコ市では，地方自治体として２か月間1500ペソの失業保険を失業した正規労働者に提供したが，この支援が認められた家事労働者ははわずかだった．政府の行った貸付は IMSS 加入者が対象で，多くの家事労働者は資格がなかった．また，返済時に返済が可能な状況かどうかも不確実だった．

　家事労働者の雇用契約や社会保険加入は制度として整ったが，まだ正式な雇用契約は普及しておらず，社会保険の加入も進んでいない．結果として，コロナ感染に起因する経済保障も，ほとんどの家事労働者には届いていない．

3.3　家事労働者組合・家事労働者組織

　家事労働者条約の批准および国内のガバナンス・アクターとしてメキシコで大きな役割を果たしているのが家事労働者組合および家事労働者組織である．SINACTRAHO は，メキシコ市に本拠地のあるメキシコで唯一の全国レベル

の家事労働者組合であり，地域レベルの NGO や国際レベルの WIEGO，メキシコ人権委員会と連携しながら家事労働者条約の推進のための労働者側の受け皿となっている．労働者の権利・保護のためのアドボカシー活動，IDWF と連携した組合員のリーダー養成研修，書面での労働契約の推進，IMSS 登録システム開始に伴う NSS の取得の補助活動，インターネット利用のための補助などを実施している．国立成人教育機構（Instituto Nacional para la Educación de los Adultos, INEA）と協力して成人教育を無償で家事労働者およびその家族に提供する協定を2022年協定に締結した．

　他に SINACTRAHO 設立母体となったメキシコ市の CACEH や地方の家事労働者組織であるモレロス州の家事労働者支援センター（Centro de Atención de la Trabajadora Doméstica, CATDA），アルト・チアパス家事労働者集団（Colectivo deTrabajadoras Domésticas de los Altos de , ChiapasCEDACH），ゲレロ州の家事労働者ネットワーク（Red de Empleadas del Hogar）などが，CONLACTRAHO に加盟して活動を行っている．

　CACEH は，創設者バウティスタが２年間マッカーサー基金の補助金を獲得し，その資金をもとに誕生した．CACEH で研修を受けた最初の40人の家事労働者に，基金から交通費や研修費等として，各人に２万5000ドルが支払われた．活動目的は，家事労働者のエンパワーメント，家事労働者の意識化で，２週間ごとの日曜日に研修会が開催された[16]．講師として，バウティスタや CACEH の幹部，WIEGO，フェミニストの弁護士，社会学者，心理学者が担当した．講習のテーマは人権，労働権，ジェンダー，差別，暴力，エンパワーメント，介護，交渉，コミュニケーション，自己肯定，組合，連邦労働法，社会保険など多岐にわたっている．広報活動も２週間ごとの日曜日に，家事労働者が集まる公共の場や公園で行われている．2017年には800人の家事労働者が登録しており，全員女性である．メキシコ市，コリマ州，チアパス州，グアナファト州，メキシコ州，プエブラ州，ケレタロ州にメンバーがいる．しかし，研修の参加には，家族の無理解や政治活動に参加することへの恐れ，研修に継続的に参加することに伴う経済的な負担など多くの障害があり，途中で脱落することもしばしばあると報告されている（Rojas, 2018: 20）．

　パンデミックの間，IDWF の資金援助を受けた SINACTRAHO と CACEH がディセント・ワークについて家事労働者に周知し，権利を知るための重要な役割を果たした（Teixeira, 2021: 13）．また，家事労働者組織は，他の市民組織，

特にフェミニズム組織と連帯して活動を行った．市民組織が家事労働者組織を
支援することにより，家事労働者組織は政府に補助金などの圧力をかけること
ができた．フェミニズム組織は，家事労働者組織に資金援助を行い，「在宅労
働は労働♯」キャンペーンを共催した．しかし，多くのキャンペーンは，イン
ターネットを通じで行われ，スマートフォンやインターネットを利用しない家
事労働者にはなかなか届かなかったことも事実である（Teixeira, 2021: 14）．イン
タビューにおいても，家事労働者組合の存在を知らない，あるいはあることは
知っていても活動内容を知らない家事労働者がほとんどだった．また，組合に
入ることに関心を示す人々はほとんどいなかった．個人の住宅でほとんど一人
で孤立して働く家事労働者にとって，組合活動への参加は物理的にも経済的に
も限界がある．家事労働者および CACEH に関する研究をしているメキシコ
社会人類学高等研究所（CIESAS）のロハス（Rojas）教授によれば，問題を抱え
た家事労働者が組合や家事労働者組織を訪れ会員になるが，一般の家事労働者
はほとんど組合運動に関心がなく，SINACTRAHO の活動には限界があると
述べている[17]．

　家事労働者条約の批准の過程で，それまで弱小組織として存続の危機にさら
されていた家事労働者組合は，政府との間で雇用契約や社会保険の周知や普及
のための協力関係が構築され，組織としての存在基盤を確実なものにした．し
かし，230万人の家事労働者の中で2020年に組織化されているのは約1500人に
すぎない．とは言え，雇止めや雇用主との間に問題を抱える家事労働者にとっ
ては，組合はほとんど唯一の駆け込み寺的な存在になっている．

3.4　中米移民家事労働者

　メキシコは，移民の送り出し国であると同時に，中米移民の受け入れ国およ
びアメリカ合衆国への移民の中継地となっている．北の国境地帯のチワワ，サ
ンルイスポトシ州と北東部のコアウイラ，ヌエボレオン，タマルリパ州や南の
国境地帯のチアパス州などを中心に中米移民の家事労働者に関する研究・調査
が行われている（Asakura, 2014; 浅倉, 2019; ONU, 2015; Hernández, 2019; OIL, 2021）．し
かし，正規ルートだけでなく，非正規ルートでメキシコに入り，通過あるいは
滞留する中米移民の絶対数を把握することは難しい．中米移民は主にグアテマ
ラ，エルサルバドル，ホンジュラスから移住し[18]，エルサルバドル，ホンジュラ
ス出身者はアメリカ合衆国を最終目的地としているのに対し，グアテマラ出身

者はメキシコを移住目的地としている人々が多い（Juárez, 2021）．浅倉（2019: 155-157）が指摘するように，北部の移民家事労働者が「トランジット移民」[19]的性格を持つのに対して，南部国境のチアパス州では居住地がグアテマラで，国境を行き来して働く労働者が古くから存在する．メキシコにおいて家事労働者として働く移民女性の37％がグアテマラ出身，34％がエルサルバドル出身，10％強がホンジュラス出身である（Juárez, 2021）．

　北部および南部国境地帯の移民の人権保護に関しては，3章で論じられている．本章では，歴史的にメキシコ－グアテマラの南部国境を行き来して働くグアテマラの家事労働者女性に着目する．中米からメキシコへ国境を越えてチアパス州で働く移民労働者には3つの流れがある．中米生まれでチアパス州に居住する労働者，短期間（24時間以内）に国境を往来してチアパスで働く労働者，国境を越えて働く農業の季節労働者で，後二者の労働者はグアテマラに住居がある（ONU Mujeres, 2015: 9）．2017年の調査では，メキシコに1万7483人のグアテマラ出身の家事労働者女性（在墨グアテマラ女性の37％），次に多いのがホンジュラス出身の家事労働者女性で5393人（在墨ホンジュラス女性の10.6％），エルサルバドル出身の家事労働者女性が5222人（在墨エルサルバル女性の33.8％）が存在した（ONU Mujeres, 2015: 5）．

　グアテマラの移民労働者に関しては，2011年にベラクルス州の女性機構（Instituto Veracruzano de las Mujeres）に承認された「ジェンダーと移民州ネットワーク（la Red Estatal de Género y Migración, REGM）が，2012年に政府とCIESAS湾岸研究所と協力して調査を行った．地方の市民組織と知識共同体との協力関係により国境地帯の移民女性の実態が明らかにされた．さらに，ONWomenがCIESAS湾岸研究所との協力で行ったの調査報告書（2015）によれば，2010年でメキシコ以外で生まれた居住者は，チアパス州全人口の0.66％に当たる3万1704人で，そのうちの86.4％は中米移民だった．女性の割合は約半分の53.12％で，平均年齢は28歳，三分の一は非識字で，子どもの数は平均5.43人だった．中米女性のうち，グアテマラ女性は農業と有償家事労働に従事し，エルサルバドル女性は有償家事労働とレストランの給仕，ホンジュラス女性は商売とサービス業の従事している．中米移民の女性の三分の一は有償家事労働に従事している．

　直近のILO報告書（ILO, 2021）では，2019年に29万6000人がグアテマラ－メキシコの国境を越えている．そのうちの15％が女性で，さらにその39％が先住

民言語を第一言語として話す女性たちである．越境する女性たちは主に有償家事労働（43％）と商業（32％）に従事している．メキシコ－グアテマラ間を移動した人々の60％はメキシコで労働ができない地域入国カード（Tarjeta Visitante Regional, TVR）保持者で，37％が労働可能な国境労働者入国カード（Tarjeta Visitante de Tarabajador Fonterizo, TVTF）保持者である．TVTF保持者の92％は男性で，女性は8％にすぎなかった（ILO, 2021: 2）．TVTFを受け取るには雇用主との書面契約を渡航前に必要とするが，現在でもチアパスで働く女性たちの多くは非正規移民である．また，この報告では，雇用斡旋業者の存在に言及している．非正規移民の場合，雇い主や非正規の斡旋業者により性的嫌がらせや暴力にさらされやすい．非正規の斡旋業者は賃金や労働条件がうその場合もあり，入国証明書を取り上げるなどの問題もある．こうした就職斡旋業者の監督機関が十分機能していないことが報告されている．

　グアテマラの家事労働者・マキラ労働者協会ATRAHDOM（Asociación de Trabajadoras del Hogar, a Domicilio y de Maquila）の調査によれば，パンデミック以前に，メキシコで働くグアテマラの家事労働者の収入月額は2000ペソで，最低賃金の66％だった（Juárez, 2021）．チアパスの事例研究（Hernández, 2019: 19-23）では，移民家事労働者の労働条件はメキシコ人家事労働者よりも悪いだけでなく，外国人フォビアや女性蔑視にさらされていることが報告されている．ほとんどが労働の権利に対する知識がなく，雇用主は言いなりになりやすい12-25歳の若い女性を雇用することを好み，労働条件は雇用者の意向に左右される．

　グアテマラ－メキシコ国境を行き来して働く家事労働者は，住み込みにしろ，通いにしろ，その居住地はグアテマラにある．労働許可証がない非正規移民であるために，正式な雇用契約を結ぶことができないし，実際にほとんどが正式契約をせずにメキシコへ働きに来ている．斡旋業者を通じて雇用を確保する場合でも，非正規の斡旋業者が多く，家事労働者は斡旋業者による搾取の対象になりやすい．ほとんどのグアテマラの移民家事労働者は，十分な労働権に関する情報を得る機会も乏しい．法的な保護から外れた非正規移民の家事労働者は，雇用主の家庭という孤立した私的空間のなかで，移民，ジェンダー，非正規雇用という三重の脆弱性にさらされ，国内の家事労働者に比べさらに制度的人権保護の遅れが顕著である．

　家事労働者条約の批准過程で，家事労働者組合などの組織が設立された．

しかし，家事労働者組合の加入者はわずかであり，活動は家事労働者の間でも周知されていない．ほとんどの家事労働者は非正規雇用で，労働法や家事労働者法の恩恵を受けているとはいいがたい．特に，家事労働者法ができた一つの契機でもある移民家事労働者に関しては，メキシコ人の家事労働者よりも労働条件は悪く，非正規，移民，女性という三重の脆弱性にさらされているが，ほとんど政府による政策の視野に入っていないのが現状である．

おわりに

　国際社会とラテンアメリカ地域の国際機関が主導して，家事労働者条約の批准を推進してきた．メキシコ政府は，家事労働者条約の批准にあたり，書面契約と社会保険への加入を中心的な目標に据えた．しかし，政府による家事労働者条約のガバナンスは，条約批准の必要要件の形式的実現にとどまり，実効性があるとはいいがたい．大多数の家事労働者は，書面契約がないまま，社会保険に加入せず，非正規雇用のままで労働し，労働条件の改善にまで至っていない．特に，コロナウイルスによるパンデミックは，家事労働者へ甚大な影響をもたらしたが，政府の救済はほとんど及ばなかった．また，メキシコ国内の家事労働者よりもさらに脆弱性の高い移民家事労働者に家事労働者条約の恩恵はほとんど見られない．

　一方で，家事労働者条約の批准をめぐる過程で，家事労働者組合が設立され，地方の家事労働者組織が連携することで，国際的，ラテンアメリカ地域レベルの家事労働者組織とのネットワークが生まれた．しかし，家事労働者組合の組合員は全体の家事労働者数から見れば非常に少なく，メキシコ国内の家事労働者を組織化できているとはいいがたい．家事労働者は，大部分が個人の家庭で孤立して働き，時間的にも経済的にも組合員活動に参加する余裕が乏しい．

　メキシコの家事労働者組合は，1930年代にメキシコ革命の労働者運動の一つとして初めて結成された．しかし，小規模で資金に乏しい脆弱な組織であり，その後は結成と消滅を繰り返してきた．現在でも，多くの地方の家事労働者組織は脆弱で資金的裏付けもない．しかし，政府が家事労働者条約の批准に向けて，家事労働者側の受け皿として家事労働者組合を承認し，人権委員会との連携が成立したことにより，組織基盤がつくられた．雇用主との問題を抱える家事労働者が，少なくとも駆け込める場が存在し，家事労働者が自分たちの権利

を知ることができる場として重要な役割を果たしている.

　また，家事労働者条約のガバナンスにおいて国際，地域，国内レベルでの知識共同体との社会的ネットワークが重要な役割を果たしてきた．特に，フェミニストの市民組織や大学，研究組織のフェミニストたちがジェンダーの視点を導入して，脆弱性のたかい家事労働者の研究や調査を行うことにより，家事労働者を可視化し，家事労働者の抱える問題を顕在化させるのに大きな貢献を果たした．家事労働者自身による組織がまだまだ脆弱な中で，こうした市民社会の支援が家事労働者組織の存続を助けているといえよう.

注

1）2007年に外交特権を利用した外交官・外国人公務員による移民家事労働者らの人権侵害に関する請願を受理し，審議を経て2019年にアメリカ合衆国に適切に対処していないことに対する通達が行われ報告書が作成された（ReportNo. 224/20 Petition 1481-07）．また，就労中の事故による障害に対して保障がされなかった非正規移民労働者からの請願に対して，非正規移民であっても社会保障が適用されるべきであると2017年にアメリカ合衆国に勧告した（Report No. 50/16 Case 12.834）.

2）チアパス州の家事労働者組織アルト・チアパス家事労働者集団（Colectivo de Empleadas Domésticas de los Altos de Chiapas, CEDACH），家事労働者センター（Centro de Atención de la Trabajadora Doméstica, CATDA）ゲレロ州の家事労働組織，他に家事労働者ネットワーク（Red de Empleadas del Hogar），グループ「希望」（Grupo La Esperanza）などの地方組織があり，他にプエブラ，ハラパ州など5州に組合がある.

3）2017年9月2日にSINACTRAHOの組合員で広報担当のAna Laura氏にインタビューを行った.

4）〈https://www.cndh.org.mx/sites/default/files/doc/Comunicados/2017/Com_2017_092.pdf〉 2023年6月12日.

5）メキシコの基礎教育は，3歳から15歳までの12年間で，3年の初等前教育，6年の初等教育，3年の前期中等教育により構成されている．基礎教育は義務，無償である.

6）〈https: //datamexico. org/en/profile/occupation/trabajadores-domesticos-9611〉 2023年6月14日.

7）Comunicado de Prensa Núm. 166/22, 28 de Marzo de 2022.

8）メキシコの一般最低賃金は，2020年1月1日より一日123.22ペソ（約1022円）となり，2019年の102.68ペソ／日から大幅に引き上げられた．さらに，2021年月1日に最低賃金は141.7ペソ（1175円）に引き上げられた.

9）2015〜2022年にかけて4回にわたり家事労働者12人に対してインタビューを実施した．2015年3月メキシコ市にて1名，2016年3月14日修道院付属寄宿舎 Religiosas deMaría Inmaclulada にて3名，2017年9月7日に家事労働者5名，雇用者4名，2022年11月17日に3名に対してインタビューを実施した.

10）IMSS, 2020.5.14 Comunicado. 291.

11）IMSS, 2022.1.5, Comunicado.

12）INSABI の前身は民衆保険（Seguro Popular）で2003年に開始された．連邦および州の保健省が管轄する任意加入の公的制度で，加入条件は，国内に居住し，他の社会医療保険に加入していないこと．所得別に定められた保険料の支払いが必要だが，所得階層下位40%，妊婦，5歳未満の子供のいる家庭まで支払い免除措置がある．2010年には，加入者の64%が支払いを免除されている．2014年には5700万人が加入している．2020年に民衆保険は INSABI に改編されたが，すべての医療費をカバーするわけではない．

13）〈https://www.excelsior.com.mx/comunidad/como-dar-de-alta-a-las-trabajadoras-del-hogar-ante-el-imss/1506983#:~:text=1%201%29%20Por%20Internet%2C%20en%20la%20p%C3%A1gina%20del, que%20le%20corresponda%20de%20acuerdo%20a%20su%20domicilio.〉2023年 6 月20日．

14）Gobierno de Mexico. programa piloto　より．

15）インタビューを行った家事労働者 5 人のうち全員が既婚者で夫の保険が適用されているので新たに加入するつもりはないと答えた．

16）CACEH　web サイトより．〈https://caceh.org.mx/contratos-y-publicaciones/〉2023年 6 月25日．

17）2022年11月15日，CIESAS にて Rojas 教授にインタビューを行った．

18）近年，ニカラグアの政情が不安定なことからの移民が増加している（INEGI）．

19）一般には，最終目的地（アメリカ合衆国）の存在と，メキシコにおける中継的滞在（長期化あるいは恒久化，帰還する場合もある），非正規移民ステイタスなどが特徴とされる．

参考文献

浅倉寛子（2019）「トランジット移民の再定義――遠隔母親業と家族統合のプロセスからの考察」松久玲子編著『国境を越えるラテンアメリカの女性たち――ジェンダーの視点から見た国際労働移動の諸相』晃洋書房，pp. 146-176.

ILO（2002）『ディーセント・ワークとインフォーマル経済』2002年第90回 ILO 総会，課題報告書 VI. ILO. ジュネーブ．

西谷真規子，山田高敬編著（2021）『新時代のグローバル・ガバナンス論』ミネルヴァ書房．

畑惠子（2016）「メキシコの福祉制度――新たな社会扶助政策と社会権の確立」（特集：福祉国家の多様性：比較福祉レジーム論の射程），『海外社会保障研究』国立社会保障・人口問題研究所編（193），pp. 33-42.

Arrom, Silvia（1988）*Las mujeres de la ciudad de México 1790-1857*. Siglo XXI. México.

Asakura, Hiroko（2014）"Dinámicas interpersonales en el servicio doméstico:el caso de mujeres migrantes centroamericanas en el área metropolitana de Monterrey", *Especialidades, Revista de temas contemporáneos sobre lugares, política y cultura*, Vomen 5, No. 1 enero-funio de 2015, UAM, p. 5-31.

Bensusán, Graciela（2019）*Perfil del trabajo doméstico remunerado en México*, ILO.

CEPAL（2021）*La autonomía económica de las mujeres en la recuperación sostenible y con igualdad. Informe especial COVID'19.* CEPAL.

Chaney, Elsa M. and García Castro, Mary ed.（1989）*Muchacha No More: Household workers in Latin America and the Caribbean.* Temple University. Philadelphia.

CONAPO, 2022.3.30 "Día Internacional de las Personas Trabajadoras del Hogar"〈https: //www.gob.mx/conapo/documentos/perfil-sociodemografico-y-socioeconomico-de-las-personas-trabajadoras-del-hogar-en-mexico-2020〉, 2022年 7 月10日.

Durin, Séverin coordinadora（2008）*Entre luces y sombras: miradas sobre los indígenas en el área metropolitana de Monterrey.* Publicaciones de la Casa Chata. México.

Durin, Séverin, de la O, María Eugenia y Bastos, Santiago coorinadores.（2014）*Trabajadoras en la sombra: Dimensiones del servicio doméstico latinoamericano.* Publicaciones de la Casa Chata. México.

Florez Vaquiro, Nelson（2019）*Perfil de los empleadores de las trabajadoras del hogar en México*, Nacional Monete de Piedad, OIT.

Gobierno de México, Data México, Domestic Workers（ocupation（9611）2022-Q4）〈https: //datamexico. org/en/profile/occupation/trabajadores-domesticos-9611〉 2023 年 6 月 7 日.

Goldsmith, Mary（1992）"Sindicato de trabajadoras domésticas en México: 1920-1950", Política y Cultura. No. 1. Otoño 1992, p. 75-89.

――――――（2007a）"De sirvientas a empleadas del hogar. La cara cambiante del servicio doméstico en México" en Marta Lamas（coord.）*Miradas feministas sobre las mexicanas en el siglo XX*, México, Fondo de Cultura Economía, p. 279-311.

――――――（2007b）"Disputando fronteras: la movilización de las trabajadoras del hogar en América Latina". *Amérique Latine Histoire et Mémoire.* Les Cahiers ALHIM（en línea）, 14, 2007. Publicado el 25 de agosto 2008.〈http://alhim.revues.org/2202〉 2014 年 5 月22日.

Goldsmith Connelly, Mary Rosaria, Baptista Canedo, Rosario, Ferrari, Ariel, and Vence, Celia.（2010）*Hacia un fortalecimiento de derechos laborales en el trabajo de hogar: algunas experiencias de América Latina.* Friedrich Ebert Stiftung. Urguay.

Gutiérez, Ana（1983）*Se necesita muchacha.* Fondo de Cultura Economía. México.

Hernández Ramírez, José Pablo（2019）"Las trabajadoras domésticas migrantes en Chiapas", UNAM, Seminario de derecho del trabajo, 2019, UNAM, Dirección General de Biblioteca.

Hondagneu-Sotelo, Pierrette（1994）*Gendered transitions : Mexican experiences of immigration.* University of California Press: Berkeley, Calif.

――――――（2007）*Doméstica : immigrant workers cleaning & caring in the shadows of affluence.* University of California Press :Berkeley.

Hondagneu-Sotelo, Pierrette ed.（2003）*Gender and U. S. Immigration: Contemporary Trends.* University of California Press, Barkeley.

INEGI（2012）*Perfil sociodemográfico de los trabajadores domésticos remunerados en México 2010*. México.

INMUJERES,（2018）*Cuadernillo Trabajadoras del hogar remuneradas en México*.

ILO（2013）*Domestic Workeres across the World*：*Global and regional statisticsand the extent of legal protection*. ILO Geneva.

————（2019）*Trabajo remunerado del hogar en México: Contexto global, caracteísticas y recomendaciones*, ILO, Nacional Monte de Piedad.

————（2020）"Impact of the Covid-19 crisis on loss of jobs and hours among domestic workers",（fact sheet）〈https://www.ilo.org/wcmsp5/groups/public/---ed_protect/---protrav/---travail/documents/publication/wcms_747961.pdf,〉 2023年 6 月18日.

————（2021）*Making decent work a reality for domestic workers: Progress and prospects ten years after the adoption of the Domestic Workers Convention, 2011*（No. 189）.

IOM．IRIS（2020）*Guidelines for labour recruiters on ethical recruitment, decent work and access to remedy for migrant domestic workers*, International Organization for Migration.

Juárez, Blanca, "Pandemía aumentó los riesgos para las trabajadoras del hogar migrantes en México"〈https://www.eleconomista.com.mx/capitalhumano/Pandemia-au mento-los-riesgos-para-trabajadoras-del-hogar-migrantes-en-Mexico-20211011-0105.html〉 2023年 6 月21日.

Kuznesof, "A History of Domestic Service in Spanish America 1492-1980" in Chaney, Elsa M., and García Castro, Mary ed.（1989）*Muchacha No More: Household workers in Latin America and the Caribbean*. Temple University. Philadelphia. p. 17-36.

OIT（2021）"Mujeres migrantes centroamericanas en México: Inforamlidad en la contratación y el empleo."〈https://www.ilo.org/wcmsp5/groups/public/---ed_protect/---protrav/---migrant/documents/publication/wcms_768856.pdf〉 2023年 6 月22日.

ONU MUJERES-OIT-NU. CEPAL（2020）*Trabajadoras remuneradas del hogar en América Latina y el Caribe frente a la crisis del COVID-19*, Brief, v.1.1. 12.06.2020.

ONU Mujeres, Instituto para las Mujeres en la Migración（IMUMI),（2015）*Las trabajadoras migrantes cetroamericanas en Chiapas. Recomendaciones de política púbulica para garantizar el ejercico de sus derechos*, ONU.

Orsatti, Alvaro（2015）"Organización de las trabajadoras del hogar en América Latina-Caribe"〈http://www.relats.org/documentos/ColectivosOrsatti1.pdf〉 2017年 7 月 2 日.

Pérez, Mirza Aguilar, y GómexzGarcía, Jazmín,（2019）"Trabajo doméstico remunerado y mujeres migrantes en México. Desfío en los cmbios en materia laboral actual y en derechos humanos" TLA—MELAUA, *Revista de Ciencia Sociales*, Universidad Autónoma de Puebla, Nueva época año 13, Suplemento Especial de Invierno,（diciembre 2019-marzo 2020）pp. 78-96.

Rojas García, Georgina and Nadia Contreras López, "Resistencia activa de las trabajadoras del hogar en México: talleres, aprendizaje y empoderamiento", *Revista Latinoamericana de Antropología del Trabajo*, No. 3 Primer Semestre 2018, ISSN 2591-2755. 〈http://creativecommons.org/licenses/by-nc-sa/4.0/〉 2022年 7 月 4 日.

Sosenski, Susana (2010) *Niños en acción : El trabajo en la ciudad de México 1920-1934*. El Colegio de México. México.

Teixeira, Fernanda, (2021) "Workers'Organizations Responses to Crisis: Examining the Case of Domestic Workers during the COVID-19 Pandemic in Mexico", paper prepared for presentation at the "7th Conference of the Regulation for a Decent work Network" Virtual Conference ILO, 6-9 July 2021.

Thomas, Jim. (2002) *Decent work in the Informal Sector: Latin America*. Working paper on the Informal Economy. Employment Sector, ILO. Geneva.

UNICEF and ECLAC. (2009) "The invisible face of child labour in Latin America and the Caribbean". *Challenges*. Nomber 8, January 2009.

WIEGO (2022a) *Domestic Workers in the World: A Statistical Profile, Statistical Brief* No. 32, April 2022. 〈https://www.wiego.org/sites/default/files/publications/file/WIEGO_Statistical_Brief_N32_DWs%20in%20the%20World.pdf〉 2023年 5 月24日.

——— (2022b) *Covid-19 and Informal Work in 11 Cities: Recovery Pathways Admit Continued Crisis*, WIEGO Working Paper No. 43, July 2022.

第3章　メキシコにおける移民／難民の法整備と実態

柴 田 修 子

は じ め に

　メキシコは長年にわたり，移民送り出し国として知られてきた．行き先の多くは米国であり，第二次世界大戦後に米国での労働を補完するために開始されたゲストワーカープログラム「ブラセロ計画」に始まり，計画が終了した後も非正規に米国へ入国する人々は後を絶たず，米国での労働力不足を補ってきた．一方でメキシコは歴史的に移民／難民に寛容な国でもある．1930年代から40年代にかけてのスペイン内乱期や，1960年代以降のラテンアメリカ諸国の軍政期，1980年代の中米諸国における内戦において，それぞれの諸国から移民や難民を受け入れてきた．さらに21世紀にはいると，中米の極端な治安悪化により，多くの人々がメキシコを通って米国を目指すようになった．彼らはメキシコにとどまることを目的とせず米国との国境を目指しており，トランジット移民と呼ばれている．トランジット移民の波はとどまることを知らず，キャラバンを組んでメキシコに入国する流れや，ブラジル，チリなど他の中南米諸国に在住していたハイチ人，ベネズエラ人がダリエン地峡を渡って米国を目指す流れを作り出した．つまりメキシコは移民送り出し国であると同時に受け入れ国であり，さらに通過国でもあるという複雑な立場にあると言える．

　ここで移民／難民の定義について確認しておきたい．国際条約上，移民に関する定義は存在しない．国際移住機関 (International Organization for Migration: IOM) によれば，移民とは「国内か国境を越えるか，一時的か恒久的かに関わらず，またさまざまな理由により，本来の住居地を離れて移動する人という一般的な理解に基づく総称」である[1]．一方難民には，国際条約上の定義が存在する．難民とは外国からの侵略や国内紛争，人権侵害，政治的迫害などの事情に

より自国から逃れざるを得なかった人々を指し，国際条約の下保護の対象と
なっている[2]．しかし紛争の直接的な被害者でなくても，紛争を契機に経済的基
盤を失って移住を余儀なくされる人々や国内避難民の増加など，旧来の定義に
は当てはまらないケースがみられるようになってきた．

　このような現実を踏まえて錦田は「移動をめぐる身分資格の複合性，連続性
に基づき，難民，移民，国内避難民，無国籍といった多様な主体を含みうる分
析概念として「移民／難民」を用いること」を提唱している（錦田, 2020: 18）．
移民として他国に出稼ぎにきた人が，自国の政治状況により難民となる，国境
線の変更などにより国籍が曖昧化してしまうなど，個人の立場が変化すること
もあるためである．メキシコにおける移民の状況も，まさにこれに当てはまる．
米国を目指すトランジット移民が，結果的にメキシコに定住したり，自国に戻
るケース，メキシコで難民申請を行った後に米国を目指すケースなど，それぞ
れの事情によって立場は変わっていくのである．そこで本章では錦田の定義に
倣い，他国からメキシコに入国した人々を移民／難民とまずはとらえたい[3]．

　それではメキシコはどのように彼らを受け入れてきたのか．メキシコは移民
／難民に寛容であったが，法整備が行われたのは21世紀に入ってからのことで
あり，2011年に「移民法」と「難民および補完的保護に関する法」が制定され
た．法整備はメキシコが批准するさまざまな国際条約に沿って行われた．非正
規移民の不処罰化や，難民に対し「出身国に戻されない，戻されない，差別さ
れない，非正規入国を罰せられない」という国際的に認められた権利を明記す
るなど，人権を尊重したものとして評価されている．

　他方，実態として移民の権利保障は進まず，メキシコの移民／難民は多くの
困難にさらされていることが報告されている（Leyva-Flores et al., 2019; FJEDD,
2021）．こうした困難は，犯罪組織による誘拐や強盗などの暴力によることが
ある一方で，移民に対するメキシコ政府による取り締まりも強化されている．
そのことは，国外追放者数の増加や，国家警備隊の国境付近への配置などにも
示されている．移民政策は安全保障と結びつき，「不法に」滞在する人々に対
する排除が強化されている．このような状況に対しカストロは，移民を保護す
る法は同時に移民を選別することにつながると批判している（Castro, 2018）．

　そこで本章では，メキシコにおいて法整備がどのように行われてきたのか，
そしてなぜ実態と乖離しているのかを考察する．本章の構成は以下の通りであ
る．第1節では，法整備がどのように進められたかを明らかにする．まず移民

／難民に関する国際人権レジームの形成を確認し，国際人権レジームに沿って
メキシコの法整備がどのように行われたかを歴史的にたどる．ついで第2節で
メキシコにおける移民／難民の実態を明らかにする．メキシコを通過して米国
を目指すトランジット移民の増加を概観した後，近年増加し続けている難民申
請の実態を明らかにする．第3節ではメキシコの政策は米国の影響を免れない
ことを明らかにし，そのような状況のなか多様化する移民／難民の姿を筆者の
現地調査をもとに描き出す．最後にメキシコにおける理想と現実のギャップが
いかに生じているかを考察する．

1　国際レジームの形成とメキシコにおける法整備

1.1　移民／難民に関する国際人権レジーム

　序章で述べられている通り，国際人権レジームには履行義務を伴うものから
強制力を持たないガイドラインまでさまざまなレベルがある．本章では主に前
者を取り上げ，批准した時点で履行義務が生じることを前提として論を進める．
　人権に関する国際的な枠組みの出発点は，1948年に公布された「世界人権宣
言」である．宣言では「すべての人間は，生れながらにして自由であり，かつ，
尊厳と権利とについて平等である」（世界人権宣言第1条）と謳われ，30条にわた
る人権の内容が明記された．移民及び難民については，第13条と14条でそれぞ
れ言及されている．移民の権利については第13条2で「すべて人は，自国その
他いずれの国をも立ち去り，および自国に帰る権利を有する」とし，難民につ
いては第14条1で次のように明記している．「すべて人は，迫害を免れるため，
他国に避難することを求め，かつ，避難する権利を有する[4]」．ただしこれは条
約ではなく，法的義務を伴わない国連総会決議であった．各人権をどのように
守るかについては，人権委員会の下でそれぞれの人権に関する条約作りが進め
られることになった．
　「世界人権宣言」が出されたのは，第二次世界大戦の戦後処理が進められて
いた時期である．当時ヨーロッパでは，政治的，社会的変動と経済的混乱に伴
い未曽有の難民を生み出すことになった．こうした現実に対処するため，難民
の定義と問題解決のための国際的な枠組み作りが急務となった．国連人権委員
会によって提起され，1951年に採択されたのが，難民の地位に関する条約（難
民条約）である．1967年にはこの条約を補完するものとして，難民の地位に関

する議定書が発効している．難民条約では難民を「人種，宗教，国籍もしくは特定の社会的集団の構成員であることまたは政治的意見を理由に迫害を受けるおそれがあるという十分に理由のある恐怖を有するために，国籍国の外にいる者であって，その国籍国の保護を受けられない者またはそのような恐怖を有するためにその国籍国の保護を受けることを望まない者」(難民条約第1条)と定義し，「難民を彼らの生命や自由が脅威にさらされるおそれのある国へ強制的に追放したり，帰還させてはいけない」(難民条約第33条)こと，「庇護申請国へ不法入国しまた不法にいることを理由として，難民を罰してはいけない」(難民条約第31条)ことを原則とした[5]．ただしこの条約の適用は，「1951年1月1日前に生じた事件」に限定されていた上 (第1条A)，締約国は自国の義務を履行するにあたって「欧州において生じた事件」のみに限定するか「欧州以外の地域」にも適用するかを選択することができた (第1条B)．

1950年に難民救済のための国際機関として国連難民高等弁務官事務所 (United Nations High Commissioner for Refugees: UNHCR) (以下 UNHCR と表記) が設置された．UNHCR は第二次世界大戦によりヨーロッパで大量に流出した難民の支援を目的としており，当初は3年で閉鎖する予定だった．またその対象は，難民条約の規定により，1951年以前に生じた事件による難民に限定されていた．しかしその後ハンガリー動乱やアルジェリア独立戦争など新たな難民問題が生じたことで，UNHCR の重要性が高まり，1958年国連決議によって UNHCR に新たな支援を行う権限が与えられた (上野, 2019: 68-72)．

世界各地で展開される紛争によって難民問題はより複雑化し，1951年の条約では対処できないことが明らかであった．そこで国連は1967年に難民の地位に関する議定書を公布し，時間的・地理的な制限を撤廃した．しかし難民の条件は変更せず，1951年の条約締結時とは異なる背景が考慮されることはなかった．これに対し，地域ごとに難民支援の枠組み作りが行われるようになっていく (上野, 2019: 72-73)．たとえばアフリカでは，1960年代に多くの国が独立を果たしたが，恣意的な国境線や独立を求める解放闘争のなかで多くの難民をうみだすことになった．アフリカ諸国は人権に基づいた連帯を目指して1963年にアフリカ統一機構を設立し，1969年にアフリカ独自の難民条約を採択した．そこでは意図的な迫害を逃れた人だけでなく，外部からの侵略，占領，外国の支配または，著しい社会的混乱を逃れてきた人々や集団も難民として認定することを定めた．

　ラテンアメリカにおいても，1970年代にニカラグア，エルサルバドル，グアテマラなど中米諸国で内戦が起こり，個人の政治信条のために迫害を受けるのではなく，内戦によって祖国を追われる人々が増加していた．1984年に，これまでの難民の定義では対処しきれない課題を話し合うため，コロンビアで「中米，メキシコ，パナマにおける難民の国際保護に関する専門家会議——法的人道的問題」が開催された．この会議にはラテンアメリカ9か国の首脳が集まり，会議の成果として「カルタヘナ宣言」が採択された．「カルタヘナ宣言」の特徴は，難民の概念はその地域の事情に考慮して拡大解釈する必要があるという観点から，難民の定義を広げたことにある．従来の要素に加えて「常態化した暴力，外国からの侵略，国内紛争，大規模な人権侵害，または公の秩序を乱すその他の事態によって，生命，安全，自由を守るために自国から逃れざるを得なかった人々」も難民と定義した．この宣言は法的拘束力を持つものではないが，ラテンアメリカ諸国における難民に関する法整備の指針となった．

1.2　メキシコにおける移民／難民に関する法整備

　次にメキシコにおいて移民／難民に関する規定がどのように変化していったかを，法整備をもとにたどる[6]．移民については，早い段階から法律上の立場が規定されていたが，「難民」というカテゴリーが明記されたのは1990年のことであった．移民にせよ難民にせよ，20世紀を通じて住民一般法のなかで扱われており，特に移民については人権保護の対象としてではなく，政府の管理の対象として扱われてきた．国際人権レジームに沿って移民および難民に関する人権が法に盛り込まれるのは21世紀に入ってからのことである．

　まず移民をめぐる法整備をみていきたい．メキシコにおける外国人の滞在に関する規定は，1909年の移民法に始まり，1926年と1930年の二度の改正を経た後，1936年の住民一般法（Ley General de la Población）に整備された．一連の法には，一時滞在者や移民がメキシコに滞在するための条件が記されており，違反した場合には拘束され，場合によっては国外追放されることになっていた．たとえば1909年移民法では，道徳的秩序および衛生面で有害でないことが条件に課されており（Morales y López, 1999: 69），1936年の住民一般法では，健康面での条件に加え，移民当局に虚偽申請を行わないこと，売春行為や斡旋を行わないこと，アナーキストではないことなどが明記されていた．つまり移民法および初期の一般住民法は，移民の保護という観点から作られたものではなく，政府

による管理を行うためのものだったと言うことができる.

1947年および1974年に住民一般法が改正され,移民に関する規制が強化された.外国人居住者を「永住者(移民)」と「メキシコ在住の外国人(非移民)」との2つのカテゴリーに分けて,前者にはFM2と呼ばれる恒久的滞在許可証を与え,後者には180日以上滞在の場合はFM3と呼ばれる一時滞在許可証を取得することを義務づけた.移民はこれまで同様管理の対象であり,権利保障については明記されなかった.上記の許可証を持たない場合は非正規移民とみなされ,即時国外追放または10年以下の禁固刑が科されるものとした.非正規移民と知りながら雇用した場合にも,罰金もしくは36日以下の禁固刑が科されることになった.

1990年代以降メキシコへ流入する移民の増加とともに,メキシコは移民受け入れ,そして通過国という側面を持つことになった.移民のあり方が多様化するなか,罰則主義に基づく1974年の住民一般法では対処しきれないことが次第に明らかとなっていった.また国際的なレベルで,季節労働や移住労働者の搾取や差別といった課題に取り組むために「全ての移住労働者およびその家族の構成員の権利の保護に関する国際条約」が1990年に採択され,2003年に発効した.メキシコはこれを1999年に批准しており,移民の権利保護に取り組む必要が生じた.こうしたことから,法整備に先立ちさまざまな取り組みが行われた.1997年にはグアテマラとの2国間協定によりチアパス州での農業労働のためのゲストワーカープログラムが開始された.農業労働者に対して,雇用先の証明書があれば1年間の滞在を許可するものである.2008年にはプログラムの拡充が行われ,農業以外も対象としてタバスコ州,キンタナ・ロー州にも拡大され,ベリーズ出身者にも適用された.また同年,非正規移民に対する禁錮刑が廃止された.2010年には正規,非正規にかかわらず,人権侵害を報告する権利,医療を受ける権利が保障された.

これらを受けて2011年に制定されたのが移民法である.移民法では国際条約にのっとり,移民を権利主体ととらえ,人権に基づいた扱いを受けることが保障された.またこれまでメキシコに入国する外国人は「移民」と「非移民」の2つに分類されていたが,従来の2つを「永住者」「一時的居住者」とし,新たに「訪問者」というカテゴリーが加えられた.「訪問者」には,上記のゲストワーカープログラムや就労を目的としない国境地帯の地域訪問者が含まれるほか,トランジット移民が合法的にメキシコを通過できるようにするための最

長180日間メキシコに滞在できる訪問者ビザや「人道的理由による訪問者」のためのビザが導入された.

　次に難民保護に関してどのような取り組みが行われてきたかをみていく. 第二次世界大戦の終了とともに国際秩序の再編成が行われ, 政治的, 経済的な理由から国際的な人口移動が増加した. メキシコでは在留外国人について移民というカテゴリーは存在したが, 迫害を逃れてくる人々の法的立場について明確な規定が存在していなかった. 1947年に住民一般法が改正され, そのなかで初めて移民以外のカテゴリーとして「政治亡命者」を設けた. 政治亡命者とは「政治的追跡から逃れるためアメリカ大陸の国から来て, 移民当局から一時的措置として滞在を認められた」外国人と規定された[7] (Morales y López, 1999: 76). メキシコはスペイン内戦期に事実上多くの亡命者を受け入れてきたが, 住民一般法のなかに亡命者が明記されることになったのである. 1950年代以降の冷戦構造のなかでラテンアメリカ諸国では相次いで政変が起こり, メキシコ政府は多くの政治家や知識人, 芸術家などを政治亡命者として受け入れた (Morales y López, 1999: 77).

　このようにメキシコは政治亡命者を寛容に受け入れてきた伝統があり, そのための法整備も行われてきた. 政治亡命者とは, 政治的信条により出身国で迫害を受けた政治指導者や知識人などを指し, エスニシティや国内紛争のために迫害される人々は想定していなかった. しかし1970年代から中米諸国で内戦が激化したことで, 従来の定義には当てはまらない形で国外へ逃れる人々が増加した. とりわけ1980年代には, 南部国境を接するグアテマラから多くの先住民が流入した. 同国では1961年から1996年まで内戦が続き, 国民は激しい暴力にさらされた. 特に1980年代初頭には先住民に対する政府軍による弾圧が行われ, 迫害を逃れて多くの人々が国外へ避難を余儀なくされた. グアテマラと国境を接するチアパス州には, 従来から農業季節労働者の行き来があったこともあり, 避難民が殺到した.

　政府は1980年にメキシコ難民支援機関 (Comisión Mexicana de Ayuda a Refugiados: COMAR) (以後 COMAR と表記) を設立し, シェルターの建設, 難民の受け入れと支援にあたった. 他方, 1982年には UNHCR メキシコ事務所が開設され, 難民認定業務を開始した. つまりメキシコは難民に関する法規定を持たないまま, 現実が先行する形で80年代に多くの難民を受け入れることとなったのである. このような事態に対応するため, ラテンアメリカ諸国の首脳が集まり, ラ

テンアメリカ域内の難民に関する合意文書である「カルタヘナ合意」が採択されたことは先述の通りである。

　カルタヘナ合意に基づき，1990年に住民一般法のなかで初めて難民の定義が加えられた。政治的亡命について規定した第42条のなかに第6項を加え，「常態化された暴力，外国からの侵略，国内紛争，大規模な人権侵害，または公の秩序を乱すその他の事情によって，生命，安全，自由を守るために自国から逃れざるを得なかった人々」を難民とし，非移民のカテゴリーで内務省が滞在許可を与える対象として「難民」を明記した（Somohano, 2017: 94）。ただしこれは難民の定義を行ったにすぎず，その権利や保護のあり方について明記されていたわけではない。

　メキシコは2000年に「難民の地位に関する条約」を批准し，政府として難民受け入れの義務を負うことになった。これまで UNHCR に委託していた難民認定については，2002年から COMAR が行うことになった。そのための法整備が進められ，2011年に「難民及び補完的保護に関する法」（難民法）が制定された。難民法では，1990年の住民一般法に記された通り，カルタヘナ宣言に基づいた定義を難民とした。難民の権利については，「出身国に戻されない，差別されない，非正規入国を罰せられない」という国際的に認められた原則を踏襲したことに加え，弁護士に相談する権利や自分の書類を閲覧する権利，政府機関が庇護申請者を72時間以内に適切な機関に誘導する義務など，特定の権利や保護も保障した（Meili, 2019: 115）。さらに教育，保健，社会保障などに関し，メキシコ人と同様の社会権を保障するとした。また難民認定に関する手続きが初めて成文化された。2016年には憲法11条が改正され，「難民の地位の認定と政治亡命の付与は，国際条約にのっとって行われる」と明記された（Meili, 2019: 116-117）。これにより，憲法上も難民の地位が保障されることになった。

　このようにみてくると，メキシコでは移民／難民に関して，国際条約にのっとった法整備が進められてきたことがわかる。難民法における難民の定義は，国際条約の定義を拡大したカルタヘナ合意を採用しており，より現実に即したものとなっている。国際社会において国際法や国際条約は国内法より優位にあるとされており，国際法違反を国内で裁くことは可能である。一方で国内法が国際条約と矛盾する場合，法の改正を行うかについては規定があるわけではなく，各国に任されている。国際人権レジームに沿った移民法および難民法を制定したメキシコは，法整備という点では先進的な国と言える。

2　メキシコにおける移民／難民の実態

2.1　トランジット移民の増加

　メキシコにおける正規移民の数は100年間で約9倍に増加している．1910年に11万5824人だった外国生まれのメキシコ人は，2010年に96万1121人となった．しかし人口割合でみると，0.7%から0.8%となっており，ほとんど変化がない（González-Murphy, 2013: 29）．メキシコにおいて移民問題とは，正規移民ではなく，トランジットを含めた非正規移民をめぐる課題である．

　中米からメキシコへの移民／難民の大規模な流入は，1980年代からみられるようになった．80年代に流入したのは主に内戦を逃れてきた避難民であった．米国を目指すトランジット移民が徐々に増加したのは，1990年代以降とされる[8]．そのほとんどはグアテマラ，エルサルバドル，ホンジュラス出身者であり，正式な書類を持たないため，犯罪組織に狙われやすく脆弱な立場に置かれた．中米諸国の治安悪化などにより，米国を目指す移民は2011年以降急増した．2014年以降は子どもを連れた家族連れや保護者を伴わない未成年者の移民の増加や，2018年にホンジュラスから大勢で一斉に国境を目指したキャラバンなど，移動のあり方が多様化していった．

　非正規に入国するトランジット移民の実数を把握することは，きわめて困難である．彼らは当局と遭遇せずに北部国境へ到達することを目指しており，実数については統計が存在しないためである．これについてロドリゲスは，送還者数などの合計からある程度推計できるとしている（Rodriguez, 2016: 9）．彼によれば，中米から非正規に米国を目指す場合，① メキシコ当局に拘束される，② 米国当局に拘束される，③ 米国への入国に成功する，のいずれかに分類できると想定される．そこでそれぞれの数値を合計することで，実数がある程度把握できることになる．**図3－1** は Roeriguez が推計したグラフである．これをみると，2000年代に入り急増している．2005年をピークに減少に転じ，2011年頃から再び増加していることがわかる．移民に対する取り締まりは，政策によって左右されるため，直接移民の増減を表すとは言い切れない．また一度拘束されて解放された後，ふたたび国境を目指す人々も後を絶たないことから，拘束者数は延べ人数にならざるを得ない．これらの課題はあるものの，トランジット移民の人数の傾向を把握する上では有益である．

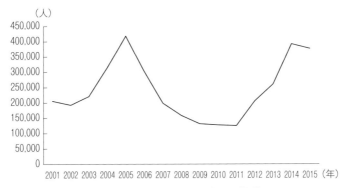

図3-1　トランジット移民の推計

出所：Rodriguez, 2016: 9.

　米国を目指すトランジット移民の数はその後も増え続けている．メキシコか
ら送還された人と米国当局に拘束された人の合計は，2019年で89万243人，
2020年で28万1007人，2021年で120万9361人，2022年は167万6613人であった[9]．
メキシコから送還された人々のほとんどは依然として中米出身者であるのに対
し，米国で拘束された人の出身国は多様化している．2020年には拘束者45万
8088人のうちメキシコ・中米諸国以外の出身者は5万3613人だったのが，2021
年には173万4686人のうち37万8043人，2022年には237万8944人中102万8987人
にのぼった．2021年以降に中米諸国以外の出身者が急増したのは，主にハイチ
やベネズエラの移民が流入したためである．
　ハイチでは，2010年に起きた地震以降政治・経済的混乱が続き，ブラジルや
チリなどの南米諸国に移住する人々が増加した．2021年7月にはハイチ大統領
が暗殺され，8月に再び地震が起きたことで，国内の混乱はさらに深まってい
た．2021年に発足したバイデン政権は，移民政策を人道上の観点から行う必要
があるとして移民に寛容な姿勢を示した．移民の即時追放措置「タイトル42」
の廃止の検討や，国境の壁建設を中止するための大統領令への署名を行うなど，
前政権のもとで行われてきた強硬策を転換させた．5月にはハイチ移民に対し，
一時保護資格（Temporary Protected Status: TPS）を付与すると発表した．一時保
護資格とは，政情不安や自然災害が発生した国を指定し，米国滞在中の指定国
出身者に対し，一定期間強制送還から保護し就労許可を与えるものである[10]．一
時保護資格は永住権につながるものではないが，延長可能で合法的に滞在，就

労することができる．これを受けて，南米諸国に在住していたハイチ人が，ダリエン地峡を越えてメキシコ国境を目指すことになったのである．

　また2022年にはベネズエラ移民が米国国境に殺到し，10月に米国政府がベネズエラ移民に対してタイトル42を適用して即時送還を行うことを発表する事態となった．2014年の原油価格暴落以降経済の低迷が続いていたベネズエラでは，2019年に選挙不正を理由に現政権に対抗する暫定政権が樹立されて政治的混乱に陥り，多くの国民が他の南米諸国に逃れた．米国は現政権を批判して国交を断絶しており，ベネズエラは国が混乱し自国民を守ることができない状況に陥っているとして，2021年3月に一時保護資格をベネズエラ人に付与すると発表した．このため，ベネズエラから米国を目指す人が急増した．

2.2　手段としての難民申請

　トランジット移民の多くは，メキシコを通過するためにグアテマラとの国境を形成する川を渡って非正規に入国する．メキシコに入国後合法的に滞在するためのもっとも確実な方法は，「人道上の理由による訪問者ビザ（以下人道ビザと表記）」（Tarjeta de Visitante por Razones Humanitarias）を取得することである．人道ビザを取得するには，① 同伴者のいない未成年者，② メキシコの犯罪被害者もしくは目撃者，③ COMAR で難民申請中の人，④ 健康上移動に問題がある人，のいずれかに該当する必要がある．そこで合法的な滞在の手段として，多くの人が COMAR に難民申請を行うことになる．人道ビザは有効期限が1年で，難民申請中の場合以外は延長されない．

　難民申請を希望する場合，メキシコに入国後30日以内に COMAR 事務所に行って直接手続きを行う必要がある．COMAR 事務所はもともとメキシコシティ，アカユカン（ベラクルス州），タパチュラ（チアパス州），テノシケ（タバスコ州）に設置されていたが，申請者が増加したため2021年以降ティファナ（バハカリフォルニア州），グアダラハラ（ハリスコ州），パレンケ（チアパス州），サルティジョ（コアウィラ州），モンテレイ（ヌエボレオン州），シウダーフアレス（チワワ州）に増設された．申請が受理されると，COMAR が証明書を発行する．その証明書をメキシコ移民局（Instituto Nacional de Migración: INM）に提出すると，人道ビザが付与されることになっている．ビザの有効期間は就労可能であり，また申請中は自国に戻されないことが保障されている．

　申請が受理されると，面接が行われる．そこでは申請者が，出国理由や帰国

が困難な状況である理由を説明する．その後45〜100日のあいだに審査が行われて COMAR が難民として認定するかを決定することになっている．しかしこの期間は定まっておらず，100日以上待たされるケースは少なくない．難民申請者は，結果が出るまで申請を行った州に滞在することが義務づけられており，長期間滞在して待たされることになる．難民申請を受けつける都市は，彼らの受け皿とならざるを得ない．現在メキシコには10か所の COMAR 事務所があるが，申請者の60％以上がグアテマラとの国境に近いチアパス州タパチュラ市で申請を行っている[11]．そのためタパチュラは許容範囲を超える人々を受け入れることになり，混乱に陥った．2021年には多くのハイチ人が米国を目指してメキシコに入国し，タパチュラに滞留する事態となった．2021年の難民申請者数は12万9777人であり，そのうち5万942人がハイチ人であった．市には移民シェルターもあるが，環境は劣悪であるという．2022年4月に夫婦でニカラグアを出国して，タパチュラに1か月半滞在したという B さんは「タパチュラの施設はひどいものだった．食べ物はまずく調理された米とフリホル豆のみで，子どもは我慢できないような代物だった．外に買い物に行くのは禁じられていて，ほしいものがあれば施設内にある食堂で買うしかなかった．トイレも不衛生だった」と語っている[12]．またホンジュラスから来た F さんは，夫と4歳の娘と3人で来たが，夫は施設を嫌って公園で寝泊まりしていたということである[13]．タパチュラでは2021年以降待遇改善や迅速なビザの発給を求めて移民による抗議行動が頻発している．2022年2月には，移民たちが自らの唇を縫い合わせてメキシコ移民局に抗議する姿が世界に報道された．

　COMAR 長官のアンドレス・ラミレスは，タパチュラの混乱の原因を COMAR の予算不足と滞在資格を得る手段が他にないことにあると語っている[14]．COMAR は難民申請が移民の合法的ステータスを得る手段ではないと注意喚起を行っている．ラミレスによれば，現在難民申請を行っているハイチ人は，ブラジルやチリに居住歴がある人々であり，自国の迫害から逃れてきたという国際的保護の要件を満たしていない．つまり国際条約上の難民と認定することはできないのである．しかし一方で，メキシコで滞在資格と就労機会を得るには難民申請しか方法がないため，多くの人々が申請を行う結果となっているという．

　ハイチ移民の滞留は，米国との国境でも大きな課題となっている．2022年9月に筆者が訪問した移民シェルターであるカサ・ナサレでは，泊まる場所がな[15]

い移民たちにベッドと食事を提供している．このシェルターには240名収容可能だが，2021年以降ハイチからの移民が急増し，希望者を収容しきれなくなった．現在入所希望者のリストが1800人に上っている．入れない人には日中は外で過ごしてもらい，夜間は施設の床にマットを敷き詰めて寝る場所を提供している．滞在者の一人であるＳさんはブラジルで１年半食肉業の仕事をしていたという[16]．フロリダに兄弟がいるため，一緒に暮らすために米国を目指している．ブラジルからメキシコへはバスと徒歩で来たとのことである．Ｔさんは，４年間チリで働いていた．チリを出国した理由は，経済的な事情である．チリでの稼ぎはすべて生活費に消えてしまい，自国の家族を助けることができないため，米国を目指すという．ダリエン地峡を越えるのは困難を極め，多くの人が死んだとのことである．ビザのためにタパチュラで９か月間待たされたが，そこで仕事を見つけることはできなかった．米国へは非正規に川を渡るのではなく，難民申請を行って正規に入国したいという．米国に行くことができなければ，メキシコで働きたいと考えている．ＳさんとＴさんによれば，施設にいる人々の滞在資格はさまざまで，ビザを持たない非正規の人もいるという．

　では，難民申請者数はどのように変化しているのだろうか．難民申請者数の推移を示したのが，図3-2である．COMAR が難民認定を開始した2002年の申請者数は，わずか221名であった．その後も横ばいが続き，2000年代初めのトランジット移民は難民申請にほとんど関心がなかったことがわかる．申請者数は2015年頃から増加し始め，2019年以降急増している．これは先に述べたように，中米以外の国からの移民が増加したためである．これに対し，難民認定者数は，数値上増加しているものの，割合としては減少している．認定される人の割合は2015年には28％だったが，2022年は19％まで減少している．

　申請者数が急増したことで COMAR の負担は大きくなった．それにもかかわらず，予算は充分とは言えない．図3-3は COMAR の予算を示したものである．2019年以降申請者数が急増したにもかかわらず，同年の予算は前年より減額されて2080万ペソであった．2020年に向けて COMAR は１億2400万ペソの予算を請求したが，予算は4700万ペソにとどまった．2021年以降事務所は増設されたものの，予算，人員ともに難民申請者の増加に対処できる体制になっていないのは明らかである．

　メキシコ北部の都市モンテレイで弁護活動を行っているルイス・バレンシアによれば「メキシコの難民法や批准した条約は素晴らしいが，法律と実際の運

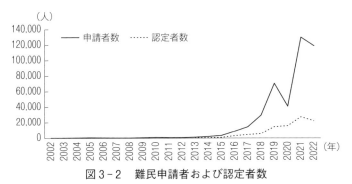

図3-2　難民申請者および認定者数

出所：2002-2012年＝柴田，2016: 346／2013-2022年＝ COMAR（https://www.gob.
mx/comar）より筆者作成.

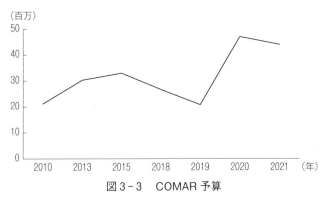

図3-3　COMAR 予算

出所：Gobierno de México　https://www.inm.gob.mx/gobmx/word/index.
php/tema-migratorio-100921/　より筆者作成.

用のあいだには大きな隔たりがある」という[17]. 移民／難民による相談は，①
すでに難民認定されて永住権を申請する，② 難民認定を却下された，③ CO-
MAR への申請を終えてメキシコ移民局で人道ビザを申請する，④ チアパス州
で難民申請手続きを行い，途中で放棄してモンテレイに来た，⑤ メキシコに
入国したばかりで，何の手続きもしておらず在留資格も持たない，⑥ 盗難に
あい，証明書類を所持していない，⑦ すでに永住権があり，出身国から家族
を呼び寄せたい，の7パターンに分けられる. このうち COMAR に関連する
のは，②と④である.
　バレンシアによれば，COMAR に関する問題は，2つある. まず認定をな

るべく避けようとすることである．COMAR は書類に不備がなければ，申請を受け付ける．しかしその後のインタビューで，第三者のアドバイスを受けていない申請者は，正直に自分の立場を語る傾向にある．たとえば出身国では極度の貧困状態に置かれて家族を養うことができないため，メキシコで働きたいなどの事情である．出身国で仕事を失った背景には，死の脅迫を受けたり上納金の支払いを強要されるなど，仕事を継続できなくなった理由がある．しかし COMAR はこれらの事情を考慮せず，経済移民として申請を却下してしまう．難民を認定するはずの機関でありながら，認定数を抑えようとしているという．もう一つの問題は，難民申請が事実上ビザ取得のための手段となっており，COMAR がそれを黙認していることである．申請が受理されると COMAR が証明書を発行し，その証明書をもとにメキシコ移民局が人道ビザを発給する．この場合の人道ビザは，申請を待つ間の滞在資格を保障するものであり，許可なく州外に出ると申請が無効化される．しかし COMAR 事務所では，メキシコ移民局が発給するビザがあれば，就労や基本的な社会サービスを受けることが可能となり，メキシコ中どこへでも移動できると説明され，1 年後にビザが失効した後更新されないことについては，十分に理解を促さないまま，書類が発行されるのである．つまり COMAR 自体が，申請の放棄を助長していることになる．図 3-2 にある通り，難民申請者数は急増し続けているが，認定者数はあまり増加していない．ラミレスが指摘するように，申請者がビザを得る手段として利用している側面もあるが，COMAR がそれを助長している可能性がある．

3　多様化する移民／難民の姿

3.1　米国の影響──国家安全保障の下での移民保護──

　メキシコの移民政策は米国との協調が求められており，米国との関係を考慮せざるを得ない．2001年の同時多発テロ以降，米国は国家安全保障のもと国境警備の強化を強めていった．同時多発テロを受けて，あらゆる脅威から国土を守るために国土安全保障省が創設され，その一機関として税関国境警備局〈Custom and Border Protection: CBP〉が設置された．税関国境警備局は，対テロや人身売買，麻薬密輸の取締の名目のもと，国境の管理を強化していった．米国は安全保障を中米諸国に拡大し，2008年にメキシコとメリダ・イニシアチブと

呼ばれる安全保障協力協定を結んだ．協定の目的は米国とメキシコが協力して麻薬犯罪組織に対抗することであり，そのために情報管理や諜報能力向上のための技術支援，資金提供，両国の治安部隊の情報共有などが行われることになった．そこには必然的にメキシコの北部及び南部国境管理の強化も含まれており，米国からの資金はメキシコ移民局にも配分された（Hernandez, 2019: 25）．2014年には移民の正規化と保護の強化を目的として，メキシコとグアテマラのあいだに南部国境計画が結ばれた．そのなかで諸機関が連携して治安の強化や移民の保護に努めるとしたが，人権団体からは移民の流れを止めることが目的であると批判された（Hernandez, 2019: 24）．米国は安全保障の名のもとで，国境を越える移民の増加を抑えるために，メキシコを通過する非正規移民の北上をメキシコ国内で留めるよう促している．

　2019年に米国は移民保護プロトコル（Migrant Protection Protocol: MPP）を発表した．これはメキシコ国境を越えて米国に入国し，庇護申請を行った移民に対し，移民裁判所の期日までメキシコに待機することを義務づけたものである[18]．この政策によってメキシコ側に返された移民たちが，誘拐や強盗，暴力などの犯罪に巻き込まれるケースが多発し，メキシコ政府は当初 MPP に批判的だった．これに対し5月にトランプ大統領は，「不法移民」流入への対抗措置としてメキシコからの輸入全品目への関税賦課を発表した．6月に入り，米国とメキシコ両国政府のあいだで合意文書が成立したことで，米国による関税措置は回避された．合意文書は，中米からメキシコを通過して米国を目指す移民の急増に対処することを目的としており，主な合意内容は次の通りである．① メキシコは不法移民の抑制のため，国境地帯に国家警備隊を派遣する，② 米国は，庇護申請を求めて国境を越えた人々を速やかにメキシコに送還する，③ メキシコは人道上の理由から，送還されたすべての人々を受け入れ，ヘルスケアと教育を提供する，④ 米国は，可能な限り速やかに手続きを完了させる[19]．合意内容は，米国の要求をほぼ受け入れたものだった．メキシコは MPP の受け入れを承諾し，国境管理を強化することになった．米国庇護申請者に関しては，国際移住機関が仲介し，メキシコの移民シェルターが受け入れを行った．

　上記の合意に基づき，メキシコ政府は国家警備隊を北部国境に1万5000人，南部国境に6000人配置した[20]．国境警備隊とは，麻薬犯罪組織の増加や警察の汚職による治安問題に対処するため，2019年6月に国防省の管轄下に創設された治安維持組織である．陸・海軍，連邦警察7万人によって構成されており，そ

のうちの約30％に当たる2万1000人が国境警備を担当することになった．国家警備隊には，非正規移民を拘束する権限が与えられた．これに対しシン・フロンテラス，アサイラム・アクセス・メキシコ，正義と民主的人権のための協会（Fundación para la Justicia y el Estado Democrático de Derecho: FJEDD）などの人権団体が共同で声明を発表し，今回の合意が深刻な人道危機をもたらすだろうと懸念を表明するとともに，暴力，飢餓，政治的迫害から逃れるもっとも弱い立場にある移民に対し軍を差し向けることを批判した[21]．

　国家警備隊は，中米からのキャラバンを阻止するためにたびたび出動している．2020年1月には，国境の川を渡って非正規に入国した約3500人キャラバンの通行を盾を手にした国家警備隊が阻止し，400人を拘束した[22]．その際催涙弾が使用されており，与党議員からも野蛮な攻撃であるとして批判の声が上がった[23]．しかし2021年以降も，国家警備隊によるキャラバンの通行阻止は続けられた．人権団体FJEDDは2021年に報告書を発表し，国家警備隊は非正規移民の拘束，追放に積極的に加担しており，移民を危険にさらすことになっていると批判している（FJEDD, 2021）．米国へ向かうための通常ルートが絶たれれば，より危険な闇ルートに頼らざるを得なくなるためである．

　移民が北上するのを止める方策としてメキシコ移民局が行っているのが，バスチケットの販売中止要請である．2021年にハイチ人が大挙して米国を目指し，国境に滞留したのは先に述べた通りである．同年9月にメキシコ移民局は，ハイチ人移民の増加に対処するために国境に向かう起点となる都市であるトレオン市（コアウィラ州）のバス会社に対し，アクニャやティファナなど国境行きのバスチケットを移民に販売しないよう要請した[24]．要請を受けたトレオン中央バスターミナルの責任者は，移民の増加はトレオンだけではなく全国的な課題であり，管理不能にならないようにすることが重要だとして，当局に協力することを表明した[25]．2022年には北部の都市モンテレイで，メキシコ移民局が国境行きバスチケットの外国人への販売中止を求めた．さらにすでにチケットを所持している人々に対する乗車拒否も行われた．これにより国境を目指す多くの移民が，バスターミナルに足止めされる事態となった．

　これまで述べたように，メキシコの移民政策は米国との関係の上に成り立っており，独自に行うことが難しい．米国国境に至る移民の流れを防ぐために，移民保護の名目の下で，移民の拘束や北上の妨害が行われているのである．

3.2　さまざまな生存戦略

　メキシコを通過して米国を目指す中米移民は1990年代からみられたが，2000年代になって増加した．また近年出身国が多様化し，南米からダリエン地峡を越えてメキシコに入国する移民も増加している．かつては，南部国境からメキシコに入国する移民の目的は米国であり，最短ルートで米国を目指すとされていた．しかし実際には，いわゆるトランジット移民に揺らぎが生じているという指摘もある（浅倉. 2019）．移住を決断する背景は一様ではなく，米国滞在経験の有無，米国に親類がいるか，借金はあるかなど，抱えている事情もさまざまである．また難民認定を受けてメキシコに留まるという選択肢もある．ここでは筆者の聞き取り調査をもとに，移民／難民の多様な姿を明らかにしたい[26]．

　移民／難民の人々は，どのような背景で出国し，メキシコではどのような滞在資格を持っているのか．筆者が聞き取りを行なった26名のうち，自国を出た理由について経済・治安状況を挙げたのは22人である．その他として家族の虐待から逃れた人が3名，未成年者で兄弟とともにキャラバンで来た人が1名であった．バレンシアが指摘しているように，彼らにとって経済と治安は不可分に結びついている．たとえばPさんは14歳のときから選択や魚の加工工場，清掃業，販売業などをしながら働いてきた[27]．道端で販売業をしたところ，ある日突然マラス[28]がやってきて税金を要求されたという．払えないと答えると，ナイフで脅され腕を切り付けられた．Qさんも同様に，車で野菜の販売を行っていたが，マラスに目をつけられ，税金を払うように言われた[29]．自宅にまで「金を払え，払わないと子どもの命はない」と脅迫状が届き，住み続けることができなくなったという．このように，普通の暮らしがある日突然奪われ，仕事を続けることができなくなったことから経済的に困窮し，国外に出る選択をする人は少なくないと考えられる．

　滞在資格については，永住権を申請している人が1名，難民認定済の人が4名，人道ビザを取得している人が14名，一時滞在許可を得ている人が2名，資格を持たない人が2名，不明者が3名であった．永住権を申請中の人は，17歳のときに家族の虐待から逃れるために非正規でメキシコに来た．10年以上にわたり非正規滞在を続けているが，メキシコで出産しており，メキシコ人の母として永住権を取得見込みである．人道ビザを所持している14名のうち，難民申請を継続する人はわずか1名であり，他の13名にとって難民申請は米国を目指すための手段であった．

　メキシコに留まらない理由としては，もともと米国を目指していたことに加え，メキシコで誘拐や強盗などの恐怖にさらされた経験が影響する場合がある．移民が誘拐ビジネスに巻き込まれやすいのは，すでに米国に親類がいて，借金をしてでも返済できる可能性があるためである．たとえばBさんCさん夫婦は，国境の都市マタモロスにバスで入ろうとしたときに，ここは通せないと止められた．相手は警察かメキシコ移民局か犯罪組織かわからなかったという．そのまま農場に連行されて1週間監禁された．3000ドル支払うように要求され，米国在住のCさんの姉に支払ってもらい，解放されたという．彼らは解放された後マタモロスに行き，川を渡って米国の国境を越えた．国境に米国の移民当局が待ち構えていてすぐに捕まり，5日間収容された後に庇護申請を行った．MPP政策の下，審査を待つ間メキシコに戻され，モンテレイの移民シェルターに滞在していた[30]．彼らによれば，移民は皆同じような思いをしている．メキシコは非常に危険な国で，ここに留まることはあり得ないという．BさんCさん夫妻は，身代金を支払うために借金をしており，米国で働くことが切実な願いである．このように米国に行くための借金がある場合，それを返済するためには米国で就労する必要があり，出身国には帰れない事情を抱えることになる．

　南部国境を越えてメキシコに入国した人の多くが，北部国境を目指すのは確かである．その一方で，必ずしも最短で北を目指そうとするわけではない．また国境を越えることへのためらいもある．難民申請が北へ向かうための手段だったとしても，認定されればメキシコで生活するという選択肢もあり，それぞれにとって最良の選択を個人あるいは家族単位で模索することになる．たとえばQさん家族は14歳，8歳，4歳の3人の子どもを連れて一家5人でホンジュラスからメキシコに来た[31]．タバスコで難民申請を行って認定された後，国境を目指し，国境の都市ピエドラス・ネグラスから川を渡って米国に入国した．先述したようにメキシコ移民局の要請でバス会社は移民に対し国境までのチケットを販売しないため，ピエドラス・ネグラスの手前の村まで移動し，そこから一晩かけて徒歩で国境まで移動したという．米国ではすぐに当局に拘束され，指紋を取られた後にピエドラス・ネグラスに戻された．国境の町は移民の誘拐が多発しており危険なため，モンテレイに戻ることにした．妻であるQさんは，メキシコで仕事を得て子どもたちを学校に通わせたいと考えている．しかし夫は，メキシコは子どもが誘拐されやすく危険であることから，米国に行

きたいという.

　4年前にホンジュラスを出国したβさんも，3人の子どもを連れていた．タパチュラで手続きをして難民認定されている[32]．その後メキシコで出産し，現在4人の子どもがいる．メキシコシティで働いていたが，何度も暴力を受け，現金を奪われたという．息子が麻薬組織からリクルートされ，避難するためにメキシコシティの移民シェルターにきていた．彼女は子どもたちに自分にはできなかったことをさせてあげたいという．勉強や安全な環境，旅行，外国語を学ぶことなどである．現在18歳の長男は15歳のときに貨物列車で米国に渡った．ヒューストン在住だが，非正規のため生活は非常に苦しい．彼女も子どもたちを連れて米国へ行きたいが，そのすべが見つかっていない.

　移民／難民の揺らぎは，Ｒさんの語りによく表れている[33]．Ｒさんは，2021年6月に家族（妻，3人の子）を連れてエルサルバドルを出国した．タパチュラで難民申請を行い，5か月待ったが手続きが進まなかったため，シティに移動した．その後友人がいるピエドラス・ネグラスに行くことを目指してモンテレイに来た．現在難民申請手続きの続行を移民シェルターの弁護士に相談中である．彼は「米国に渡りたくて国を出たわけではない．行き先を決めていたわけではなく，グアテマラに居場所が見つかっていれば，そこに残っただろう．なければメキシコに行く．メキシコにも居場所がなければ米国へ，そこにもなければカナダへと移動を続ける」という．国を出た理由については，「エルサルバドルには犯罪組織が実効支配する地区があり，そこで起きたことは外に漏れることはない．ギャングは理由もなく人を殺す．そしてすべての若者にギャングに入ることを強要する．そんななかで子どもたちを育てたくなかった」ためであるという．Ｒさんの語りからわかるのは，移民にとっても行き先が明確に定まっているとは限らないことである．高い賃金を求めて移動するアメリカンドリームと異なり，自国に暮らせない切実な理由があり，そこから逃げることが第一である場合，より快適な場所がメキシコに見いだせれば，目的地になり得るのである.

　米国を目指す理由として一番重要なのは経済である．しかしその経済的事情は治安と不可分であり，多くの人がさまざまな形の暴力を受けた末にメキシコに入国している．つまり「常態化した暴力によって，生命，安全，自由を守るために自国から逃れざるを得ない」という難民法の規定を満たしているのである．そのことから難民認定を受けて，メキシコに定住したいと考える人もいる．

その一方で移民であることからメキシコ入国後に暴力にさらされ，一刻も早いメキシコからの出国を望む人もいる．借金がある場合には出身国に戻ることもままならず，米国を目指すしか選択肢がない．メキシコは，このように多様な事情を抱えた人々に対する対応を迫られているのであり，すべての人を包摂できる政策を見出すことは決して容易ではない．

おわりに

　本章では，メキシコにおいて移民／難民の権利保障がどのように成立していったかを国際人権レジームとの関係からたどり，それが現実に適用されていないとすればどのような要因があるのかをトランジット移民の実態，米国政府との関係，移民の多様化という観点からみてきた．移民／難民の人権については，第二次世界大戦後国連を中心に条約作りが進められてきた．難民に対しては，1951年に難民条約が採択され，「難民を彼らの生命や自由が脅威にさらされるおそれのある国へ強制的に追放したり，帰還させてはいけない」，「庇護申請国へ不法入国しまた不法にいることを理由として，難民を罰してはいけない」という原則が確立した．ラテンアメリカにおいては1984年にカルタヘナ宣言が出され，国内紛争や外国からの侵害，大規模な人権侵害から逃れる人々も難民に含めることを明記した．
　メキシコは長年移民／難民に寛容な政策をとってきた．しかし法整備は遅れており，難民の定義が法律に加えられたのは1990年のことである．それ以前からグアテマラ内戦から逃れてくる人々を難民として受け入れており，法整備が行われないまま受け入れてきたことになる．2000年にメキシコは難民条約を批准し，難民受け入れの義務を負うとともに，移民／難民に関する国際人権レジームに対応するための制度作りが進められることになった．2011年に移民法および難民法を発布し，国際人権レジームに沿った先進的な法整備を行った．
　その一方で，メキシコは非正規移民に対し，国外追放を積極的に行ってきた．中米からの移民は2005年をピークにいったん減少傾向にあったが，2011年以降再び増加した．それとともに国外追放者数も増加している．また2019年からは国家警備隊を非正規移民の取り締まりに動員している．2019年の国外追放者数は14万9812人でありそのうち13万5508人は中米出身者であった．2020年にはコロナ禍の影響で6万315人（中米出身者：5万8388人）に減少したが，2021年には

13万269人（中米出身者：12万5341人）に増加している.[34] また難民申請者数は2017年頃から増加しているにもかかわらず, 認定者数はあまり増加していない状況も明らかにした.

　このように法整備と実態が乖離している理由として, ① COMAR の予算, 人員不足, ② 米国の政策による影響, ③ 移民／難民の多様化を指摘した. COMAR は難民申請を受け付けるようになった2002年時点で, 申請者数はわずか221人であった. 2022年には, 申請者数は11万8178人に上っている. それにもかかわらず COMAR の予算は必要に応じた増額が行われていない. また難民申請は, メキシコを合法的に通過するための手段として使われている. COMAR 長官はこれに対し警告を発しているものの, 現場レベルでは十分な説明がないまま人道ビザ取得のための証明書が発行されている実態を明らかにした. さらに移民政策は米国との連携が求められる. 米国は, 近年急増した非正規移民のコントロールをメキシコに要請している. 経済的に緊密な関係を持つメキシコはそれを受け入れざるを得ず, 米国の国家安全保障がメキシコに影響を与えている.

　さらに筆者の聞き取り調査から, 移民／難民自身にも揺らぎがあることを指摘した. 移民／難民が多様化するなか, すべての人を包摂するような有効な政策を打ち出すのは容易ではない. 法整備よりも先に現実が動いていることが, 問題をさらに複雑にしていると言えるだろう.

【章末資料】インタビューリスト

	年齢性別	出身国	出国時期	ビザ	出国理由
① A	17男	ホンジュラス	2020.1.15.	難民認定済	姉とキャラバン
② B C	47女 47男	ニカラグア	2022.4.11.	人道ビザ	危険から逃れるため
③ D	20代男	ニカラグア			経済, 治安
④ E	29男	メキシコ	2022.8.29	メキシコ人	家をギャングに取られた
⑤ F	32女	ホンジュラス	2年半前	人道ビザ	治安
⑥ G H	38男 ?女	ホンジュラス	2021.11.13.	人道ビザ	経済, 犯罪から逃れる
⑦ I	44女	グアテマラ	2022.6.21.	人道ビザ	脅迫
⑧ J	19女	ホンジュラス	2022.6.2.	人道ビザ	経済（夫刑務所）

⑨	K	？男	ホンジュラス	2022.6.20.	人道ビザ	安心した暮らし
⑩	L	35男	グアテマラ	2022.7.23.	人道ビザ	強請られない暮らし
⑪	M N	40男 26女	グアテマラ	1カ月前？	7日間の滞在許可	経済，暴力，マラス
⑫	O	？女	ホンジュラス	2022.6.	なし	経済
⑬	P	36女	ホンジュラス	1年以上前	難民認定済	危険から逃れるため
⑭	Q	32女	ホンジュラス	2022.4.8.	難民認定済	マラスの脅迫
⑮	R	29男	エルサルバドル	2021.6	難民申請を希望	治安，経済
⑯	S	24男	ハイチ		人道ビザ	ハイチは危険
⑰	T	28男	ハイチ		人道ビザ	ハイチには戻れない
⑱	U	？女	メキシコ	2022.9.1.	メキシコ人	夫が麻薬密売人で離婚
⑲	V	19女	グアテマラ	2022.8.	なし	両親を助けるため
⑳	W	31女	ホンジュラス	14年前（17歳）	永住権申請	両親の虐待
㉑	X Y	29女 30男	ベネズエラ	2022.8.28. シティ着	人道ビザ	経済事情で2018年ベネズエラ出国
㉒	Z	22女	グアテマラ	2022.3.		家族，夫の虐待
㉓	α	17男	ホンジュラス	2022.1.		家族に嫌われている
㉔	β	34女	ホンジュラス	4年前	難民認定済	安心して暮らしたい

注

1）国際移住機関ウェブサイト https://japan.iom.int/migrant-definition#:~:text=IOM%E3%81%AE%E3%80%8C%E7%A7%BB%E6%B0%91%E3%80%8D%E3%81%AE%E5%AE%9A%E7%BE%A9,%E7%90%86%E8%A7%A3%E3%81%AB%E5%9F%BA%E3%81%A5%E3%81%8F%E7%B7%8F%E7%A7%B0%E3%81%A7%E3%81%99%E3%80%82　2023年7月26日閲覧.

2）これはカルタヘナ合意を含む解釈である．難民条約の定義は後述.

3）概念として錦田に倣ったうえで，煩雑さを避けるため基本的には「移民」あるいは「トランジット移民」と表記し，メキシコの法が定めるステータスとしての難民については「難民」，揺らぎがある場合には「移民／難民」と表記する.

4）国連広報センター．https://www.unic.or.jp/activities/humanrights/document/bill_of_rights/universal_declaration/　2023年6月12日閲覧.「世界人権宣言」では refugee ではなく asylum と表記されている.

5）国連高等難民弁務官事務所．https://www.unhcr.org/jp/treaty_1951　2023年6月12日閲覧.

6）本節は（柴田，2016）をもとにしている.

7）1974年の改正で，政治亡命者の適用範囲がラテアメリカ大陸以外の国出身者にも拡大

された.

8）Secretaria de Gobernación http://portales.segob.gob.mx/es/PoliticaMigratoria/Panor-ama_de_la_migracion_en_Mexico　2023年6月15日閲覧.

9）US Customs and Border Protection https://www.cbp.gov/newsroom/stats/south west-land-border-encounters および Gobierno de México http://portales.segob.gob.mx/es/PoliticaMigratoria/Sintesis_Grafica データから算出. 2023年6月20日閲覧.

10）2010年の地震の際にも，ハイチ人に対し一時保護資格が与えられた. 今回はハイチが現在深刻な社会不安，人権侵害，貧困，基本的物資の不足に直面しており，コロナ禍で状況がさらに悪化しているという判断からなされたものである.

11）COMAR https://www.gob.mx/comar/articulos/la-comar-en-numeros-338814?idiom= es　2023年6月20日閲覧.

12）2022年8月30日筆者インタビュー.

13）2022年9月2日筆者インタビュー.

14）García jacobo. "A la Comar le falta presupuesto y alternativas migratorias para los haitianos" *El País* 2021.9.8.

15）カサ・ナサレは米国との国境都市ヌエボ・ラレドにある移民シェルターである. 9月4日に訪問し，現場担当者の方と4名の移民の方にお話を伺った.

16）2022年9月4日筆者インタビュー. Tさんも同日.

17）2022年9月2日筆者インタビュー.

18）出身国を何らかの事情で避難して米国滞在を希望する人々に関し，米国外で申請を行う場合を refugee，米国内で申請を行う人を asylum seeker と呼ぶ. メキシコの場合，申請地ではなく管轄によって両者を区別しており，米国で asylum に相当するケースのほとんどは refugio（refugee）である.

19）Library of Congress https://www.loc.gov/item/global-legal-monitor/2019-06-17/mexi co-united-states-agreement-on-migration-concluded/　2023年6月23日閲覧.

20）Arista, Lidia. "Guardia Nacional ha desplegado 21,000 elementos para contener la migración a Estados Unidos" *El Economista*, 2019.7.20.

21）"Prevén ONG una grave crisis humanitaria de migrantes" *La jornada*, 2019.6.15.

22）"Guardia Nacional mexicana lanzó gases lacrimógenos contra la caravana de migrantes" *France 24*, 2020.1.24.

23）Tourliere, Mathíu. "Muñoz Ledo critica la 'salvaje agresión" de la Guardia Nacional contra migrantes" *El Proceso*, 2020.1.21.

24）López, Luis Alberto. "Central Camionera de Torreón tiene prohibido vender boletos a migrantes a la frontera" *Milenio* 2021.9.21.

25）Solis, Miguel. "Central de Autobuses de Torreón no vende boletos a migrantes hacia la frontera" *El Sol de la Laguna*, 2021.9.22.

26）聞き取り調査は，2022年8月から9月にかけてモンテレイ（Casa Nicolás. Casa Monarca, Paso de Esperanza），ヌエボ・ラレド（Casa Nazareth），メキシコシティ（CA-FEMIN）の3都市5施設で行った. 最初に調査目的を話した後，シェルターの担当者に話を聞かせてくれる滞在者を紹介していただき，非構造化インタビューを行った. 5

か所で計24組28名からお話をうかがったが，そのうちＥさんとＴさんはメキシコ出身のため，本論では対象外とする.

27) 2022年 9 月 3 日筆者インタビュー.

28) 主にホンジュラス，エルサルバドル，グアテマラで活動する犯罪組織集団.

29) 2022年 9 月 3 日筆者インタビュー.

30) 筆者が訪問したシェルターの一つであるカサ・ニコラスは，国際移動機関と契約して移民を受け入れていた．米国での審理に出頭する際には，国際移住機関のバスが送迎を行っているとのことであった．ＢさんＣさんは，その後申請が認められてニューヨークに行った.

31) 2022年 9 月 3 日筆者インタビュー.

32) 2022年 9 月14日筆者インタビュー.

33) 2022年 9 月 3 日筆者インタビュー.

34) Gobierno de México http://portales.segob.gob.mx/es/PoliticaMigratoria/Mapa_estadisticas　2023年 6 月23日閲覧.

参考文献

浅倉寛子「トランジット移民の再定義——遠隔母親業と家族統合のプロセスからの考察」，松久玲子編著『国境を越えるラテンアメリカの女性たち——ジェンダーの視点から見た国際労働移動の諸相』晃洋書房，2019年.

上野友也「難民と人道主義——歴史的視点からのアプローチ」小泉康一編著『「難民」をどう捉えるか　難民・強制移動研究の理論と方法』慶應義塾大学出版会，2019年.

柴田修子「メキシコ」宇佐見耕一他編『世界の社会福祉年鑑　2016』旬報社，2016年.

錦田愛子「移民／難民と向き合う社会をめざして」錦田愛子編『政治主体としての移民／難民』明石書店，2020年.

Castro Neira, yerko. "Migraciones y fronteras en la época de fetichismo en la ley" *Revista Latinoamericana de Estudios de Seguridad* no. 23, pp. 29-43, 2018.

Fundación para la Justicia y el Estado Democrático de Derecho (FJEDD). *Bajo la Bota. Militarización Política Migratoria en México*, México: FJEDD, 2021.

González-Murphy. *Protecting Immigrant Rights in Mexico: Understanding the State-Civil Society Nexus*, Routledge: New York, 2013.

Hernández Suárez, José Luis. "Política Migratoria de México hacia Centroamérica y Presión Estadounidense" *Clivatge* no. 7. pp. 8-45, 2019.

Leyva-Flores, René et al. "Migrants in transit through Mexico to the US: Experiences with violence and related factors, 2009-2015" *PLoS One*, 14 (8), 2019.

Meili, Stephen. "Constitutionalized Human Rights Law in Mexico: Hope for Central American refugees?" *Harvard Human Rights journal* Vol. 32. pp. 103-144, 2019.

Morales, Victor y Luis. R. López. "La política de inmigración de México: interés nacional e imagen internacional" *Foro Internacional*, 1 (155), pp. 65-92, 1999.

Rodríguez Chávez, Ernesto *Migración centroamericana en tránsito irregular por México: nuevas cifras y tendencias*, CIESAS: Guadalajara, México, 2016.

Somohano Silva, Katya, "El derecho internacional de refugiados: Alcance y evolución" *Revista de la Faculdad de Derecho de México* 57 (248), pp. 69-96, 2017.

第4章　国際人権レジームと先住民
——ペルーの事例——

村上勇介

はじめに

　本章は，ペルーの先住民に焦点を合わせ，国際社会で進展した先住民の国際的権利保障がペルーにおいてどう受容され法制化されたのか，またそれは同国の先住民の権利保障に効果があったのかについて検討する．

　ペルーは，アンデス文明が揺籃し繁栄した場で，メキシコとならんで15世紀末からの3世紀にわたるスペイン植民地支配の最初の拠点が置かれたことに示されるとおり，先住民人口が多いラテンアメリカの国の一つである．だが，1970年代末から進んだ民主主義への移行後の同地域での政治経済社会変動の過程では，先住民人口の多い他の国と比較して，先住民運動が活発ではなく，政治や社会におけるその存在が最も弱い例として知られる．

　なぜそうした逆説的な状況となったのか．また，いわば内発的な推進力が欠如した状況において，国際社会で進んだ先住民の権利保障が一定の国内法整備に繋がったが，それはどのような背景によるのか，そして十分な効果をあげているのか．以下では，そうした点について分析する．取り上げるテーマは，ラテンアメリカにおいて先住民の国際的な権利保障が語られる際の枕詞，国際労働機構（ILO）第169号条約の第6条（OIT, 2005: 21-23）が規定し，2010年代に入ってペルーで法整備が進んだ，先住民に関する事前協議（consulta previa）である．

1　ペルーの先住民をみる視角

1.1　ペルーの先住民をめぐる議論

　ペルーに限らず，先住民という場合，まず，何を基準に分類するかが問題と
なる（友枝, 1988; 2005）．とりわけ，ラテンアメリカの場合，植民地時代が3世
紀にわたり，また独立から200年を数える国がほとんどで，先住民と白人や黒
人などとの間での混血が進んだことから，混血が先住民なのか，という問題が
生じる．混血にも程度の差があるため，幅広い合意が得られる明確な基準を設
けることは難しい．他方，先住民が植民地期以降，下層に追いやられ差別され
てきたことから，積極的な自己認識とならない期間が長く続いてきた事実もあ
る．従って，自己認識ないし客観的な基準によっても，先住民とそれ以外を分
ける境界をどう引くかによって結果に相当の違いが生じることは避けられない[1]．
　こうした学術的な課題はとりあえず横に置いて，国勢調査を典型として各種
調査では，幼年期か母親の母語，あるいは自己規定を尋ねることが多い．ペ
ルーの場合，20世紀に行われた国勢調査で民族の調査したのは1940年が最後で，
間があいて，2017年の国勢調査で自己認定による民族意識を調査した．それに
よれば，1940年に先住民系人口は全体の45%（村上, 2004: 43），2017年には29%
であった[2]．
　このような割合を念頭に，ラテンアメリカ諸国における先住民人口の割合の
比較をまとめたのが**表4-1**である．これによると，ラテンアメリカでは，多
い順に，ボリビア，グアテマラ，ペルー，エクアドル，メキシコの5ヶ国が先
住民人口の割合が高い．
　ペルー以外の4ヶ国では，1980年前後からの民主主義への移行後，全国レベ
ルの政治に大きな影響を与える力，あるいは先住民をめぐる問題を国家レベル
の争点として提起できる力を有する組織が現れるなど，活発な先住民運動が観
察された．ところが，ペルーでは同様の状況が出現せず，今日までそれが続い
ている．
　ペルーでの不活発な状況は，1990年代以降，先住民運動が活発化した隣国の
ボリビアならびにエクアドルと比較して指摘される（Degregori, 1993: 113; Degregori, 1998; Tanaka, 2003: 74-84）．「ペルーは，近年の（アンデス）地域での民族意識
の覚醒の点で他とは隔離されている」（Albó, 2002: 218, 括弧内引用者）とされ，同

表4-1　ラテンアメリカの先住民人口（%）

	P & P		M
	1970s	1980s	(1990s)
ボリビア	71	56.8	50.51
グアテマラ	66	43.8	48.01
ペルー	47	40.8	39.39
エクアドル	43	29.5	24.85
メキシコ	14	14.2	9.47
ホンジュラス	15	2.1	11.88
パナマ	6	4.1	7.78
ニカラグア	5	1.2	7.59
チリ	8	4.2	7.06
パラグアイ	3	1.9	1.96
コロンビア	2	0.9	1.74
エルサルバドル	7	0.02	1.69
ベネズエラ	2	0.8	1.48
アルゼンチン	1	1.1	1.10
コスタリカ	-	0.9	0.75
ブラジル	0.2	0.2	0.16

注：数字は全人口に対する割合．-はデータなし．
出所：M = Matos（1993: 165）; P & P = Psacharopoulos
　　and Patrinos（1994: 27, 28）.

国での先住民運動は「不在」（Cadena, 2004: 338），「実質的に認識不可能」（Gelles, 2002: 246），「全体としては存在しない」（Yashar, 1998: 24），近隣国「より不活発で，より制度化されておらず，より成功していない」（Van Cott, 2005: 145）などと分析されてきた．世界銀行が1999年にラテンアメリカの代表的な先住民組織への資金配分を準備した際，エクアドルとボリビアの間に先住民不在の国（ペルー）があり驚愕した（Millones, 2000: 79），という話も伝わっている．

　以上のような常識化した見方に対し，「ペルーでの先住民運動の不在を当然視すること」に反対し，同国の例外性ではなく，国内各地の「先住民による活発な活動の豊穣さ」を重視する修正主義的見解が提起されたこともある（Garcia, 2005: 163-165）．隣国とは異なり，ペルーの先住民の政治は国家レベルのも

のではないことは認めるものの，先住民と地域や国際的な NGO 関係者，そして国家の間の相互作用を研究対象として，先住民による政治の多様な「表出」（articulations）が重要であることを強調する（García, 2005: 5-7）．

　しかしながら，修正主義的な見解は，ペルーの例外性を提起する支配的な分析とは議論が噛み合っていない．修正主義的な見解は，途上にある先住民の意識やアイデンティティの形成，その利害や期待の「表出」に重きを置くのに対し，研究史上支配的な立場は，国家や全国のレベルでの先住民の運動や政治的な代表性の不在を問題視するのである．

　ペルーの政治社会の特徴からすれば，全国レベルでの不在に焦点を合わせることは十分に意味のあることである．ペルーは分断化の傾向が強く，全国レベルでの代表性を有する集団が存在しないのが通例である．そのような特徴は19世紀初頭の独立以降，一貫して観察されてきたが，1980年の民政移管後に民主主義的な枠組みの維持が観察されるものの，民主主義的な意思決定過程がいかなる情勢でも尊重される民主主義の定着が課題となる今日，とりわけ重要な論点である．

　ペルーは経済や社会，政治，地域，民族などの面で歴史的に形成されてきた幾重もの亀裂（fisuras）によって複雑に分断されており，それは「群島」（archipiélago）と形容される（Colter, 1978）．そのような「群島」社会の中で展開する政治は，カウディジョ（caudillo, 政治的有力者）の間の権力闘争とそれによる分断化，小党分裂化の傾向を主たる特徴とする．

　カウディジョは，権力基盤や政党などの集団をクライアンティリズムによって構築する．ペルーの政治関係は，基本的には，カウディジョ（パトロン）とそれに従う者（クライアント）の間の個人的で垂直的な関係に基づいた権威主義的な性格が強く，開かれた参加型の意思決定過程が展開する余地がほとんどない．同過程に関与し影響を与えうる者はカウディジョとその友人・知人・親族などごく少数に限られる．また，カウディジョが支配する政治集団は，ペルーの経済面での制約，とりわけ分配できる資源が歴史的に長く限定されてきたことから，短期的な視点からその勢力の維持や拡大を図ろうとし，政治をゼロサムゲームと捉え，他の集団には不信感を持ち，対立的な姿勢をとることが基調となる．そのため，短期はともかく，10〜15年以上続くような中長期的な同盟や連合の形成が極めて困難となる．こうして，ペルーの政治社会は，カウディジョが支配的な小領域に分断され，相互に対立的な関係が中長期的には優越す

る. 事実, ペルーでは歴史的に, 社会に根付いた基盤を有する全国レベルの政党が出現したことがなく, 19世紀末以降の近代化の過程において発展し有権者の過半数以上が常に集中するコスタ (海岸地域[3]) を中心として存在してきた (村上, 2004: 79-86, 93-104).

ペルーでは, 分断化傾向は社会運動にも一般的に観察されてきた. 1980年の民政移管後, 中長期にわたり勢力を維持できる能力を有する全国ないし広域レベルの組織や連合が形成された実績は皆無である (村上, 2004: 55-57). 従って, 先住民運動が全国レベルでの政治動向に影響を与える存在なのか否かは重要な政治課題である. まさに, 「地方とグローバルな場 (local and global arenas)」を重視する修正主義的な見方 (Garcia, 2005: 168) では抜け落ちている位相なのである.

1.2　先住民運動が全国レベルで現れない原因

それでは, なぜペルーでは全国レベルで展開する先住民運動が出現しないのか. これまで主に提起された観点は, 次の5点にまとめられる[4].

第一は, 先住民の間の分断, 亀裂である. ペルーの先住民は, シエラ (アンデス高地) に住むケチュア語話者が最大で, シエラ南部のより数の少ないアイマラ語話者がいる他, 広大なセルバ (アマゾン熱帯地域) に分散してそれぞれは数がさらに少ない40~60の言語集団を構成する人々からなる[5]. ケチュア語は, 元々は植民地期前に栄えた帝国を築いたインカ族の言語で, その支配に下った地域では上層部が強要されただけだった. ケチュア語が下層にまで浸透するのは, 植民地期で, 先住民との意思疎通のためのリンガフランカとして使われてからである. 無文字言語だったこともあり, 結果的に地方差が激しくなり, クスコなどインカ帝国の中心部があったシエラ南部のケチュア語は, 中部では何とか理解されるが, 北部では理解されない. そうした状況のため, 言語はケチュア語話者の間に一体感を生む契機とはならなかった. また, ケチュア語話者とアイマラ語話者やセルバに住む複数の言語集団の先住民との間, そしてセルバの先住民の間でも, 意思疎通は難しく, 共通した政治経済社会問題に直面する先住民とのアイデンティティ醸成に繋がらなかった.

第二には, シエラやセルバから首都リマを含むコスタ都市部への国内移住である. 19世紀末から始まり1950年代から加速した近代化の過程で, 発展が進んだコスタに向けて, 働き口を求めた人々が主としてシエラから大量に押し寄せ

た．その結果，人口の地域的分布が変わった．60年代までは人口の過半数以上
がシエラに集中していたが，70年代以降はコスタに過半数以上が居住すること
となり，今日に至っている．この国内移住により，シエラ出身者が，出身地か
ら離れることで，先住民よりは混血（cholo, mestizo）としての自己認識を強める
ことになったとされる．

　第三としては，1980年から90年代前半までの革命派反政府武装集団による暴
力の影響が指摘される．民政移管選挙に合わせて，毛沢東主義を掲げるセンデ
ロルミノソ（輝く道）が武装闘争を開始し，84年からは旧ソ連・キューバ系の
トゥパクアマル革命運動も加わった．15年間に2.5万人弱の死者が出たとされ
る惨事となった[6]．社会を戦争状態に近い状況に追いやった暴力によって，草の
根の組織が活動する空間が閉ざされたと提起する．特に，センデロルミノソは，
その思想（「農村から都市へ」）から，シエラ中部の貧困に喘ぐ農村地域を起点に
活動を始め拡大したため，先住民の人々に対する影響が大きかったとする．

　第四は，インカなどの先住民に関する歴史的な象徴が非先住民系のエリート
や地方の混血系の人々によって奪われてきたことを重視する見方である．前世
紀，特に1930年代以降，国民国家形成の動きの中で，主として都市部に居住す
る混血系の知識人が自ら規定するネイション概念の一部として，インカなど過
去の先住民文明の象徴を取り入れた．ただし，その末裔の現状に目を向けるこ
とはなかった．そのため，先住民が自らのアイデンティティを模索する際に，
過去の象徴が使えなくなっていた，と指摘する．

　最後の点は，左派の影響である．ペルーの左派は，1930年代より，労働者や
農民の組織化を企図し，農村に分け入って党派活動を展開した．だが，左派は，
そのイデオロギーから，経済的，階級闘争的な側面を前面に出し，民族的，文
化的な位相は無視した．また，党派争いから複数の左派政党が結成され，それ
ぞれが競い合うと同時に，階級闘争の言説を貫き，農民としか規定しなかった．
そうした状況は，1980年の民政移管後も変わらなかった．

　エクアドルとボリビアの例と比較すると，5点のうち，2，4，5番目は一
定の説得性がある．両国でも国内移住は起きたが，首都や主要都市がシエラに
あることから，先住民としての自己認識を維持できた可能性がある．また，両
国では先住民の象徴を「横取り」するようなことはなかったとされる．さらに，
両国の左派は，1970年代以降，自然資源開発部門の労働者にその活動のター
ゲットを絞ったことから，放置された農民が自らのアイデンティティとして先

住民を見出したことがあった.

　他方,最初と3番目の点は検証が必要である.最初については,ボリビアもエクアドルも多民族的な状況であった.また,暴力による組織化の阻害については,同時期に,貧困層の女性が協力して食事を準備する組織や反政府武装集団に対する自己防衛組織の農民自警団（rondas campesinas）がペルー各地に多数結成された事実がある.従って,暴力が社会運動に一定の制約となった可能性はあるものの,組織化を完全に封ずるものではなかったのである.いずれの点も,分断や亀裂を克服したり個別に存在する多数の小組織をまとめ上げる指導力がペルーではなぜ観察されないのか,を考察する必要性を示している.

　この点について,まず重要なのは,既にみた,1970年代に起きたエクアドル,ボリビアとペルーの左派の違いである.左派が労働組合に重点を移したエクアドルとボリビアでは取り残された農民がそのアイデンティティを先住民という面に求めたのに対し,ペルーは分裂と対立を繰り返す左派の諸派が農民として農村の人々を規定し続けたことである.

　そして,1980年代以降の民政移管後の政治動態の違いが,エクアドル,ボリビアとペルーの違いをさらに深めることとなった.前者では,政党間の連合政治が展開したのに対し,ペルーでは連合政治は極めて限定された期間と争点に終わり,中長期的にはカウディジョ率いる各党が相互に排他的で対立的な関係が支配的である状態が続いたのである.しかも,その活動の拠点や主たる対象地域は,比較的発展し歴史的に有権者の過半数以上が集中してきたコスタであった.そのような政治によって,ペルーの経済社会が混乱し最後は危機的な状況に陥ったことも制約条件となった.エクアドルとボリビアでは,連合政治が展開し,先住民運動が政治活動や政治への参加をより容易に行える機会が提供された.ペルーでは,党派的な性格の強い諸派に分断され,かつ農民としてしか規定されないままで,先住民運動が現れる契機自体が生じなかったのである（Murakami, 2011: 190-192）[7].

2　先住民をめぐる国際人権レジームとペルーでの先住民をめぐる動き

　先住民による国際社会への訴えかけの最初の例は,1920年代,カナダに住むホデノショニと呼ばれる先住民による国際連盟への働きかけだったとされる.

ILO のみ労働権との関連で先住民を取り上げるようになったものの，その主張した自決権が分離独立につながることを恐れて各国は反応せず，全体としては，進展は見られなかった[8]．

　その後，第二次世界大戦などを経てしばらく間を置いて，戦後の国際連合において先住民の問題が取り上げられるようになった．具体的には，経済社会理事会を舞台に，1948年の世界人権宣言や66年の国際人権規約が先住民を含むマイノリティにも適用されているかを調査する必要性あるか否か，という点が争点となった．71年に調査の実施を決定し，82年より報告書（通称コボ・レポート）が公表されるようになると同時に，同年，コボ・レポートを受け，先住民の権利と自由に関する宣言の準備委員会が設置された．国連での動きと並行して，様々な国で，自然資源開発をめぐる紛争などを契機として先住民運動が起き，NGO や研究者も国際的な組織を結成する動きがみられた．

　1986年には ILO が先住民の権利に関する専門家委員会を設置した．そして，89年に先住民の権利保障を定めた ILO 第169号条約が可決され，91年に発効する．今日までに24ヶ国が批准しているが，そのうちの14ヶ国がラテンアメリカの国で，具体的には，メキシコ（批准年1990年，以下同様），ボリビア・コロンビア（1991年），コスタリカ・パラグアイ（1993年），エクアドル・ペルー（1994年），ホンジュラス（1995年），グアテマラ（1996年），アルゼンチン（2000年），ブラジル・ベネズエラ（2002年），チリ（2008年），ニカラグア（2010年）である[9]．

　他方，1995年に国連「世界先住民族国際10年」が設定され，2000年に社会経済理事会に「先住民問題に関する常設フォーラム」が設置される．そして，07年にコボ・レポートを受けた専門家委員会が原案を準備した「先住民族の権利に関する国際連合宣言」がようやく採択され，14年からは国連総会期間中に世界先住民会議を開催することが始まった．

　こうして，先住民をめぐる国際人権レジームは国連を舞台として戦後，緩慢とした歩みながら，また決して十分とはいえないまでも，次第に整備が進んだ．その間，ペルーにおける先住民と国家との関係はどうだったのか．先住民に関する事前協議が問題となる今世紀の前までの状況について概要を記す[10]．

　ラテンアメリカの他の国と同じくペルーも，独立から1920年代までは，少数の白人による閉鎖的かつ排他的な寡頭支配の時代で，先住民は社会の底辺に追いやられていた．

　先住民に目が向けられ始めるのは19世紀の終盤になってからで，後に現れる

インディヘニスモ（先住民復興運動）の先駆とされる，先住民を題材とした小説においてであった．1930年前後から，それまで排除されていた中間層や下層の人々が生活向上の要求を突きつける動きが活発化し寡頭支配が揺らぐ一方，国民国家の形成が目標とされた．その一環として，国民意識を醸成するための歴史認識の確立に向けて，植民地以前の文明を国民国家の言説に組み入れることが行われた．こうした動きはインディヘニスモと呼ばれた．ただ，これは，関心は過去の栄光で，その末裔たちの現在ではなく，都市在住の混血系の知識人が中心となって推進したなど，先住民不在の活動であった．

　政府として最初に先住民を認めようとしたのは，1919年から30年までの独裁的な A. レギア政権だった．自ら制定した1920年憲法で先住民共同体を認め，その生活向上に取り組む姿勢も示した．だが，近代化事業に強制徴用しようとしたことに先住民が反発したことから，レギアの先住民への関心は冷めた．

　1930年代以降は，左派勢力が農民として先住民を含む農村地域の人々を組織化した．共産党がペルー農民連合（Confederación Campesina del Perú, CCP），民族主義的なアプラ党はペルー全国農民連盟（Federación Nacional de Campesinos del Perú, FENCAP）を結成する．FENCAP はコスタ，CCP はシエラで勢力を有するようになるが，後者は，共産党の党派対立と分裂に翻弄された．他方，国家からみれば，先住民は，国民国家建設において，最終的には欧米の価値観と社会のあり方に収斂する国民統合の対象として捉えられ，下層，貧困層，農民といった範疇に入る人々の一部だった．

　政権として本格的に先住民と向き合ったのは，1968年から75年までの改革主義的な J. ベラスコ軍事政権だった．[11]農民との認識は変えなかったものの，ケチュア語を公用語とし，二言語教育も始めた．アマゾン地域の先住民を nativos という呼称で初めて認知したのも同政権だった．また，推進した農地改革の被益者を結集した全国農業連合（Confederación Nacional Agraria, CNA）を組織し，CCP と対抗させた．

　ベラスコ政権との関係を契機に，また教会や研究者などの支援もあり，アマゾン地域における先住民の組織化が始まる．1979年には，翌年にペルーセルバ開発民族間連合（Asociación Interétnica para el Desarrollo de la Selva Peruana, AIDESEP）と改称されて今日まで最大の規模を持つ組織が創設された．88年には，AIDESEP を離れた勢力によってペルーアマゾン民族連合（Confederación de Nacionalidades Amazónicas del Perú, CONAP）が結成され，現在まで AIDESEP

と競合関係にある.

　民政移管を準備した1979年憲法は，長年にわたり先住民を含む下層や貧困層の参政権を制限してきた識字力を有権者の要件から外すとともに，農民共同体やアマゾン先住民の共同体の権利保障を認め，アイマラ語も公用語に加えた.だが，1980年代，左派政党が小党分裂化する一方，政策の失敗や反政府武装集団の活動から経済社会が極度に不安定化し危機的状況に陥った. その後，90年の A. フジモリ政権の誕生，憲法停止措置と新たな92年憲法の公布，新自由主義的な経済政策の推進とテロ対策の奏功による経済社会の安定化と発展，フジモリ政権の権威主義化と2000年の失墜，と目まぐるしく政治が動く中，先住民をめぐる状況は大きくは変化しなかった. 他方，欧米的な価値観と社会のあり方に最後は収斂し一つの国民となるとの1930年以降の国民国家形成の前提は，1970年代以降に，民主主義への移行の状況の中で多文化・多民族の観点から批判されてきていたが，1993年憲法は，その点を明確にし，ペルーは多文化・多民族国家であると新たに規定した.

3　事前協議の法整備とその実践

3.1　事前協議法制化の背景と進展

　ペルーは1994年と比較的早い時期に ILO 第169号条約を批准したが，先住民の権利に関係する政策案件について当該の先住民と事前協議を実施する方法の法整備には時間がかかった. 条約の批准はフジモリ政権下で新自由主義路線を強力に推進していた頃で，外国からを中心とする投資の促進がその柱の一つとなっており，時間を要し否定される可能性もあるため，迅速な投資に障害となり得る事前協議の推進には積極的でなかった.

　フジモリ政権崩壊後の選挙で大統領に就いた A. トレド（在任2001～06年）は新自由主義路線を継続し，2004年にはアメリカ合衆国と自由貿易協定を締結した. トレドを継いで大統領となった A. ガルシア（在任2006～11年）も新自由主義路線を進め，民間投資に積極的だった. 他方，中国の抬頭やアメリカ合衆国の好景気に牽引されて，2003年から世界経済は拡大期に入り，ラテンアメリカは輸出経済ブームに沸いた. ペルーを含め南米はコモディティ輸出が好調となった.

　そうした状況の中で，ペルーでは外資を中心とする投資によりアンデス高地

での鉱産物やアマゾン地域での石油の開発が進んだ．それに付随して，開発地
とその周辺に住む住民は環境や開発の恩恵の配分など様々な利害対立から不満
を募らせ，2002年終わり頃以降，抗議活動が活発化する.[13]

　2008年5月にガルシア政権がアメリカ合衆国との自由貿易協定に関連して共
同体が所有する土地の譲渡手続きを簡素化する法律を公布した．これに反発し
た AIDESEP を要とする先住民が抗議活動を起こした．その後，対話と交渉が
続いたものの，翌2009年4月から抗議活動が始まり，6月にはゼネストの決行
を宣言した先住民勢力と警察が北部のアマソナス州バグア郡で衝突し34名の死
者（警官24名，先住民10名）を出した．発生地からバグアソ（バグア事件）と呼ば
れる惨事を経て，発端となった法律が廃止されることで抗議活動はとりあえず
収拾へと向かった.[14]

　バグアソを受けて動いたのが，護民官局（Defensoría del Pueblo）であった.
2009年7月には事前協議法案を国会に提起した．国会は関係する機関や団体と
協議しつつ，関係する委員会での法案審議を進め，2010年5月に本会議で可決
された．だが，ガルシア大統領が，先住民は拒否権を有するものではないこと，
協議に参加する先住民組織を登録制とすることなどについて明確化と修正を要
求した．国会は大統領からの提案を受けて法案の一部手直しを行うが，法案に
積極的ではない政府を前に，直ちには再審議されなかった.

　事前協議法の再可決に積極的となったのは，2011年の選挙戦で新自由主義路
線の継続に批判的だった左派の O. ウマラだった．ただ，大統領選挙での決選
投票に残ってからはその批判のトーンを下げ，当選から政権（在任2011〜16年）
に着いてからは，新自由主義路線の継続を次第に明確にした．そうした展開の
中で，最初の内閣の構成で中道左派的な性格を示していた O. ウマラは，選挙
での公約どおり，大統領就任直後の2011年8月に事前協議法を可決成立させた.
新自由主義への転向との批判への反論材料の一つとした面もあった．いずれに
しても，バグアソから3年，ILO 第169号条約の批准からは17年を経てようや
く事前協議が法制化された.

　ただ，この事前協議法は基本的な原則を示す一般法で，事前協議の実施方法
を詳細に定めてはいない．そこで，続いてその執行細則を定める作業が始まっ
た．同法の補足第1条で文化省の多文化担当次官が政府の同法に関する担当と
なっていることから，同次官の下に設置された関係機関委員会（Comisión Multi-
sectorial）が執行細則案を作成する作業を行った.

多様な部門を代表することを旨とする委員会とはいえ，関係省の次官と「全国規模の（de alcance nacional）」先住民組織の代表者が正規のメンバーで，オブザーバーとして国連，護民官局，NGOの全国人権協議会（Coordinadora Nacional de Derechos Humanos）の代表が出席した．参加した関係省は，法務，経済財政，エネルギー鉱山，交通通信，環境，農業，労働雇用促進，教育，保健，発展社会包摂，内務，外務，そして担当省の文化で，後に，女性脆弱者，通商観光，生産が加わった．政府側は，文字どおり多様な部門が参加した．

対する先住民側は，AIDESEP，CONAP，CONACAMI，CCP，CNA，そして女性のエンパワーメントを目的として恒常的なワークショップを主催してきたNGOを土台として2009年に設立されたアンデスアマゾン先住民女性全国組織（Organización Nacional de Mujeres Indígenas Andinas y Amazónicas, ONAMIAP）の6組織が最初から参加し，後に，CCPと共産党系のペルー労働者総同盟（Confederación Nacional de Trabajadores del Perú, CGTP）の出身者が2006年に設立したペルー賃金労働者先住民手工業者農民女性全国連盟（Federación Nacional de Mujeres Campesinas, Artesanas, Indígenas, Nativas y Asalariadas del Perú, FEMUCARINAP）と1986年創設の全国アイマラ共同体連合（Unión Nacional de Comunidades Aymaras, UNCA）が加わった．AIDESEPとCONAPというライバル組織が顔を揃えたが，前者は他のCONACAMI，CCP，CNA，ONAMIAPと2010年3月に「団結合意（Pacto de Unidad, PU）」という連携ネットワークを結成していた．

関係機関委員会の審議と報告を受けて2012年4月に執行細則が文化省の省令として公布された．関係機関委員会の報告に関しては，PUのうちのAIDESEP，CONACAMI，CAN，ONAMIAPが賛成しなかった．つまり，CCPがPUから離れて賛成に回り，他方，先住民の主要な組織とされる4つの反対があったにも拘わらず，関係機関委員会の報告を執行細則にしたのである．これは，事前協議法第15条，事前協議を経ての最終決定権は国家機関にある，との規定に沿ったものであった．同条では，国家と先住民の間で合意が成立しない場合は，国家機関が先住民の集団的権利を保障する配慮をして最終決定する権限がある旨規定しているのである．

3.2 事前協議の実施状況とその限界

2012年の執行細則の公布以降，今日まで83の事前協議が提起，開始された（表4-2）．これには現在進行中のものの他，途中で中止されたり，放置された

表4-2　事前協議の開始と結果（件）

	開始	終了	合意
鉱山開発	34	25	25
石油開発	13	12	12
発電	6	3	3
インフラ	4	2	2
国家政策	5	5	5
自然保護区	11	11	11
文化遺産	10	4	4
計	83	62	62

注：終了は，ウエブページで最終の段階7（決定）とその
　　前の段階6（対話）が終わっているものの合計.
出所：事前協議の進行状況に関する文化省のウエブページ
　　　（https://consultaprevia. cultura. gob. pe/proceso
　　　2023年6月30日）を基に筆者作成.

状態のものも含まれるので，全てが終了してはいない．内訳は，鉱産開発が34
件と最も多く，石油開発の13件と合わせると過半数以上を占める．単純計算で，
毎年，7〜8件の事前協議が提起されていることになる.

　しかし，護民官局の統計で，毎月，少なくとも200件前後の社会紛争が起き，
そのうちの6〜7割が自然資源開発に関する紛争であることを考えると，事前
協議の制度利用はかなり少ない．これには，ペルーの事前協議制度が持つ問題
とも関連して，主として3つの原因があると指摘できる[16).

　第一に，事前協議の実施に関わる経済的な費用の問題がある．先住民が暮ら
すアンデス高地とアマゾン地域は，険しく深い渓谷の連続や船などの移動でも
複数日を要するような広大さに特徴づけられる地形を有し，一地点に集合する
だけでもかなりのコストを要する．事前協議法第18条は，先住民の参加を確実
にするためのコスト負担を担当国家機関に求め，執行細則第26条でもそれを確
認しているが，他方では，執行細則の補足暫定条項第16条において，事前協議
を理由に各国家機関は追加的な予算請求ができないと規定し，各省の通常予算
内での対応することを定めている．実際には，先住民側に負担を求める部分が
大きくなる.

　第二に，執行細則第24条で事前協議の期間が120日と定められていることで
ある．開始から先住民側への説明，先住民の間での話し合い，その内容の検証，

それを受けての最終決定まで，半年で行うことが求められている．協議内容には，かなり専門的，複雑な事項が多数含まれており，前述のような厳しい自然環境の地域で全過程を実施するには短い期間設定で，各段階を十分な形で終わらせることはできない．

　第三に，そして，最も負の影響を及ぼしている点として，最終決定権が国家機関にあることである．執行細則を決める過程で示されたとおり，先住民側が反対しても，国家側がそれを尊重はするもののその立場を変えることはしないと十分に予想できるのである．既に結論が出ているものは，すべて推進の決定となっている（表4-2）．その幾つかでは，先住民側が提起した条件を受け入れて，計画の一部として組み込んでいる場合がある．だが，そうした条件闘争は，かなりのコストと迅速な対応を求められる事前協議制度をわざわざ使わなくとも，通常の抗議活動で実施することが可能である．

おわりに

　本章の分析から，ペルーにおいて，国際人権レジームの国内法制化がなされても，その歴史的な政治社会の構造を反映して，法制自体に限界があり，国際レジームが目指す人権保障の目的が十分に達成されていないことが明らかとなった．ペルーは比較的早い時期にILO第169号条約を批准したものの，自然資源開発への外資を中心とする資本投資の推進を優先し，その国内法制化を先延ばしした．その実現へ歩みだした契機は，自然資源開発に反対したセルバの先住民による抗議活動が死者の出る惨事となったことであった．だが，これに対処する形で始まった事前協議の法制化は，先住民に最終的な決定権を認めないなど，国家に有利な形で事前協議を終えられる要素が組み込まれ，始める前から結論ありきの状態で，先住民側が積極的に事前協議を利用しようとしない原因となっている．

　そうした状況の背後にあるのは，歴史的に形成されてきた政治社会のあり方である．様々な面での亀裂が幾重にも重なり「群島」状態となっている政治社会では，橋渡しをして全国ないし広域レベルで存在できる政党や社会運動が現れたことがない．そして，民族的人種的な差別，区別が刷り込まれた階層格差，また近代化により比較的発展した首都リマを中心とするコスタとそれから取り残されたシエラとセルバとの間の違いもあり，後者には，左派内の党派や派閥

の違いも重なる．まとまらない左派を反映して社会運動も分裂して小組織化する傾向がみられるのである．

注

1 ）本節の基本的な議論や視角は Murakami（2011）に基づいている．

2 ）2017年の割合は，INEI（2018: 160）の表にあるアンデスとアマゾンの先住民・出身者，そしてアフロペルー系住民の数を合計し全体で割った積である．

3 ）ペルーの地形は，太平洋に面し国土の10％を占めるコスタ，海抜約1000メートル以上で32％を占めるシエラ（アンデス高地），熱帯性で58％を占めるセルバ（アマゾン低地）の 3 つに大きく分かれる．

4 ）以下の 5 点の内容については，主として，Garcia（2005: 7-9），Tanaka（2003: 74-77），Van Cott（2005: 143-145），Yashar（2005: 240-250）に依拠している．

5 ）2017年の国勢調査によれば，ケチュア語話者は517万人，アイマラ語話者は54万人だった（INEI, 2018: 160）．

6 ）ここで示した死者数は当時の警察による公式発表に依拠している．2001年から03年まで設置された真相究明和解委員会は，死者を約6.9万人と推定している（CVR, 2003: anexo 2 ）．これも過小評価であるとの意見が多い．

7 ）エクアドルとボリビアの先住民運動ついては，新木（2014），岡田（2016），宮地（2014）も参照．メキシコ，グアテマラとの対比では，両国は南米 3 ヶ国よりも抑圧的で権威主義的な政治が長く（メキシコでは権威主義体制が長期に存続，グアテマラでは軍政の左派に対する激しい弾圧），強度の抑圧的な状況が先住民を自覚する契機となった．その際に，教会や NGO，研究者，マスメディアなどの外部アクターが決定的な役割を果たしたことも，南米 3 ヶ国とは異なっている．南米の例では，教会や NGO が一定の役割を担ったことは事実だが，一般的には，メキシコやグアテマラほどには決定的ではなかった（Murakami, 2011: 187-190）．

8 ）先住民の権利保障をめぐる国際レジームの進展については，主に，新木（2004; 2014; 2021），宮地（2017; 2020）に基づいている．

9 ）ラテンアメリカ諸国に ILO 第169号条約の批准が多いのは，1992年のコロンブス到達500周年が一定の影響を持ったことが一因である．批准状況については，ILO のウエブページ（https://www.ilo.org/dyn/normlex/en/f?p=1000:11300:3565736599184::::P11300_INSTRUMENT_SORT:1，2023年 6 月30日）による．ラテンアメリカでは，キューバ，ドミニカ共和国，エルサルバドル，ハイチ，パナマ，ウルグアイの 6 ヶ国が批准していない（https://www.ilo.org/dyn/normlex/en/f?p=NORMLEXPUB:11310:0::NO:11310:P11310_INSTRUMENT_ID:312314:NO，2023年 6 月30日）．

10）以下のペルーにおける国家と先住民との関係については，注 4 に記した研究の他，岡田（2016: 146-196），友枝（1988），Cadena（2000），Chuecas, Vega y Villapolo（2012），Degregori（1993; 1998），Kania（2022），Pajuelo（2006; 2007），Remy（2013）に依拠している．

11）1945年から48年までの J. L. プスタマンテ政権もインディヘニスモの提起に沿った政

策をとったが，当時非合法化されていたアプラ党の支持を得ていたことから寡頭支配層の反発を買い，最後はクーデタで倒され短命に終わった．

12）識字力が有権者の絶対的要件となったのは1895年である．それまでは，財産や定職を有するなどの条件とともに選択的な要件の一つとなることがあった．理論的には，識字力のない先住民や混血の人々も選挙に参加できたことになる．だが問題は，1931年に今日まで引き継がれる全国統一的な選挙制度が整備されるまでは，各地域での有権者名簿の作成から国会での選挙結果の確定までの選挙過程のあらゆる段階において，カウディジョが恣意的に介入し，暴力を含む権力行使により同過程の全体を支配していたことである．つまり，当時，先住民が選挙過程に関わるとしても，それは自身の自由意志の現れではなく，寡頭支配層による動員の結果だった（村上 2004: 61-62）．

13）アメリカ合衆国の大学で学び国際機関などで勤務経験のあるトレドは北部シエラの下層出身で先住民系の血が濃く，選挙運動や政権初期にそうした出自をアピールする場面もあったものの，それが恒常的な行動にはならなかった．大統領の配偶者 E. カープは文化人類学者で先住民に関する機関を大統領府に設置するなど先住民問題に関心を寄せたが，アマゾン地域の先住民に重点が置かれるなど個人的な関心や利害によるもので，その活動は制度化せず，むしろ混乱や分裂を招く結果となった．他方では，鉱山による環境問題をめぐって1999年に結成され2003年から先住民の権利保障に重点を移した全国鉱山被害共同体連合（Confederación Nacional de las Comunidades Afectadas por la Mina, CONACAMI）もあったが，左派（CCP）出身の主導者 M. パラシンの党派組織という性格を拭えず，その影響力は南部の一部地域に限られた（Murakami, 2011: 193）．

14）事前協議法制化関連の動きについては，岡田（2016: 274-295），Diez（2014: 6-21），Gamboa y Snoech（2012），Kania（2022），Rousseau and Morales（2017: 141-166）に拠っている．

15）注13を参照．

16）実施された事前協議の評価について詳しくは，BM（2016），CAAAP（2017），Doyle（2019），Flemmer（2019），Gamboa y Snoeck（2012），Leyva（2018），Salomón（2012），Vargas（2019），Zúñiga y Okamoto（2019）などを参照．また，本款は，セルバのロレト州西部の10の先住民集団を束ね AIDESEP のメンバーでもある先住民組織の首長（apu）へのインタビュー（2023年3月7日，ロレト州ユリマグアス）にも基づいている．

参考文献

新木秀和（2004）「先住民の抵抗，先住民運動の展開」松下洋・乗浩子編『ラテンアメリカ——政治と社会』ラテンアメリカ・シリーズ1，新評論，273-291ページ．

———（2014）『先住民運動と多民族国家——エクアドルの事例研究を中心に』御茶の水書房．

———（2021）「グローバル世界を生きる先住民——権利回復から自己表象へ」畑恵子・浦部浩之編『ラテンアメリカ——地球規模課題の実践』新評論，127-149ページ．

岡田勇（2016）『資源国家と民主主義——ラテンアメリカの挑戦』名古屋大学出版会．

友枝啓泰（1988）「ペルーのインディオと国民的アイデンティティ」川田順造・福井勝義編『民族とは何か』岩波書店，261-279ページ．

─────（2005）「アルゲーダスの亡霊」関雄二・木村秀雄編『歴史の山脈──日本人に
　　よるアンデス研究の回顧と展望』国立民族学博物館調査報告 55，国立民族学博物館，
　　41-46ページ.

宮地隆廣（2014）『解釈する民族運動──構成主義によるボリビアとエクアドルの比較分
　　析』東京大学出版会.

─────（2017）「ラテンアメリカの先住民運動──その歴史的展開と多様性」後藤政
　　子・山崎圭一編『ラテンアメリカはどこへ行く』グローバル・サウスはいま 5，ミネ
　　ルヴァ書房，74-94ページ.

─────（2020）「トランスナショナルな運動の成功と国際的規範の揺らぎ──ラテンア
　　メリカ先住民の事例」五十嵐誠一・酒井啓子編『ローカルと世界を結ぶ』グローバル
　　関係学 7，岩波書店，138-157ページ.

村上勇介（2004）『フジモリ時代のペルー──救世主を求める人々，制度化しない政治』
　　平凡社.

Albó, Xavier（2002）*Pueblos indios en la política*, La Paz: Centro de Investigación y
　　Promoción del Campesinado.

Banco Mundial（BM）（2016）*La consulta previa en el Perú: aprendizajes y desafíos*,
　　Washington, D.C.: BM.

Cadena, Marisol de la（2004）*Indígenas mestizas: raza y cultura en el Cusco*, Lima: Instituto
　　de Estudios Peruanos（IEP）.

Centro Amazónico de Antropología y Aplicación Práctica（CAAAP）（2017）*¿Cómo va la
　　aplicación de la consulta previa en el Perú?: avances y retos*, Lima: CAAAP.

Chuecas Cabrera, Adda, Ismael Vega Díaz y Leslie Villapolo Herrera（2012）*Los retos de
　　la implementación de la consulta: aportes para un diálogo intercultural entre el Estado y
　　los pueblos indígenas*, Lima: Centro Amazónico de Antropología y Aplicación Práctica.

Comisión de la Verdad y Reconciliación（CVR）（2003）*Informe final*, Lima: CVR（CD-
　　ROM）.

Colter, Julio（1978）*Clases, estado y nación en el Perú*, Lima: IEP.

Degregori, Carlos Iván（1993）"Identidad étnica, movimientos sociales y participación
　　política en el Perú", en Alberto Adrianzén, Jean Michel Blanquer, Ricardo Calla *et.al.*
　　Democracia, etnicidad y violencia política en los países andinos, Lima: IEP e Instituto
　　Francés de Estudios Andinos（IFEA）, pp. 113-133.

Degregori, Carlos Iván（1998）"Movimientos étnicos, democracia y nación en Perú y
　　Bolivia", en Claudia Dary ed. *La construcción de la nación y la representación ciudadana
　　en México, Guatemala, Perú, Ecuador y Bolivia*, Guatemala: Facultad Latinoamericana
　　de Ciencias Sociales, pp. 159-225.

Diez Hurtado, Alejandro（2014）*La consulta oficiosa y la consulta oficial: los casos de la
　　reserva Maijuna y del reglamento de la ley de consulta en el Perú*, Documento de trabajo
　　ICSO 2，Santiago: Instituto de Investigación en Ciencias Sociales de la Universidad
　　Diego Portales.

Doyle, Cathal M（2019）"Indigenous People's Experience of Resistance, Participation, and

Autonomy: Consultation and Free, Prior and Informed Consent in Peru", in Claire Wright and Alexandra Tomaselli eds. *The Prior Consultation of Indigenous Peoples in Latin America*, London: Routledge, pp. 58-74.

Flemmer, Riccarda (2019) "Prior Consultation as a Door Opener: Frontier Negotiations, Grassroots Contestation, and New Recognition Politics in Peru", in Claire Wright and Alexandra Tomaselli eds. *The Prior Consultation of Indigenous Peoples in Latin America*, London: Routledge, pp. 106-118.

Gamboa, César, y Sébastien Snoeck, eds. (2012) *Análisis crítico de la consulta previa en el Perú: informes sobre el proceso de reglamentación de la ley de consulta y del reglamento*, Lima: Grupo de trabajo sobre pueblos indígenas de la Coordinadora Nacional de Derechos Humanos.

García, María Elena (2005) *Making Indigenous Citizens: Identity, Development, and Multicultural Activism in Peru*, Stanford, California: Stanford University Press.

Gelles, Paul (2002) "Andean Culture, Indigenous Identity, and the State in Peru", in David Maybury-Lewis ed. *The Politics of Ethnicity: Indigenous Peoples in Latin American States*, Cambridge, Massachusetts: Harvard University Press, pp. 239-266.

Instituto Nacional de Estadística e Informática y Ministerio de Cultura (INEI) (2018) *La autoidentificación étnica: población indígena y afroperuana*, Lima: INEI.

Kania, Marta (2022) "Indigenity in the Debate: The Right to Prior Consultation in Peruvian Ethnopolitics", *Anuario latinoamericano: ciencias políticas y relaciones internacionales*, No. 13: 21-44.

Leyva, Ana (2018) *Consúltame de verdad: apóximación a un balance sobre consulta previa en el Perú en los sectores minero e hidrocaruburífero*, Lima: Oxfam y CooperAcción.

Matos Mar, José (1993) "Población y grupos étnicos de América, 1994", *América Indígena*, 53 (4): 155-234.

Millones, Luis (2000) "Hay un país sin indígenas entre Ecuador y Bolivia", en Marta Bulnes ed. *Conversaciones para la Convivencia*, Lima: GTZ.

Murakami, Yusuke (2011) "Why Are There No Ethnic Movements in Peru? : A Comparative Study", in Yusuke Murakami, Hiroyuki Yamamoto, and Hiromi Komori, eds. *Enduring States: in the Face of Challenges from Within and Without*, Frontiers of Area Studies, Kyoto: Kyoto University Press, pp. 180-200.

Organización Internacional de Trabajo (OIT) (2005) *Convenio No 169 sobre Pueblos Indígenas y Tribales en Países Independientes*, Lima: OIT Oficina Regional para América Latina y el Caribe.

Pajuelo Teves, Ramón (2006) *Participación política indígena en la sierra peruana: una apróximación desde las dinámicas nacionales y locales*, Lima: IEP.

Pajuelo Teves, Ramón (2007) *Reinventando comunidades imaginadas: movimientos indígenas, nación y procesos sociopolíticos en los países centroandinos*, Lima: IFEA e IEP.

Psacharopoulos, George, and Harry Anthony Patrinos, eds. (1994) *Indigenous People and*

Poverty in Latin America: An Empirical analysis, Washington, D.C.: The World Bank.

Remy, María Isabel（2013）*Historia de las comunidades indígenas y campesinas del Perú*, Documento de trabajo 202, Lima: IEP.

Rousseeau, Stéphanie, and Anahi Morales Hudon（2017）*Indigenous Women's Movements in Latin America: Gender and Ethnicity in Peru, Mexico, and Bolivia.*, New York: Palgrave Macmillan.

Salomón, Elizabeth, ed.（2012）*La consulta previa, libre e informada en el Perú: la inclusión del interés indígena en el mundo de los derechos humanos*, Lima: Instituto de Democracia y Derechos Humanos de la Pontificia Universidad Católica del Perú y Fundación Konrad Adenauer.

Sanborn, Cynthia A., Verónica Hurtado y Tania Ramírez（2016）*La consulta previa en el Perú: avances y retos*, Documento de investigación 6, Lima: Universidad del Pacífico.

Tanaka, Martín（2003）*La situación de la democracia en Bolivia, Chile y Ecuador: a inicios de siglo*, Lima: Comisión Andina de Juristas.

Vargas, Karina, ed.（2019）*La implementación del derecho a la consulta previa en el Perú: aportes para el análisis y la garantía de los derechos colectivos de los pueblos indígenas*, Lima: Cooperación Alemana.

Van Cott, Donna Lee（2005）*From Movements to Parties in Latin America: The Evolution of Ethnic Politics*, New York: Cambridge University Press.

Yashar, Deborah J.（1998）"Contesting Citizenship: Indigenous Movements and Democracy in Latin America", *Comparartive Politics*, 31（1）: 23-42.

Yashar, Deborah J.（2005）*Contesting Citizenship in Latin America: The Rise of Indigenous Movements and the Posliberal Challenge*, New York: Cambridge University Press.

Zúñiga Lossio, Mario, y Tami Okamoto（2019）*Sin derechos, no hay consulta: aproximación a las miradas indígenas sobre el proceso de consulta previa en el Lote 192 de la amazonía peruana*, Lima: Oxfam y CooperAcción.

第5章　ペルー南部アマゾン地域，マドレ・デ・ディオス州における違法金採掘問題と先住民社会の現在
──2010年代，事前協議枠組みの編成を見据えつつ──

村 川　　淳

は じ め に

　21世紀，南米大陸の周辺地域を生きる先住民たちは，依然として厳しい状況に置かれている．自然保護，あるいは開発の対象として塗分けが進展する中，近代法制度を後ろ盾とした国家エージェントあるいは多国籍企業が突如として立ち現れる．そのような歪な社会構造を是正する有効な手立ての一つに，国際労働機関（ILO）第169号条約があることに異論はなかろう．第14条は以下のように規定する．

　　当該民族が伝統的に占有する土地に対するこれらの者の所有権及び占有権は承認されなければならない．さらに，排他的に占有してはいないが，当該民族がその生業及び伝統的な活動のために伝統的に立ち入ってきた土地を利用する権利の保障を対象にした措置が適切な場合にとられなければならない．この点に関し，非定住民及び移動耕作住民の状態に特に注意が払われなければならない．[1]

　法的な庇護を持たぬ先住民の生の脆弱性を緩和すべく，土地権の保障に始点を定める同条約は，先住民の人権状況を考える上で，欠くことのできぬ礎となってきた．1989年の同条約を皮切りに，2007年には「先住民族の権利に関する国際連合宣言」が採択されたことは記憶に新しい．21世紀を迎え，先住民社会を擁護する国際的枠組みは着実な醸成を見せているようにも思われる．しかし，周辺地域社会における実態とはいかなるものか．本章においては，ペルー南部アマゾン地域，マドレ・デ・ディオス州アラサイレ共同体でのフィールドからの報告を試みたい（以下，マドレ・デ・ディオスを，引用箇所を含め MDD と略記

する）[2].

　アマゾン地域には，未だ「近代」と距離を置き，接触を拒んできた先住民たちが暮らしている（cf. 国分, 2018）．国土の大半が密林に覆われたペルーにあって，MDD 州は近年，とりわけ劇的な社会変容を経験した地域となった．その引き金は，ブラジルから同州を経て，ペルー南部太平洋岸へと至る大陸横断道路の開通（2011年頃）である．舗装工事によるアクセス改善に伴い，堰を切ったようにアンデス高地からの移民が流入する中，違法金採掘，それに付随する森林破壊，水銀汚染等が社会問題化してきた（CIDH, 2019）．「近代」という荒波に突如叩き込まれ，散り散りに消えつつある無数の先住民たちがいる．

　ならば，行政的に登記され，近代国家制度内に共同体としての法的位置を既に確保している先住民たちは幸運ということにでもなるのだろうか．アラサイレ共同体は，20世紀前半に始まるペルー近代国家による着実な包摂プロセスの中，先住民言語を喪失しながらも，土地とのつながりを明示し，1970年代後半には土地権を獲得した．法的庇護を得たのか，単に一定の領域内へと囲い込まれたのかの判断は各人に委ねられよう．本章においては，20世紀以降の地域史的展開を振り返りながら，先住民の権利擁護をめぐる今日の人権レジーム編成と現場との接点を捉え返してみたい．

1　本章の視角

1.1　米国を排除した地域統合推進の中で

　先住民の人権をめぐっては，国連機関のみならず，新大陸に独自な地域的枠組みが編成されてきたことをまずは確認しておきたい．その中心となったのは米州機構である．米州人権宣言（1948年），米州人権条約（1978年発効）の大枠の下，米州人権委員会，米州人権裁判所が編成され，2016年，そこには米州先住民宣言が加わることになった．

　しかし，21世紀の中南米においては超大国アメリカ合衆国の影響を排除した地域的連携が模索されてきたことも見逃せない．ラテンアメリカ・カリブ諸国連合（CELAC）がその典型であるが，本章の舞台となる南米大陸においても南米諸国連合（UNASUR）が2008年に正式発足している．ブラジルを中心とした南米統合に向けての動きは21世紀初頭から活発化してきたが，そこでの基軸に据えられたのが南米インフラ統合計画（IIRSA）なのであり（cf. 浦部, 2016），そ

れは後年には大陸横断道路として実を結ぶことになった.

無論,エネルギー統合,インフラ整備を出発点とする南米諸国連合は,先住民の人権をめぐる制度構築に関しては手薄である.同連合はその後,左派政権の退潮の中で,同連合は機能不全にも陥いることにもなった.しかし,中国の台頭に伴う国際秩序の再編,及び米国を排除した形での地域統合の模索は今日へと続く底流とも言える.21世紀初頭に遡り,その功罪を一事例地の人権状況から穿つ点に本章の意義はある.

1.2 事前協議枠組みの編成を周辺地域から読む

1994年にILO第169号条約を批准したペルーは,2011年には事前協議法(法29785号)を制定することになる.事前協議(Consulta previa)とは同条約第15条と関わるものであり,「国が鉱物又は地下の資源の所有権,もしくは土地に属するその他の資源についての権利を保有する場合には,政府は,これらの民族の土地に属する当該資源の探査もしくは開発のための計画に着手し又は認可する前に〔中略〕これらの民族と協議するための手続きを確立し維持しなければならない」というものである.

事前協議の国内法制化は国際的にみても前衛的であり,まさに画期と言える出来事であったが,そこに至るまでの経緯にこそ傾注しておく必要がある.21世紀に入り資源ブームに沸き立ったペルーにおいては,新自由主義的政策の下,無秩序な開発が進み,現地住民との間で苛烈な社会紛争が頻発した.2010年,ILOからペルーの事前協議実施体制の不十分さを指摘するコメントが出されたことを受け,漸く法制化が進んだわけである.本章においては,このような国際的力学の下における全国レベルでの再編と同時並行していた地域レベルでの展開を,MDD州の違法金採掘問題を中心に紐解いていくことになる.論を先取りすれば,採掘業者との対立に長年苛まれてきたアラサイレ共同体が,ペルー南部アマゾン地域に特異な文脈の中で,上記枠組みとは無縁な社会空間の中に留め置かれていく様を,本章は確認していくことになるだろう.

ラテンアメリカの法的伝統において,法的規定と現実との間に大きな乖離が常態化してきことは周知の通りであるが (e. g. 宮地, 2022),開発至上主義イデオロギーを温存したペルーにあって,事前協議法もその例外ではなかった.エネルギー鉱山省が,事前協議の実施を避けるため,本来対象となるべき先住民の存在を否認する等,意図的且つ体系的なメカニズムを錬成してきたことが指弾

されるなど（Guevara y Cabanillas, 2018），数年もすれば同法への失望感が広がった．そもそも，本章が扱う小規模零細金採掘に関しては，地方分権との兼ね合いも絡み，法的規定通りに事前協議が実施された試しもないという根本的な問題も伏在している．[3)]

　しかし，これを斜めから読むのなら，事前協議法が十全に施行されれば，先住民の抱える困難は解消されるということになるのだろうか．本章においては，このような問いを睨みながら，アマゾン周辺地域——すなわち，近代法制度拡張のフロンティア——からの見定めを図っていく．

　以下，2節で調査地の概要を説明した後，3節では，ペルー南部アマゾン先住民にあって比較的早くから「近代」との交渉を重ねてきたアラサイレ共同体の歩み，その事前協議枠組みとの接点を俎上に載せる．4節以降は金採掘に議論を絞り，5節では2000年代，6節では2010年代を中心とした検討を進める．ここでは，場当たり的な国家政策に都度呼応を見せてきた先住民の姿が確認されるとともに，先住民には統御不可能な武装空間，無法地帯が拡張してきた様が浮かび上がるだろう．

2　調査地及び調査の概要

2.1　マドレ・デ・ディオス州

　アマゾン地域においては，原則的に川筋を中心に生活世界が構成されてきた．クスコ方面を主たる源流域とするマヌ川，コロラド（カレネ）川が，プノ方面からのイナンバリ川と合流し，MDD川本流を構成し，それがさらにラス・ピエドラス川，タンボパタ川と合流する．その合流地点に，MDD州都プエルト・マルドナドは位置している（以下，PMとする）．その歴史は1894年，ゴム王フィッツカラルドの到着，及び20世紀初頭からのゴム・ブームに遡ることができ，プノ方面アンデスを越えタンボパタ川を下った日本人たちもそこに合流することになった（cf. 向, 1980）．1912年に漸く県として分離，独立した当地は，ペルー近代史においても記述の薄い新興入植地と言えよう．

　とりわけ19世紀後半以降，当州は有用資源探査，後年にはウェンナー・グレン財団（Fejos, 1941）等による人類学的調査の舞台にもなってきたが，先住民側からの捉え返しを図るなら，ドミニコ会士ら宣教師の働きかけが重要である．20世紀初頭クスコ州方面からMDD州に進出を図った同会は，1908年にはマヌ

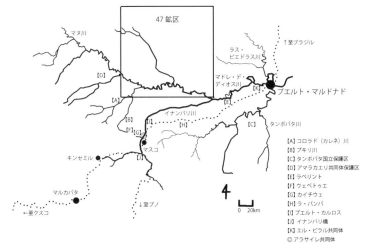

図 5 - 1　主要河川とアラサイレ共同体

注：点線は道路.
出所：筆者作成. 47鉱区の位置情報については，猪間（1992: 2 - 3 ）を参考にした.

川流域の諸民族を寄せ集めミッションを形成した．本章の議論との関わりにお
いては，1943年，PM から MDD 川本流を少々遡行したエル・ピラル（El Pi-
lar），及びイナンバリ川方面へ向かったカイチウェ（Caychihue）の拠点形成に
目を配っておきたい．1950年代後半には，コロラド川近辺は夏季言語研究所の
活動の舞台ともなった（Chavarría, 2020: 148-155, 372, 435）.
　このような外部アクター侵出の画期となったのが1960年代，クスコとの道路
接続である．1965年にはイナンバリ橋（図 5 - 1 ）も完成し，人流が加速した.
1970年代に石油開発ブームが巻き起こると，アマゾン地域はくまなく鉱区に細
分化されることになり，多国籍企業が進出して来る．本章の対象とするアラサ
イレ共同体付近には47鉱区が設定されるが，その開発を担ったのは日本の石油
コンソーシアム「アンデス石油」だったことは記憶に留め置かれても良いだろ
う.
　他方，1970年代は，1975年の森林野生動物法（法 D. L. 21147号）の公布をはじ
め，自然保護地域の制度化が進む時期でもあった．1960年代末，スタンダード
系石油会社 IPC が逸早く進出を図っていた一帯は，1973年にマヌ国立公園へ
と装いを新たにし（Moore, 1980: 453），1990年代に入ってからはバワハ・ソネネ

国立公園（1996年），タンボパタ国立保護区（2000年），アマラカエリ共同体保護区（2002年），アルト・プルス国立公園（2004年）が相次いで設立される．21世紀に入ってからの石油再開発ブームにおいても，上記自然保護地域は鉱区設定から除外されるに至った（また，そのために場合によっては領域縮小を余儀なくされた）ことにも，開発と環境保全での塗分けを基調とした近代国家による領有が現在進行形で展開する当地の地政学が垣間見られよう．

2.2　アラサイレ共同体

　アラサイレ共同体（海抜343メートル）は，大陸横断道路沿い，PMから162キロメートル地点，イナンバリ川に面したアラクブ系先住民の末裔22世帯からなる小集落である．さらにクスコ方面に向かったマスコ（タンボパタ郡イナンバリ行政区役場所在地）までは，日常の足としてのバイクで10分程度であり，日々の往来も頻繁である．マスコに家宅を持つ世帯もある．

　共同体の創始者とされるのはホセ・ティヘ氏で，その娘7人と配偶者が現在の共同体の中核を占めている（以下，長女から7女までを，順にA氏からG氏とし，その子息に関しては小文字で表記する）．2020年，ホセ氏の逝去を受け，現状において先住民言語を解する者は既にいない．

　行政的には，1976年10月に共同体登録が行われ，1977年7月に境界が画定されている（認定面積：683ヘクタール）．領域は，大陸横断道路側とイナンバリ川対岸に二分されるが，その大部分を占めるイナンバリ川対岸には居住実態はなく，時折漁撈狩猟活動が行われるのみである（後掲図5-2も参照）．大陸横断道路側ではユカ，バナナ，パパイヤ，パイナップル，柑橘類，カカオなどを中心とした農業が営まれている．電気は普及しているが，生活用水はポンプを用いた揚水，あるいはマスコへの給水要請となる．共同体内には小学校があるが，医療施設はない．

　今次調査は，2022年8月末から9月上旬にかけて，また2023年4月に行われた．共同体での滞在は総計約3週間となる．また，PMにおいてはマドレ・デ・ディオス川流域先住民連合（FENAMAD：アマゾン先住民の全国的な連合 AIDESEP の地方組織），地方農政局農地整理部等で文書資料収集を行うとともに，地方エネルギー鉱山局等で聞き取りを行った．本章に登場する調査協力者の概略を表5-1に示す．

表 5-1　調査協力者の概要

氏名	性別	生年	子息	学歴	備考
B氏	女性	1963年	8名	中等学校中退 （PM）	・FENAMAD の下部組織（COINBAMAD）代表経験あり. ・小雑貨店経営. ・PM 暮らしが長く，家宅も持つ. ・5年位前にアラサイレ共同体へ戻る. ・配偶者はエル・ピラル共同体出身で，子息は皆，同共同体あるいは PM で生活中.
c氏	女性	1986年	1名	専門学校卒 （クスコ）	・シングルマザー. ・カカオを栽培し，近隣のフェアトレード・チョコレート生産組合にも参与する.
D氏	女性	1967年	2名	専門学校卒 （中等学校はマスコからPMへ転校）	・専門学校教師（PM）. ・FENAMAD 執行部経験あり. ・女性権利団体にも携わる. ・別れた配偶者は日本に滞在中.
d氏	男性	1991年	未婚	中等学校卒 （PM）	・幼少期，母に連れられ様々な共同体をめぐる. ・国営電力会社への勤務経験あり. ・環境保護系 NGO"SPDA"と協働中.
F氏	女性	1982年	2名	専門学校卒 （PM）	・2022年度共同体執行部. ・マスコにも家宅を持つが，居住実態はない. ・現在も週1回，PM に通い教育関係の研修を受ける.

出所：筆者作成.

3　アラサイレ共同体の歩み

3.1　ホセ・ティヘ氏

　ホセ・ティヘ氏（1939-2020年）の一族はクスコ州アンデス東斜面マルカパタ近辺の出身だったが，氏は幼少期には既にマスコから少々上流ロロマヨ（Loromayo）へと至り着いており，3年程をマスコ近辺の中洲で過ごした[4]. 当地近辺で影響力を拡充していたドミニコ会士の勧めで，クスコの小学校に進年通った後，イナンバリ川に戻ったホセ氏は，マスコより下流域を転々としながら数年を過ごし，1950年代にはエル・ピラルのミッションで農作業を学ぶことになった（Chavarria, 2020: 489-493; cf. Pacuri y Moore, 1992: 9-10）[5]. 現アラサイレ共同体に居を定め，PM より下流のボリビア国境沿いのミッション（Lago Valencia）出身の配偶者と結婚したホセ氏は，1970年代には，先住民の国家統合を推進する軍事

政権の後押しのもと，共同体登録へと踏み切ることになる．1973年2月には81ヘクタールが，既に保留されていたものの（大臣決議（Resolución Ministerial）500-73-AG号），資源の不足を訴え，領域拡大を勝ちとることになった．この権利獲得は，1976年を端緒とするMDD州内の先住民登記プロセスにおいても，3番目に早いものとなる[6]．

　同プロセスに向け社会動員支援国立機構（SINAMOS）が用意した社会経済報告書は，世帯構成を含めた1970年代のアラサイレ共同体の状況を詳述した大変貴重な資料となっているが，まずもって目を引くのは，当時既に換金作物目的でのバナナ，パパイヤ，オレンジ栽培が行われていた点である．現在ではお目にかかれない米作も行われていたといい，バルバスコ，弓矢，釣針，網を用いた漁撈活動の釣果はマスコにも運ばれていた．

　交通手段としては共有モーターボートの外，私有カヌー2艘が記録されており，他所へのアクセスの項目には，マスコまで車で15分，PMまで6時間との記載もある（道路が整備された現在では2時間程である）．家屋は5軒と記録されているが，D氏によれば彼女の幼少期に川辺から道路側に住居を移転したという．未だ降雨によっても大きく左右される道路状態ではあったが，クスコからの道[7]路開通は，新たな流路を形成し，共同体を取り巻く状況に着実な変化をもたらそうとしていた．

　MDD州の先住民にあって，比較的早い段階で「近代」との接触を経験して来たホセ氏は1982年，アマゾン先住民連合体であるFENAMADの創設に携わり，先住民権利擁護の指導者としても知られるようになった．

3.2　1990年代以降，石油再開発の再来と事前協議

　1990年代，フジモリ政権下のアマゾン地域は再度，石油開発の波にさらされることになった．モービル石油等が進出した78鉱区内に，アラサイレ共同体は包含されることになるも，この際，事前協議が行われることがなかったことは言うまでもない．2000年代中頃，これを再編する形で76鉱区が設定され，そこに進出したハント石油がアマラカエリ共同体保護区の先住民と激しい軋轢を生み出したことは広く知られるところであるが（e. g. Pinedo, 2017），同鉱区はアラサイレ共同体をかすめるような形で設定されたため，聞き取りを試みても，共同体内における関心は薄かった．

　しかし，アラサイレ共同体成員が事前協議枠組みと全くの無縁であったわけ

でもない．石油開発計画をめぐる事前協議の会合に，B氏が参与することになった経緯には，アマゾン先住民に特殊な歴史的事情が関わっている．

　事前協議法成立を経た2010年代中頃，未だ潰えぬ石油開発への国家的野心の中，アラサイレ共同体より下流域，PM近辺には157鉱区，191鉱区等が設定された．父とエル・ピラル共同体とのつながりの中，そこで伴侶と出会い，同共同体の代表をも担う形になっていたB氏は，事前協議に招聘されることになった．当地に暮らす娘たちも事前協議に参与し，また，別文脈ではB氏はFE-NAMADの下部組織（COINBAMAD：マドレ・デ・ディオス下流域先住民評議会）の代表としても参加するなど，B氏世帯と事前協議との関わりは深い．2014年から2015年にかけて行われた事前協議プロセスは恙なく終了したが，資源ブームの終息の中，開発が進展することはなかった．

　このように，事前協議枠組みに知悉する先住民もいたが，それが生活の保障に寄与しているかは全くの別問題である．生活の実相に目を移してみよう．

4　金　採　掘

　デモ後の路上に燃えかすが散見される．2022年8月25日，筆者はPMを出発し，大陸横断道路沿いにマスコに向かっていた．軍施設，警察詰所等の焼き討ちが起き，死者も出たと知ったのは，調査地到着後の話だった．

　道路封鎖の舞台となったラ・パンパ（図5-1参照）は，PMから98キロメートルから127キロメートル地点に位置している．アマゾンの森林が途切れ，砂漠のような空間が広がる一帯だ．大陸横断道路から南側にあたる当地域は，タンボパタ国立保護区の管轄域（緩衝地区）に指定されているものの，2000年代後半になり違法金採掘が急拡大し，組織的人身売買を含むイリーガルな空間が形成されてきた．

　政府が統制に本格的な統制に乗り出すのは2010年代に入ってからのこととなる．ウマラ政権期（2011-2016年）以来，軍事摘発作戦が幾度となく繰り返されてきた．今日も続くMDD州の非常事態宣言の慢性化の根底にあるのが違法金採掘問題なのであり，全国の金生産量の半分以上を占める当州にあって（cf. Pachas, 2016: 86），アラサイレ共同体も無関係ではありえなかった．

4.1　マドレ・デ・ディオス州の鉱業略史

　アマゾン地域の金の存在は植民地時代から取り沙汰されてきており，16世紀には現プノ州アマゾン川上流域における採掘が進むも（Chavarría, 2020: 126-127），MDD 州における金採掘が本格化するのは1940年代を待ってのことだった．世界恐慌後の金価格の上昇の中，クスコ方面イナンバリ水系上流域キンセミルにおける金採掘が進行し（Garcia, 2003: 32），1940年代には，マスコに程近いカイチウェやプキリ水系ウェペトゥエ（Huepetuhe）にまで下ってきた[8]．1960年代にはさらに下流に位置する MDD 川本流ラベリント近辺での金発見，クスコ方面からの道路開通が重なり，ゴールド・ラッシュとなる．アンデス地域からの労働者流入が進み，ウェペトゥエより下流域に位置するプキリ（Puquiri）にも金採掘が拡大した（Pachas, 2008: 234, 247-248）．

　1970年代の世界経済の不安は，本格的な金採掘ブームの呼び水となる．そして，この頃，周辺地域における近代国家のプレゼンスが急速に拡大したことは先に触れた通りである．ベラスコ軍事政権下の1971年には，地下資源の国有化を明瞭に示した鉱業法が公布され（法 D. L. 18880号），MDD 州においては，鉱業銀行（Banco Minero）を梃子とした金採掘の振興，買付の国家独占体制が築かれることになった．その戦略的拠点が据えられたのは，ラベリント及びウェペトゥエとなるが，その近傍のマスコにおいても，人口は500人弱に達し，1972年から1981年のセンサス間で，全国屈指の伸び率を示した（Garcia, 2003: 32）．

　1991年，上記独占体制は，新自由主義を旗印とするフジモリ政権によって解体されたが，その後も2011年まで MDD 州の金生産量は上昇を続ける．その中心はウェペトゥエであり，プキリ川・コロラド川一帯は当州の全生産の実に72パーセントを占めるに至っている（Pachas, 2016: 86-88, 102）．当地に赴けば，丸裸となった丘，濁り切った水を目の当たりにすることになる．「機械ポンプで大規模に掘るような時代」（渕上, 1992: 47）の産物である．

　2000年代の金価格の高騰，大陸横断道路の舗装化を直接的な契機とした今日のラ・パンパの勃興はこのような地域史的文脈を経たものなのであり，旧来からの採掘中心地ウェペトゥエ，カイチウェの程近くに位置したアラサイレ共同体は，新興ラ・パンパとの間に挟まれる立地状況となった．

4.2　アラサイレ共同体と金採掘

　1973年，アンデス石油の猪間明俊は「将来鉱区内での探鉱が本格的に始まっ

た時に，ことによると資材搬入の中継地になるかも知れない」（猪間, 1992: 163）
との観測から，アラサイレ共同体近傍，イナンバリ川を少々下った地点の視察
を行っている．

> プエルト・カルロス付近のイナンバリ川は，〔中略〕網目状にゆったりと
> 流れている．ただし，イナンバリ川の方が段丘の発達が顕著で，そこかし
> こに二，三十メートルの崖が発達している．そうした段丘の上に一軒，二
> 軒と，時には数十軒の家が建っている．〔中略〕この熱帯ジャングルでは
> 植物の成長も早いのだろうし，そこに棲息する動物も多いに違いないから，
> 欲を言わなければ生活はできるのであろう．多少とも欲のある者が砂金採
> りなどしているのかも知れない．段丘の上にもそうした砂金採りが働いて
> いるのを時々見ることができた．（猪間, 1992: 164-165）

　金採掘はアラサイレ先住民の生活の一部でもあった．B氏はその幼少期（す
なわち1970年代），父ホセ氏とイナンバリ川沿いにおける金採掘に同行した思い
出を語る．年の離れた妹F氏にあっても同様である．1990年代に入っても，川
辺で手押し車，バケツを用い土砂を集め，それを洗い砂金を集めるといった
細々としたものであり，蚊の大群に悩まされ，日没まで付き合わされたという
記憶は，弓矢を巧み操り，大魚をしとめる往時の父に重ねられる[9]．
　しかし，先住民と金採掘との接点は，牧歌的なものだけではなかった．ベラ
スコ政権下において，国家の直轄地に指定され，他所者の侵入に制約が設けら
れてきたアラクブ先住民の生活世界（コロラド水系，イナンバリ水系付近）は，モ
ラレス政権（1975-1980年）の発足を契機として，着実に変容を強いられるよう
になる．1978年5月9日，アマゾン先住民共同体基本法を刷新し（法 D. L. 22175
号），開発優先の姿勢を明確化したこの軍事政権は，同日には金採掘振興法（法
D. L. 22178号）を公布し，採掘権認可への道を切り拓いた（Pacuri y Moore, 1992: 11,
13, 19）．PM には，それを統括する地方エネルギー鉱山局も設置される（Moore,
1980: 455）．たとえ共同体の領域が画定されていたとしても，地下に眠る鉱物資
源の帰属とは無関係なのであり，当局からの認可を得さえすれば部外者も採掘
は可能である（cf. 山内, 2010: 201）．採掘業者が，地下資源利用に伴う地表面への
被害の代償として，地上権を保有する共同体に何をもたらすかは，各個の交渉
次第となる（図5-2も参照）．
　1980年代の金価格の高騰の中，1985年，アラサイレ共同体は，自領域内に勝

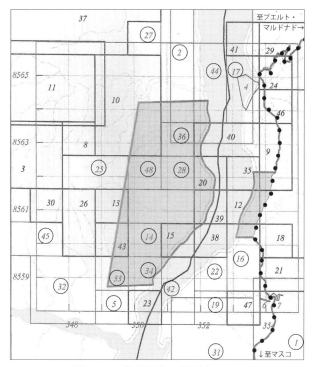

図 5 - 2　共同体内の鉱区（2023年）

注：点線は大陸横断道路．図中央の大きな網掛がイナンバリ川対岸のアラサイ
　　レ共同体領域，その右側の網掛が大陸横断道路側の領域となる．数字は鉱区
　　で，○囲いのものは未だ失効していない．
出所：INGEMMET の PM 支部で入手した地図に一部修正を加えた．同様の地
　　図は GEOCATMIN のホームページでも閲覧できる．

手に設定された鉱区に関する採掘申請に対する異議申し立て（Recurso de oposi-
ción）を行うに至る．1990年代にまでずれ込む法的係争においては，採掘業者
を庇護する行政の姿を目の当たりにすることになった．新自由主義体制への転
換期にあたる1990年代初頭には既に，10社弱がアラサイレ領内と抵触する形で
採掘申請を行う形となった（Pacuri y Moore, 1992: 30-32）．

　そして，問題なのは，このような法的枠組みから逸脱した侵入者が，当地に
は跋扈してきたことである．アラサイレは，ただですら人口の少ない先住民共
同体だ．先住民言語による河川名が刻み込まれているものの，現状居住実態の
ないイナンバリ川対岸の管理は事実上，不可能である．そのような空間におい

ては自ずと，行政的手続きを踏んだ正規業者，その枠組みにすら従わない違法採掘者との境界は不明瞭となり，先住民たちが銃器を用いた脅迫を受けることもしばしばだった（cf. Pacuri y Moore, 1992: 30）．

近代法制度拡張のフロンティアとは，未だ近代法が絶対的な参照軸としては機能せず，法的規定と現実に不断のゆらぎが生じる——そして（暴）力を背面に忍ばせた異質な論理のせめぎあいの中，領有がなしくずし的に進展する——波打ち際に他ならない．法的位相のみで把握する一面性を意識しながら，以下，暴力あるいは実力行使との緊張関係の中で，行政，採掘者，共同体内の動きを確認していく．

5 2000年代——迷走する法制度と先住民の呼応——

5.1 先住民の領域防衛——法と実力行使——

先住民の領域防衛のための一つの方法は，近代法の援用，すなわち領域内に設定された鉱区の権利を自ら取得することである．採掘申請をめぐる行政手続き，及びその維持費用は先住民からすれば高額であったが，1988年には，FE-MANAD の力添えを得て，1区画が確保された（Pacuri y Moore, 1992: 15, 43-44; cf. Chavarría 2020: 155）．

しかし，それでも不法侵入は妨げ得ない．自警団による侵入者たちへの実力行使が行われてきたこともアラサイレ共同体の一つの特色となる（Pacuri y Moore, 1992: 42）．現在も，共同体において，とみに語られるのは2001年の韓国企業の放逐である．

この企業は，正規な手続きを踏み採掘権を取得したものであったが，柵を用い，共同体成員の対岸への立ち入りを制限し，漁撈狩猟活動等を妨害するなど，敵対的な関係に入った．アラサイレ共同体は，10以上の他共同体からの援軍を得て，追い出しに成功する（cf. CNA, 2014: 14）．同じく，金採掘業者との対立を深刻化させてきたコロラド川近辺の先住民たちが，FENAMAD の後ろ盾の下，アマラカエリ共同体保護区の正式発足へと漕ぎつけ，法的地位を確立させたのと並行的な展開だった（cf. Mosquera, 2009: 96-98）．

5.2 法——トップダウン的統制——

金採掘をめぐる対立が社会問題化する中，ペルー政府は漸く重い腰をあげる．

2001年12月には５つの地域を設定の上（アラサイレ共同体は第２地区に包含），2002年末まで当該地域内における鉱区認可を停止する旨宣言する（大統領令056-2001-EM 号[10]）．この認可停止は2002年12月，2003年12月と反復され，2004年４月末まで延長されることになる（同052-2002-EM 号，046-2003-EM 号）．

　2004年７月初旬には，認可停止地域であっても，問題なくやってきたものについては優先権を付与する方向性が打ち出されるも（cf. 法 28315号），同月末には上記５地域を細分化の上，８地域が再設定され，そこでの認可停止が再宣告された（大統領令 028-2004-EM 号）．上記認可停止地域は MDD 川流域の法的に登記された先住民共同体に相当しており（後掲図 5 - 3 も参照），アラサイレ共同体は第３地区としての指定となった．

　近代国家の介入，トップダウン的統制はもちろん反発も生む．例えば，エル・ピラル共同体では，宣教師主導で開始された金採掘は，先住民の「近代」との交渉，その経過の中で構築されてきた先住民の文化を体現するものともなっていた（Merediz, 2021: 117）．一口に共同体といっても金採掘に関する見方が一様でなかったことは言うまでもない．

5.3　場当たり的な政策と共同体の分断

　認可停止地域においても，数年もすれば規制緩和の動きが生まれてくる．2008年２月には認可停止地域は３つにまで縮小され，アラサイレ共同体はその枠組みから外されることになった（大臣決議 078-2008-MEM/DM 号）．その結果，アラサイレ共同体の領域すべて（100％）が32の鉱区へと分割設定され，それに続くボカ・デル・イナンバリ（77％），サン・ハシント（75％），エル・ピラル（74％）——いずれも PM 近郊の先住民共同体——を大きく引き離した状態となる（Mosquera, 2009: 100）．アラサイレ共同体は，MDD 州内の他先住民共同体との比較においても，採掘業者との直接的交渉を余儀なくされたものだった．

　ただし，この変化を前にした，共同体成員が全くの受け身を保ったわけではない．2007年３月，局長決議（Resolucion directoral）063-2007-MEM/DGM 号は，上記８地域内の登録採掘者に対して優先権を付与すべく，188名のリストを公表したが，そこにはホセ氏，A氏・B氏夫妻，E 氏が名を連ねている．2008年２月には早速，採掘権取得へ向けた支払いが行われた[11]．

　採掘権取得の当事者であるB氏は，その動機を侵入者からの領域防衛の文脈で説明するが，周囲の解釈は少々異なったものでもある．2000年代に入り，金

価格は上昇を続け，2008年，そこにリーマンショックが覆いかぶさってきたことを念頭に置きつつ，D氏の語りに耳を傾けてみよう．

> B氏は，FENAMADからのすすめもあり，領域防衛のため採掘権取得を進めました．しかし，自らの利益のためにまた貸しを始め，よそ者たちが重機を中洲に持ち込んだのです．対岸の丘や，こちら側にまで持ち込んだことはありませんでした．B氏らの採掘権取得には共同体内での反対もありましたが，催事にプレゼントを贈るなどして丸く収めていましたね．自分には教師という職があり，週末に共同体を訪れているだけの身なので，追及は避けました．

B氏は，このような説明を真っ向から否定する．中国企業が浚渫装置を一旦持ち込んだことは認めるものの，うまく機能しなかったため，即座に撤収したとの言い分である．事の真相はさておくとしても2008年の採掘権取得の動きが，共同体内の既存の亀裂を深めることになったことに疑いはない．

事の中心となるのは，ホセ・ティヘ氏の腹違いの妹X氏（1962年生まれ）である．2000年代初頭，共同体の代表を務めていたX氏は上記韓国企業を引き入れ，見返りに便宜供与を受けたとして（宿舎や倉庫の私物化等），周りから指弾を受けることになった．以降，共同体の会合からも距離を置き，ホセ氏の実兄や自身の家族を中心に別グループを組織してきた彼女は，B氏らの採掘権取得を目の当たりにし，反攻に打って出る．X氏らは異議申し立てを鉱業管轄機関（地質鉱業冶金研究所：INGEMMET）に行うのみならず，国会議員，地方行政有力者へと矢継ぎ早に陳情書を送りつける．2008年4月4日付の書状（Carta N° 016-2008-CONAP/P/OBS）には以下のようにある．

> ただ1家族（ホセ・ティヘ，及びその子息，婚入者，孫）のみが共同体評議会を牛耳っており，大型機械，ブルドーザー，ショベルカー，運搬車を用いた金採掘を行うべく共同体領域へ侵入できるよう，共同体の名において招聘者（コロノ）と商議を行っているため，対立が深刻化し，共同体の領域における環境への深刻な悪影響が生じている．写真と動画を添付する．（第4項）

ただし，FENAMAD事務所内図書室の書類の山に埋もれた記録からは，同時期に彼女が他所者からブルドーザーの借り受け契約書を作成していたことも

うかがえる（同年6月25日付）．領域内に眠る（と見られる）鉱物資源，その帰属は，開発推進，生活環境保全をめぐる各人の思惑，そして時々の時局に対応した変節の中，共同体を揺るがす事案へと発展していた．

　環境省，地方エネルギー鉱山局を巻き込み，同年4月には調停の機会がもうけられたが，それが不首尾に終わると11月，X氏らは農業組織（Asociación Agrícola）の設立を宣言し，共同体からの行政的分離を試みる．同月には，E氏に対する刑事告発（生態，自然資源，環境への罪）へと踏み切り，インターネット・メディアへの露出も進んだ．MDD州内における認可が2010年末まで停止されるとの決定が下されたのは，その矢先の2009年3月のことだった（大統領令019-2009-EM号）．

　現在も，共同体主流派との溝は依然深く，X氏らはすぐ近傍で生活しながらも，一切の交信を断った状態が続いている．c氏は，この禍根の根底には幼少期からの感情のもつれも絡んでいると言い，若い世代では距離は縮まっているんだけれどね，と付け加えた．

　金採掘の荒波が押し寄せる中，法的位相において近代国家へと呼応してきた先住民たちは結果的として，内紛状態へと至り着くことになった．

6　2010年代——事前協議枠組みの編成の裏模様——

　2010年代はまさに事前協議の時代であった．2010年3月，ILOからのコメントを受け，同年5月には事前協議法が可決されるも，時のガルシア政権は抵抗を見せ，修正を要求する．翌年中頃，MDD州に隣接するプノ州アンデス地域においては反鉱山運動が吹き荒れた（アイマラソ）．ウマラ政権への交代を経た2011年9月，漸く事前協議法が公布されたことは先に見た通りであり，2012年4月には細則も規定された．2018年には，ILOの条約勧告適用専門家委員会によって事前協議実施の不十分性が指摘されるに至ることも踏まえつつ以下，MDD州における並行的展開を紐解いてみよう．鍵となるのは法とは別位相にある暴力の横溢である．

6.1　軍事化

　ガルシア政権下の2010年2月，MDD州の金採掘を秩序立てることを目的に緊急令（Decreto de Urgencia）012-2010号が公布される．当法は，浚渫装置の一

切の使用を禁止し、海軍による接収を可能にする一方（第8条）、金採掘をめぐ
るゾーニングを試みた。森林資源の保全に向けた採掘禁止地域と、採掘可能地
域が明瞭に区分され、後者ではフォーマル化、すなわち採掘者の国家制度への
組み込みが目指される。バッファーゾーンを含む自然保護地域が、採掘禁止地
域に組み入れられることになったことは言うまでもない。これまで認可停止を
はじめとする散発的且つ事後的対応に終始してきた行政が、環境保全と金採掘
の棲み分けを意識した広域的な計画策定に本腰を入れることになった。この経
緯の中、アラサイレ共同体は、鉱回廊（Corredor Minero）と呼ばれる金採掘可
能地域の中にすっぽりと収められることになった（図5-3）。

ガルシア政権末期、2011年2月の緊急令007-2011号においては、浚渫装置
の破壊も容認されることになり、ウマラ政権樹立後は、全国レベルにおいても、
警察、軍の介入を前提とした違法採掘摘発に関する法整備が進んだ（委任立法
1100号、2012年2月）。同法が、MDD州に関する法的規定に多くの紙幅を割く形
になっていることは当州の国内的な位置づけを反映しており興味深いが、ここ
では、採掘可能地域が小規模零細採掘地域と呼びかえられた上で（補則第3条）、
上記ゾーニングがほぼそのまま踏襲されていることをまず確認しておきたい。
小規模零細採掘について、同法第5条は、ブルドーザーをはじめとした重機の
使用も禁止する旨規定しているため、鉱回廊では少なくとも法的には重機のな

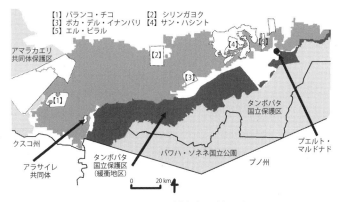

図5-3　MDD州南部と鉱回廊

注：図中央の大きな濃色部が鉱回廊、点線内が法的に登記された先住民共同体の領域
　　にあたり、後者には「生態経済ゾーニングによる、鉱業的潜在力のあるアマゾン共
　　同体」との注釈がある。
出所：緊急令012-2010号を参考に筆者作成。

い状態のみが許容されることになった[12]．違法採掘への徹底的な取締り（暴力）とフォーマル化（懐柔）を両翼とする近代国家制度への組み込みである[13]．

　このような，法的枠組みを後ろ盾に，2010年代には，違法採掘に対する断続的な取締りが進められた．ウマラ政権発足後の「Aurum I 作戦」（2011年）を皮切りに「Aurum II 作戦」（2013年）が展開され，（上記採掘禁止地域内の）ラ・パンパには軍事拠点も設置された．マネーロンダリグとのつながりも取り沙汰される違法採掘者との衝突は苛烈を極め，緊急令 012-2010号の公布以降，頻発していた違法採掘者による大規模抗議行動は，ウマラ政権成立以降にも継続，反復されることになった（cf. 岨中, 2014: 563-564）．2016年 1 月，水俣水銀条約が批准されたことを受け（2013年10月署名），3 月には水銀汚染にかかる非常事態宣言（大統領令 034-2016-PCM 号）が MDD 州に発出された．

　クチンスキ政権（2016-2018年）へと交代した後の2017年 7 月にも，大規模な取締り作戦は進み，ビスカラ政権（2018-2020年）も，新型コロナウイルスによるパンデミック以前には「Mercurio 2019 作戦」に着手していた．2018年 1 月には，当地の人権状況を憂慮するフランシスコ・ローマ教皇が来訪していることにも，事態の深刻さがうかがえよう．

　2010年代とは，MDD 州における軍のプレゼンスが急増した時期に他ならなかった．

6.2　アラサイレ共同体内の展開

（1）鉱区の法的位置づけ

　このような地域情勢下におけるアラサイレ共同体の状況を見ていこう．まずもって確認しておかねばならないのは，鉱回廊の只中に留め置かれることになったアラサイレ共同体ではあったが，無防備なまま金採掘の猛威に曝されたわけではなかったという点である．

　鉱回廊を定立した緊急令 012-2010号の公布（2010年 2 月）を経て，同年12月初頭には，採掘可能地域においては2011年始から認可が開始される旨周知が行われるも（大統領令 066-2010-EM 号），同月末には，一定の留保が設けられたことがポイントとなる（大統領令 071-2010-EM 号）．その一つは，大統領令 028-2004-EM 号で設定された 8 つの認可停止地区の内，2 つの共同体（バランコ・チコ共同体及びシリンガヨク共同体）における認可停止の継続——換言すれば，アラサイレ共同体は認可停止の対象とはならない旨——を確認するというもの

であったが（第1条）, 注目すべきは, もう一つの条項, 既に権利が失効した鉱区に関しては認可を行わないとの規定である（第2条）. 一度採掘権を取得した鉱区に関しては, 年々費用を納入し所定の手続きを継続すれば権利が留保されるが, 手続きを怠り, 失効した場合は再度の認可を行わないとの指針は, その後の政権交代においても引き継がれ（大統領令 025-2016-EM 号, 補則第3条）, 現在に至っている.

前述したように, 2000年代末, アラサイレ共同体の領域は, すべて鉱区として設定されていたため, 更新手続きを行わない採掘業者は順次排除されることになった. 操業を継続しているものについて即座に排除はしないものの, ひとたび失効した区画に関しては, 参入不可能となったわけである. また, ウマラ政権下の2012年2月末には違法採掘に関する罰則が刑法規定に組み込まれ（委任立法 1102号）, そこでは, 自然保護地域と並び（アンデス, アマゾンを問わず）先住民共同体内における違法採掘が厳罰化される旨規定された. かくして, 部外者による新たな認可取得という脅威から解放されることになったアラサイレ共同体は, 事前協議枠組みからも無縁な強固なブロック内に留め置かれることになる.

FENAMAD は, 委任立法1100号に始まる一連のウマラ政権の施策を, これまで採掘を進めてきたアマゾン先住民の実情を踏まえたものではなく, 同大統領との早急な面談を求める等反発を行っているが（e. g. PM 護民官宛書簡 192-2012-FENAMAD 号）, アラサイレ共同体において, 「開発の権利」を前面に押し出し, その一方的剥奪を批判するといった語りを耳にすることはない. 2008年頃, 共同体成員自身によって取得された採掘権も, 2014年から2017年にかけて軒並み失効し, A氏が共同出資したものが残るのみである. B氏も, 採掘への未練を語ることはない. それには以下の事情が深く関わっている.

(2) イナンバリ川対岸の実情——無法地帯の拡大——

共同体の領域の大半を占めるも, 居住実態のないイナンバリ川対岸の管理が至難を極めることは先に述べた. 大陸横断道路の側から, 対岸の丘をのぞむだけではうかがいようもないが, これまでの金採掘の結果, 密林の中には森林消失地が点在していることが航空写真などからは簡単に見て取れる. のみならず, アラサイレ共同体の領域を通過し, 他の採掘地へと抜けるための密林内の車道すらもが延びている. 領域管理を怠ればすぐさま有象無象が入り込み, 森林の

荒廃が一層進んでしまう危険水域にあって，アラサイレ共同体は数人の監視員をおよそ数週間交代で対岸に送り込んでいる．違法採掘者が領域内に留まらないように圧力をかけるとともに，通過者からは通行料として少額を徴収する．

　しかし，この任務は多大な危険を伴うものでもある．2年程前，配偶者を含め3名で担当にあたったF氏の経験にそれは集約されている．

　　対岸には通過者に売るための炭酸飲料なども持って行っていました．キャンプを張り，ろうそくで過ごします．20時頃だったでしょうか．目出し帽をし，銃器を携えた10人以上の集団が現れたのです．写真を撮られ，これから行う採掘者への襲撃を誰にも言及するなと言われました．〔目隠しの上，現場に同行させられ〕8つ位のキャンプが襲われていたと思います．解放されたのは日が回ってからのことです．

　採掘者がかき集めた砂金を狙った強盗が当地では多発している．大陸横断道路側でもそれは同様だが，対岸では，有事にあっても公権力の介入すら困難である．c氏の場合，近辺で行われた軍事摘発の煽りを受けて，違法採掘者たちが流れ込んできたため，任務を断念し撤収したともいう．

　トレド元大統領の汚職逮捕にも帰着する大陸横断道路当区間の開通に伴い，家の扉は頑丈になり，施錠が欠かせなくなったとの語りは共同体に広く膾炙したものである．軍事摘発を前にデモ活動を激化させるラ・パンパの人々に対するまなざしも冷ややかである．アンデスの貧民が生き延びるためにやむなくやって来たのでは，と向けてみても，これまで十分に猶予は与えられてきた．プノ，クスコの人，そしてベネズエラ移民のせいで治安が悪化したと，F氏ははねつける．

　金採掘をめぐる正式な行政手続きを踏んでいるのか否か，などといった位相とは異なる武装空間が広がりを見せている．

6.3　共同体の行方

　行政手続きを踏んだ合法的金採掘への道が閉ざされた現状のアラサイレ共同体における，今後の展望とはいかなるものなのか．パパイヤ，パイナップル，柑橘類をはじめとする換金作物栽培がその基礎にあるのは言うまでもない．カカオ栽培に希望を見出すc氏，F氏らは近隣のフェアトレード・チョコレート協同組合にも参与する．共同体内の人口圧上昇に伴い，大陸横断道路側におけ

る土地的制約は高まってはいるものの，対岸に渡るためにはボートの確保から始めなければならず，学童の送り迎えなども踏まえれば，現実的なオプションとしては想定できないとのことである．

　筆者の滞在期間の2022年8月末には，PMから行政関係者が来訪の上，観光開発に向けたワークショップが開かれた[14]．D氏らに同行しイナンバリ川対岸を訪れた際には，違法金採掘者が放棄した跡地に観光ロッジを建設する計画を詳らかに説明してくれた．観光の目玉と目されるのは密林に眠る大滝である．

　他方，今日のアラサイレ共同体において貴重な収入源になっているのはパコ（Piaractus brachypomus）の養殖である．カトリック系国際慈善団体カリタスの支援を受けて，2010年代中頃から拡大し，現在では大陸横断道路側の土地に10を超える養殖池が存在している．一辺50メートルを越え，渇水対策で酸素吸入装置を備えているものもある．開発社会包摂省の社会開発協力基金（FONCO-DES）からの援助の下，燻製にして付加価値をつけるなどの試みも進められている．

　パコは食卓にも上るが，別種の魚を求め，漁撈活動に繰り出すこともある．筆者が2023年4月に調査に訪れた際には，イナンバリ川本流で釣糸を垂らすことになった．カイチウェからの汚水も流れ込むイナンバリ川本流の水は濁り切っていたが，標的とする魚種ボカチコ（Prochilodus nigricans）は肉食ではないので，水銀汚染などの心配はないとのd氏の説明だった．

おわりに

　本章においては，歴史的視座を確保しながら，MDD州内の先住民にあっていち早く近代法制度との折衝を重ねてきたアラサイレ共同体の歩みを確認してきた．2010年代に入り編成された事前協議枠組みは国政レベルで見れば画期的ともみなし得るものであったが，周辺地域の現場における検討からは，石油開発の文脈における接点が確認されるも，生活上の懸案となっている金採掘問題とは無縁な位置関係にあったことが明らかになった．違法金採掘問題をめぐる行政の場当たりな対応に振り回され，深刻な内紛も経験したアラサイレ共同体ではあったが，現状ではいったん，自領域内での新規認可が一切停止された状態で落ち着きを見せている．

　しかし，この状態を楽観的に捉えるのであれば，拙速との誹りを免れない．

2010年代に行われたゾーニングによってアラサイレ共同体は採掘可能地域に囲い込まれたことは先に見た通りである．鉱回廊における採掘が容認される限り，イナンバリ川の濁りが薄まることはない．万が一，事前協議枠組みが具現化されたとしても，水銀汚染をはじめとする金採掘をめぐる環境的荒廃の解決策になるわけではないという点は十分に意識されても良いだろう．近代国家との交渉の隘路がここに確認し得る．

　そして，道路建設を契機とした移民の大量流入の中，法的規定とは全くの別位相において，無法地帯が広がり続けている現実を正視する必要がある．それは，共同体の付近のみならず，自領域内をも蝕み続ける展開でもある．近代国家との交渉の中，土地権の取得に踏み切った先住民たちが，自領域内に養殖池を築き，その生を構想するよりなくなり，それすらもが覚束なくなっている現状に何を思うか．イナンバリ川の川筋を，自由に闊歩したホセ氏の往時を思い起こせば，そこには隔世の感を抱かざるを得ない．土地不足に直面するアラサイレ共同体は現在，領域の拡張を目指し，行政への働きかけを行っているが，これが上記困難を解決し得るものでないことは，当人たちも自覚するところである．

　かくして，日本からの働きかけもその一端を担った20世紀以降のペルー南部アマゾン地域の変容が，まさに不可逆的なものであったと思い至る．2000年代初頭，南米統合という地域的潮流の中，近代国家ペルーが大陸横断道路建設に踏み切った局面に再度立ち戻って考えることが最低限必要だ．人々の生を開発の荒波に叩き込む道路舗装化の暗面への深慮がそこにはあったか．これまで繰り返されてきた新大陸における遭遇の歴史への反省的思考なしに，事前協議枠組みに解法を求める気には到底なれないというのが，偽らざるところである．

　今なお無秩序な延伸を続ける密林の小道の陰影は深い．

注
1 ）訳文は，トメイ・スウェプストン（2002）による．以下同様．
2 ）地方分権化の推進を目的とした2002年の一連の法改正において，県（departamento）から州（región）への読みかえが進んだことは周知の通りである．本章においては，他章との一貫性，及び読者の通読の簡便性を鑑み，法改正以前の状況を含めすべて「州」との表現で統一を図る．
3 ）2002年の州政府基本法（法 27867号）はその第59条で，小規模零細採掘の振興，監督は地方管轄である旨定めている．MDD 州においては2015年から2018年，及び現状にお

いて強硬な採掘推進派オオツカ知事が施政を担っている点にも留意しておきたい.

4）渕上（1995: 36）によると「『マスコ』には，入植当時，PM よりはるかに多くの日本人が集中していた」といい，都市名も日本人の姓から拝借されたものである．第二次世界大戦時には，日本人との接触があった旨，ホセ氏は回想している（Chavarría, 2020: 490）.

5）1959年頃のエル・ピラルの状況に関しては，佐藤（1967）が参考になる.

6）共同体の土地権認定は，1970年代に4件，1980年代に9件，1990年代に9件，2000年代に入って6件となる（Chavarría, 2020: 444）.

7）例えば，猪間（1992: 161）は，1970年代前半の道路状況に関し「我々がここ〔＝イナンバリ橋付近〕に着いた時には PM から今着いたというトラックの運転手が，約二百キロしかないその道を走って来るのに一週間もかかったと言っていたから，その後大した雨は降っていないけれど，一日で PM まで行けるかどうか疑わしい，途中で野宿を覚悟した方がいいと伝えた」との説明を行っている.

8）ウェンナー・グレン財団調査団の Fejos（1941: 228-229）もその報告の紙幅を金に割いている.

9）前出，1970年代に SINAMOS が作成した社会経済報告書においても，採掘に関しては「イナンバリの河岸及びバエンケグア渓谷に砂金・金箔がある」と簡単に触れられるのみである.

10）2002年1月には，全国レベルで小規模零細採掘フォーマル化・振興法（法27651号）が公布され，そこでは自然保護地域及び先住民共同体領域における対立の評価・解決に向けた協議委員会の発足も規定されている（最終移行規定第4条）.

11）各人の採掘権取得状況に関しては，GEOCATMIN のホームページを参照のこと.

12）この措置は，フォーマル化プロセスの再定式化を目指す委任立法1336号（2017年1月）により解除されるまで，継続される.

13）翌3月に公布された大統領令 006-2012-EM 号では，採掘が禁止された地域で展開されている違法採掘と，採掘が可能な地域で展開されてはいるものの未だフォーマル化の手続きを終えていないインフォーマル採掘との対比が明瞭化された.

14）近年では MDD 川流域においてもコカ栽培の拡大が懸念されており，その拡大阻止を目指す国家プロジェクト（DEVIDA）のエージェントも参加していた.

参考文献

猪間明俊（1992）『アンデス越えて——アマゾン源流地質調査余録』自費出版.

浦部浩之（2016）「2015年ラテンアメリカ政治の動向と地域統合の展望 UNASUR と CELAC の現状と課題」（『マテシス・ウニウェルサリス』18巻1号），39-66頁.

国分拓（2018）『ノモレ』新潮社.

佐藤信行（1967）『未開と文明の交点——南米諸族の人類学覚え書』日本放送出版協会.

岨中真洋（2014）「ペルーの鉱業の現状」（『金属資源レポート』43巻6号），555-565頁.

トメイ，マヌエラ・スウェプストン，リー（2002）『先住民族の権利——ILO 第169号条約の手引き』苑原俊明・青西靖夫・狐崎知己訳，論創社.

渕上英二（1995）『日系人証明——南米移民，日本への出稼ぎの構図』新評論.

宮地隆廣（2022）「ラテンアメリカ――法はなぜ執行されないことがあるのか」（小坂田裕子他編『考えてみよう――先住民族と法』信山社），109-119頁.

向一陽（1980）『アンデスを越えた日本人――聖母の川を下る』中央公論社.

山内英生（2010）「ペルー共和国の投資環境調査」（『金属資源レポート』40巻 2 号），199-209頁.

Chavarría, María, Klaus Rummenhöller y Thomas Moore（eds.）（2020）*Madre de Dios: Refugio de pueblos originarios*（Lima: USAID）.

CIDH（Comisión Interamericana de Derechos Humanos）（2019）*Situación de los derechos humanos de los pueblos indígenas y tribales de la Panamazonia*（n.d.: CIDH）.

CNA（Comunidad Nativa Arazaire）（2014）*Plan de vida: 2013-2020*（Lima: USAID, Catholic Relief Services, Comisión Especial de Acción Social）.

Fejos, Paul（1941）"La región del río Colorado," *Boletín de la sociedad geográfica de Lima*, 58（3）, pp. 221-242.

García, Alfredo（2003）"Madre de Dios: Proceso de ocupación humana y configuración del espacio regional," en Beatriz Huertas y Alfredo García（eds.）*Los pueblos indígenas de Madre de Dios: Historia, etnografía y coyuntura*（Lima: FENAMAD, IWGIA）, pp. 18-35.

Guevara, Armando y Cabanillas, Carla（2018）"La consulta previa en el sector minero: Del reconocimiento al desconocimiento de los derechos indígenas y campesinos en el Perú," en María del Pilar García Pachón（ed.）*Lecturas sobre derecho del medio ambiente. Tomo XVIII*（Bogotá: Universidad Externado de Colombia）, pp. 431-480.

Merediz, Carla（2021）"Impacto de la formalización minera en los territorios indígenas de Madre de Dios," en Rommel Plasencia（ed.）*Minería, comunidades y dinámicas sociales: Aproximaciones antropológicas*（Lima: Editorial Horizonte, WIPA, IEPA, ISHRA）, pp. 103-143.

Moore, Thomas（1980）"Transnacionales en Madre de Dios: Implicancias para las comunidades nativas," *Shupihui*, 16, pp. 451-463.

Mosquera, César et al.（2009）*Estudio diagnóstico de la actividad minera artesanal en Madre de Dios*（s.d.: CooperAccion, Caritas, Conservación Internacional）.

Pachas, Víctor（2008）"El gran ausente: Conflicto en la minería artesanal de oro en Madre de Dios," en Gerardo Damonte, Bernardo Fulcrand y Rosario Gómez（eds.）*Perú: El problema agrario en debate（SEPIA XII）*（Lima: SEPIA）, pp. 232-258.

―――（2016）"Comercialización de oro en el proceso de formalización minera en Madre de Dios," en Hugo Alvaro（ed.）*Medio ambiente e industrias extractivas en el Perú: Comunidad, empresa y estado*（Huancayo: UNCP）, pp. 77-104.

Pacuri, Felipe y Thomas Moore（1992）*Los conflictos entre mineros auríferos y el pueblo arakmbut en Madre de Dios, Perú*（Puerto Maldonado: Centro Eori, FENAMAD）.

Pinedo, Danny（2017）"The Making of the Amazonian Subject: State Formation and Indigenous Mobilization in Lowland Peru," *Latin American and Caribbean Ethnic Studies*, 12（1）, pp. 2-24.

第6章　先住民居住区に生きる人びとと
国際人権レジーム
——コスタリカの事例——

額 田 有 美

は じ め に

　今日，国際社会，地域レベル，そして各国レベルにおいて，政策分野を問わ
ず求められるようになっているのが「人権」への配慮である．これを象徴的に
示すのが世界人権宣言や国連人権諸条約の制定であり，これらの宣言や条約を
中心に形成される国家間の管理システムは「国際人権レジーム」と呼ばれる
(赤星, 2021: 177)．政治学者や法学者らによるこれまでの国際人権レジーム研究
では，人権配慮への管理システムが各国において実際にはどれほどの実効性を
もっているのかということが議論されてきた．たとえばドネリー (Donnely,
1986: 608) は，人権のレジーム規範は完全に国際化されているにも関わらず，
意思決定の大部分は国内で行われており，これらの規範を履行するかどうかは
各国に委ねられていることを早くから指摘していた．他方，現地調査にもとづ
く質的研究に従事する人類学者，とりわけ法人類学者たちは，「国際人権レ
ジーム」という言葉こそ使用してこなかったものの，当該国における人権配慮
を掲げた法制度整備が，調査地に暮らす人びとの日々の暮らしや政治的活動へ
どのような影響を及ぼしているのかを民族誌（エスノグラフィ）として蓄積してきた (Goodale,
2002; Sieder, 2010; 角田・石田, 2015)．そこでは，調査地の人びとが自国政府や国際
人権 NGO といったレジームを構成するさまざまなアクターたちといかに交渉
しながら日々の生活を生き抜いているのかがいきいきと描かれてきた．
　これら双方の研究動向を踏まえ，本章では，筆者の調査地であるコスタリカ
を取り上げ，「先住民である」と自認する人びとの人権 (以下，「先住民族の権利」
とする) に関する国際レジームが，国内において，とりわけ先住民居住区に暮
らす人びとにとってどれほどの実効性を持っているのかを明らかにする．より

具体的には，先住民族の権利に関する国際条約や国連決議，またラテンアメリカ地域内での取り決めなどの影響下で，コスタリカ国内でどのような法律や命令が成立したのかを整理し，そのような制度面での変化の有無が先住民居住区に暮らす人びとの日々の暮らしにどのような影響を及ぼしているのかを明らかにする．

　以下，まず，国際レジームを反映してコスタリカ国内で先住民族の権利を保障するためにどの様な法律や制度がつくられたのかを整理する．そのうえで，自治，土地，領土に関しては制度化がほとんど進んでいないのに対し，教育関連の権利への配慮は積極的に推進され制度化されてきたことを指摘する．次に，それらの制度面での変化の有無が，先住民居住区の住民たち，とりわけ筆者がここ10年ほど人類学的調査を継続している南部のカバグラ先住民居住区の住民たちの日常生活にどのような影響を及ぼしてきたのかをできる限り詳細に描写[2]する．そしてこの描写にもとづき，彼・彼女らの日々の暮らしのなかに国際人権レジームからの影響がどのようなかたちで現れているのか，またその影響に対して人びとがどのように対応してきたのかを示す．

1　先住民族の権利に関する国際レジームとコスタリカでの法制化の動き

　先住民族の権利やその権利主体としての「先住民」概念を形づくることに貢献した国際法的な枠組みとして極めて重要なのは，国際労働機関の「独立国における原住民及び種族民に関する条約（ILO 第169号条約[3]）」と，国連の「先住民族の権利に関する国際連合宣言（UNDRIP[4]）」である．ILO 第169号条約は，ILO 第107号条約[5]を改訂するかたちで採択されたものであり，先住民を「現在の国境が画定されたときに，その国又は国の属する地域に住んでいた，独自の文化を保持する人びと」と定義し，近代国家の属性として普遍化したという意味において画期的な条約である（清水, 2012: 194）．2023年 6 月現在，計24か国が批准国となっており，その多くはラテンアメリカ地域に位置する国々である[6]．コスタリカは1993年 4 月にこの条約を批准済みである．UNDRIP は，国連総会の決議であり，国連加盟国に対する法的拘束力は持たないものの，先住民族の権利を「もっとも包括的に宣言した文書」（清水, 2012: 198）であり，先住民族の権利を法的に保護するための重要な国際慣習法として認められている．UNDRIP

には全144か国が賛成票を投じており，コスタリカもこれに含まれる．

　ILO 第169号条約や UNDRIP に加え，ラテンアメリカ地域内においても先住民族の権利を制度的に保障する動きが1990年代頃より顕著となった．このような地域レベルの法的枠組みとして，米州機構の「先住民族の権利に関するOAS宣言[7]」を挙げることができる．コスタリカはこれにも賛成票を投じている．これらの法規範を中心として形成されてきたのが，先住民族の権利に関する国際レジームである．

　しかし，冒頭で述べたとおり，国際的な条約や宣言に明記された内容が実際にどの程度履行されるかは，結局のところ各国に委ねられている．また，各国内でこれらの法規が遵守されるためには，関連条約や宣言，勧告などの規範やルールの有無に加え，その実行を監視する委員会や国連，ILO などの国際機関，政府，そして NGO といったそれぞれ思惑の異なる複数のアクター間の交渉を経ることが不可避である．ただし，その交渉プロセスがもたらす結果は予測が困難であり，国内において新たな法律や制度が成立した場合であってもそれらが当事者にとって実際に有利に機能するものとなるかどうかはその時点ではわからない．先住民族の権利への配慮を目指して制定されたはずの法律が，施行後，正反対の目的で利用される可能性もある（Speed and Collier, 2000）．

　コスタリカの場合はどうだろうか．先住民族の権利に関する条約の批准や国連総会決議への賛成票に確認できるとおり，国際的な規範やルールを広く遵守する姿勢を国際社会に対して示してきたという点においては，この国は国際人権レジームの強い影響下にあるといえる．しかし，これらの法規の国内での履行という点では，より丁寧にその実態を整理する必要がある．というのも，先住民族の権利に関する国内法の制定や制度づくりの進み具合には，分野ごとに大きな差が生じているからである．

　このような分野ごとの差異は，国際的な規範やルールの各国内での実効性を監視する役割を担う，先住民族の権利に関する国連特別報告者ホセ・フランシスコ・カリ・ツァイ（José Francisco Calí Tzay）が，2021年12月 6 -17日にかけてのコスタリカ滞在を経て作成した報告書（A/HRC/51/28/Add. 1）からも読み取ることができる[8]．スペイン語で書かれた計21頁から成るこの報告書では，今後の対応を要する国内の主要課題として，「A．自己決定，自治，参加」，「B．土地，領土，天然資源に対する権利」，「C．協議と自由で事前の十分な情報共有にもとづく同意」，「D．先住民人権活動家の保護」，「E．自然環境保護区と

そのプログラム」,「F．正義（司法）へのアクセス」,「G．先住民女性」の7
点が指摘された．とりわけ分量を割いて懸念が示され，A．～G．のいずれの
課題にも関連して言及されているのが，「自治」,そして「土地，領土」に関す
る問題である．

1.1　自治，土地，領土

　コスタリカにおける先住民族の自治，および土地，領土に対する権利に関す
る最も重要な現行法は，1977年の先住民法（Ley Indígena，法律第6172号）である
（表6-1）．つまり，政府による ILO 第169号条約の批准以降，この国際条約に
エンパワーされた先住民運動がコスタリカ国内でも活発化したにも関わらず，
国内法は1977年時点からほとんどその内容が変わっていないということである．
2007年の国連総会での UNDRIP 採択以降，先住民居住区の住民から成る団体
やその支援者らを中心に現行法に代わる新たな法律をつくろうとする動きが起

表6-1　法律第6172号（先住民法）関連条文の抜粋

第1条	先住民とは，先コロンブス期の文明を直接の出自とする民族集団を構成し，自らのアイデンティティを保持する人びとである．
第2条	先住民コミュニティ（comunidad indígena）は，あらゆる種類の権利と義務の主体となるための完全なる法的能力を有する．（中略） 本法第1条で言及された保留地（reserva*）は，先住民コミュニティの所有地とする．（中略）それらの保留地は，各先住民コミュニティの名義で登記所に登録され，あらゆる税の免除対象となる．
第3条	保留地は，譲渡不可，時効なし，移転不可の，保留地に住まう先住民コミュニティが独占する領土である．非先住民（no indígena）が，保留地内の地所（terreno）やフィンカを賃貸し／借り，購入，その他のどのような方法であれ獲得することはできない．専ら先住民だけが他の先住民との間でその土地についての交渉を行うことができる．
第4条	各保留地の住民は，単一のコミュニティ（una sola comunidad）を構成し，これは全住民を代表する執行部よって管理運営される．
第5条	非先住民が保留地内の善意の土地所有者である場合，ITCO（土地植民局**）は，これらの土地所有者が望む場合には，これらの人びとにそれ相当の他の土地を与える義務を負う．それが不可能な場合，あるいは土地所有者がそれを受け入れない場合，ITCO は，収用法（Ley de Expropiaciones）に規定された手続きに従い，これらの人びとの土地を収用し，賠償金を支払う義務を負う．

注：日本語訳は筆者による．
＊：現在は「居住区（territorio）」と呼ばれる．
＊＊：現在の INDER（Instituto de Desarrollo Rural，農村開発局）を指す．

こり，実際にコスタリカ議会への法案提出が何度か行われてきた．にも関わらず，今日まで議会での賛成多数による法案可決にはいたっていないという状況がある．

とはいえ，未解決のまま蓄積されてきた先住民族の権利に関する数々の問題が，徐々にではあるがコスタリカ社会全体で解決すべき「問題」として認知されるようになりつつはある．たとえば，自治，より具体的には政治的自治に関する問題として，10年前までであれば先住民居住区に暮らす当事者や，都市部に暮らす一部の有識者からしか聞こえてこなかった ADI（Asociación de Desarrollo Indígena，先住民統合開発協議会）という形態を介した自治の是非を問う声が，コスタリカに暮らす多くの人びとからも聞こえるようになっている．ADI とは，現行法上の，国内24か所に存在する先住民居住区（territorio indígena）ごとの自治体相当の組織の名称である．ADI は，1977年以降，政府が各居住区に設置を求めてつくられた組織であるが，現行法上はこの ADI にのみ当該先住民居住区の住民たちを代表する政治的権限が与えられている．つまり，先住民法に明記され，政府機関などと交渉する際に想定されている「先住民コミュニティ（comunidad indígena）」は ADI のみを指す．それゆえ，先住民族の権利に関する国際的な枠組みで尊重することが求められている「独自の政治的制度，組織」の規範が遵守されておらず，各居住区内でつくられた ADI 以外の住民組織への法的承認が妨げられてきたのではないかということが，今日，広く問題視されるようになっている．

先住民居住区に関する土地，領土に関するあらゆる問題の元凶は，1977年の先住民法制定以降，先住民居住区の境界線内の土地は「譲渡不可，時効なし，移転不可の，保留地に住まう先住民コミュニティが独占する領土」であると明記されているにも関わらず，それがまったく遵守されてこなかったことである．先住民法施行以降も，同法によって禁止されているはずの「非先住民」による居住区内の土地の購入や占有が依然として続いた．しかもそのような違法行為の横行に対してその都度適切な法的措置がなされてこなかった．このような無処罰状態がその後も長く続き，問題への対処がなされないまますでに50年近くが経過してしまったのである．今日では1977年当時よりもさらに問題が複雑化しており，新たな課題も次々と生じているため，これらの問題の解決は極めて困難である（額田，2022）．

1.2　教育

「自治」や「土地，領土」に対する権利と対照的に国内での法制度化が進んだのが，「教育」に関する先住民族の権利への配慮である[10]．国連特別報告者報告においても，先住民居住区外の教育機関や，一般教育課程における全生徒・全学生向けの先住民教育が不十分であることは指摘されているものの，先住民居住区内における教育については「教育省 N° 37801-MEP によって文化的観点からの先住民教育が認められている」と評価されている．教育省 N° 37801-MEP とは，2006年から教育省大臣を2期務め，後に国連教育変革サミットの特別顧問を務めることになるレオナルド・ガルニエル（Leonardo Garnier Rimolo）の下で推進された先住民教育の制度改革の中心をなす2013年の命令・通達（Decreto）である（Fernández Aráuz, 2018: 49）．同第7条には先住民教育部門[11]を上手く機能させるために教育省内に新たな仕組みをつくることが明記されており，とりわけ重要なのは先住民居住区ごとの CLEI（Consejos Locales de Educación Indígena, 居住区ごとの先住民教育委員会）の設置である．CLEI は，先住民居住区内の教育機関の教員任命制度を改革することを目的につくられた組織であり，2013年以降は，実質的には CLEI が決定した内容を，最高意思決定機関である教育省が追認するかたちで居住区内の教職員が任命されるようになった．

　ここまでみてきた制度上の変化の有無は，カバグラ先住民居住区の日々の暮らしにもさまざまなかたちで影響を及ぼしている．ここからは，対比的ともいえる自治，また土地，領土に関する分野での法整備の無さと，教育分野での制度上の大きな変化が，先住民居住区に暮らす人びとの日常生活のなかでどのように経験されているのかを，彼ら彼女らの視点から具体的に記述する．

2　「自治」，「土地，領土」分野での先住民居住区への影響
——住民たちの視点から——

2.1　調査の概要

　コスタリカには，1977年頃より法的にその境界線が定められるようになった先住民居住区が国内24か所に設置されている．今日では，これらの居住区外の，都市部の先住民人口も少なくないことが指摘されてはいるものの，国勢調査では依然としてこれらの先住民居住区を中心に先住民人口の調査が実施されてい

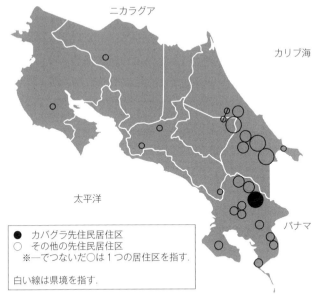

ニカラグア
カリブ海
太平洋
パナマ

● カバグラ先住民居住区
○ その他の先住民居住区
※―でつないだ○は１つの居住区を指す.

白い線は県境を指す.

図6-1　コスタリカの先住民居住区

出所：筆者作成.

る．つまり，コスタリカにおいて24の先住民居住区は，自他ともに「先住民で
ある」人びとが集住する場所であると見なされている．筆者が国内各地の先住
民居住区を訪問するようになったのは2012年８月のことである．その後2014年
からはプンタレナス県南部に位置するブエノスアイレス郡（cantón）周辺の居
住区[12]，そのなかでもとりわけカバグラ先住民居住区での調査を行うようになっ
た（図6-1参照）．カバグラは，総面積２万7860ヘクタールに約3000人が暮らす[13]
国内最大規模の先住民居住区である．2011年の国勢調査によると，７割以上の
住民が「先住民である」と自己申告しており，コスタリカの８つの先住民集団
のなかでもブリブリであると自認する住民が多い．

　以下に記し考察の対象とするのは，2014年８月から2019年９月までに実施済
みの現地調査をとおして蓄積してきた民族誌的データと，今回の科研の助成を
受けて新たに実施した2022年８-９月の約１か月間の現地での聞き取り調査お
よび参与観察，続く2023年２-３月にかけて行った２週間弱のフォローアップ
調査から得たデータである．登場する人物の名前は原則仮名である．

2.2　自治，土地，領土

　自治の問題，より具体的には国家によってその設置が強制された ADI と，この ADI のみを国内法上の先住民居住区の統治形態とする状況が1977年以降続いてきたことは，カバグラの住民たちにはどのように経験されてきたのだろうか．またその間，この状況に住民たちはどのように対応してきたのだろうか．ADI 発足当時を知るエミリアンの証言からは，カバグラの人びとは政府からの ADI を設置せよとの要求をひとまず受け入れ，様子をうかがっていたことがわかる．

【ADI 発足当時の様子】
　　ドン・エミリアン（2015年当時65歳）の記憶では，首都サンホセからペドロ・ガンボアという政治家がやって来た．この政治家の働きかけで1976年にカバグラに ADI が発足した．エミリアン自身もメンバー 7 名のうちの一人だった．発足当時のプレジデンテ（会長）は，バルドメロで，その後，8 名ほどの男性がプレジデンテを務めた．プレジデンテにはサンラファエル集落の者が多かったという．（2015年 8 月 4 日（火）および10月17日（火）フィールドノート）

　そしてその後，2000年頃からの ADI には変化が見られるようになった．カバグラの主要集落であるサンラファエル集落の住民で，当時のことをよく覚えているペペの語りからは，カバグラでは表向きには ADI という形態を受け入れ，この ADI を介して先住民法に則って政府との合法的な交渉ルートを維持してきたこと，またそう振る舞いながらも，当時の ADI の執行部に名を連ねていた非先住民たちを2000年頃に追放するなど，内部からの組織改革を行ってきたことがわかる．

【2000年頃からの ADI の変化】
　　1980-90年代に ADI プレジデンテを務めたサントスは，「1970年代の思想を持っていて，先住民はブランコ（非先住民，「白人」）よりも劣っているという考えなんだ」と，ペペは言う．ペペは，2000年代に入ってから ADI プレジデンテに就任し，ADI を内部から改革しようと努めたラファの息子だ．ペペによると，サントスが ADI プレジデンテを務めていたとき，ブランコの地主（finquero）とグルになり，カバグラの土地の多くを売

却してしまったという．当時，ADI の執行部には法律に反して多くのブランコがいた．それをラファらが追い出した．「父やその仲間たちは先住民の自治・自立（autonomia indigena）を目指しているんだ．そして ADI［という形態］も先住民法（ley）も信じている．なぜなら ADI は先住民法によって唯一認められた組織だからさ．」（2015年8月18日（火）フィールドノート）

カバグラの住民たちは，政府から設置を強制されたいわば官製の「先住民コミュニティ」である ADI という形態を制度上は受け入れつつも，その組織運営の内実がカバグラの実態に適したものになるよう内部からつくりかえようと試みてきた．このときの中心人物であったラファをプレジデンテとする ADI は，その後少なくとも2020年頃まではカバグラ住民の多くがカバグラを代表する自治組織だと認めるグループだった．このことは，筆者の調査中，研究プロジェクトの一環でカバグラを訪れていたコスタリカ大学（UCR）の学生グループと住民との次のようなやり取りにも顕著に表れている．

【カバグラにおける2015年当時の ADI の役割】

10：00am に UCR 一行がサンラファエル集落に到着した．今回の集会では，さまざまな話題で学生と住民たちが意見を交換した．ADI についての話題になったとき，学生が「ここでは皆さんは ADI をカバグラの自治体（gobierno local）だと捉えていますか？」と尋ねた．参加者の多くが「ええ，そうです」と応答した．

参加者の一人ラウデンシオは，「確かに ADI に反対しているグループはある．けれど，別のグループをつくっているのは経済的な利益が欲しいからか，あるいは［別のグループで活動することで］個人的な利益があるからさ．ADI の中心メンバーになってくれるか？　と ADI 反対派のグループに尋ねたら，彼らだって喜んで ADI に入るさ！」と言った．

別の参加者ドルフィンもこれに同調し，ADI を支持するコメントをした．（2015年10月4日（日）フィールドノート）

2015年当時から ADI への批判がなかった訳では決してなく，すでに ADI に対抗するカバグラ住民らから成る新たな住民グループが活動を始めていた（Nukada, 2020: 16-18）．しかし，これを考慮に入れても，2015年当時は ADI への

住民らの支持は他のグループへのそれを凌いでいたことは間違いない．したがって，制度的にも実質的にもカバグラ先住民居住区の「先住民コミュニティ」としての正当性を持っていたのは ADI だった．たとえば，タラマンカなど複数の先住民居住区住民らと共に首都圏でデモに参加した住民男性チャレスは「タラマンカの人たちは，ADI に反対しているよね．けれど僕たちはADI に助けられている．そのことをインタビューでもはっきり言ったさ．『ADI に支援されてこのデモに参加しているのです．カバグラに暮らす私たちは ADI を支持しています！』ってね」と筆者に語った．[14]

　しかし，2020年前後を契機としこの状況は一変する．直接的な要因は，20年近く ADI プレジデンテを務めてきたラファや ADI 執行部を構成する彼の仲間に対する，多くの住民たちの不信感や不満が蓄積された結果，その我慢の限度を超えたことにある．しかし，本章で注目したいのは，ADI への圧倒的だった支持が低下し，ADI に代わる新たな「先住民コミュニティ」を主張する住民グループがその存在感を増しつつある状況の背景にある別の要因である．それは，先住民族の権利に関する諸条約について，またその具体的な内容について，国内のより多くの人びとが知りその理解が少し進んだことと関係する．先住民居住区や先住民である人びとについてのコスタリカ社会全体の関心や理解が徐々にではあるが深まるなかで，先住民居住区ごとの唯一の合法的な統治形態であり，各先住民居住区が政府と交渉するための公的に認められた唯一の「先住民コミュニティ」は ADI でなければならない，という従来の法解釈を疑問視する声が2020年時には浸透しつつあったのだ．政府もこのようなコスタリカ社会全体の意識の変化を無視できない状況になった．

　カバグラに暮らす人びと自身も，このような社会の変化を日常生活のなかでたしかに感じ取っていた．たとえば ADI と競合関係にある住民グループの中心メンバーの一人であるゴメルシンドは，「ADI が弱くなった」という一言でここ数年間のカバグラの状況を表現した．

【ADI が弱くなった】

　　ラスブリサス集落からサンラファエル集落へ向かう一日一本のコミュニティバスに，約 3 年前に聞き取り調査に協力してくれたドン・ゴメルシンドも乗車していることに気が付き，私は彼に声をかけた．ゴメルシンドも私のことを名前と共に憶えてくれていた．

　　世間話をするなかで,「この数年で物事はとてもよくなった」と言うド
ン・ゴメルシンド.「たとえば?」と尋ねると,「教育が良くなった. ADI
がもう弱くなった!」という答えが返ってきた.(2022年9月1日(木)
フィールドノート)

　同様の変化を感じているのは, ADI と近い関係にある住民も同様だった.
20年近く ADI プレジデンテを務めたラファのもとで ADI 執行部の一員となっ
た経験もあるデニスは「先住民法が機能しなくなった」と感じていた.

【先住民法が機能しなくなった】

　　デニスはドラッグなどの流入によりカバグラの治安が非常に悪くなって
いることを心配していた. デニスによると, 以前は ADI に権威や住民か
らの支持(autoridad)があったので何とかなっていた. 今は ADI にも ADI
に対抗する他の住民グループにも権威や住民からの支持がなく, 先住民法
が機能しなくなっているという. ドン・サントス[ラファと対立していたリー
ダー的人物]が亡くなったので, ADI に対抗してつくられたサントスを中
心とする住民グループももう機能しなくなっている, というのがデニスの
意見だった.(2022年8月22日(月)フィールドノート)

　カバグラにおいても表れつつあるこのような変化に対して, ゴメルシンドの
ように「ADI が弱くなった」ことを喜び, ADI に取って代わる「先住民コ
ミュニティ」の登場に期待し活動を活発化させる住民がいる. その一方で, 次
にみるパオラのようにどの住民グループからも距離を置くことで今後の様子を
観察しようとする住民もいる.

【もう活動には参加しないことにした】

　　起床後, 徒歩でドニャ・パオラ宅へ向かう. 30分ほどで到着し, 私はハ
ンモックに座り, 傍らには私と同世代のパオラの娘ジョアナがイスに座り,
私たちは小一時間話をした.

　　パオラは TDCC(Tribunal de Derecho Consuetudinario de Cabagra, カバグラ慣
習法裁判所[15])が機能不全に陥っていることを嘆いており, その原因はぺぺ
にあると考えていた. 彼女は, ぺぺが TDCC のために外部から届いた資
金を流用したと考えていた.

　　「ドン・エミリアンも, 私も, このことでぺぺに抗議したのよ. そした

らぺぺはそれが気に入らなかったようで，以前はよくここまで来て会合に来てほしいと誘っていたのに，［抗議してからは］まったく連絡が来なくなった」とパオラは言う．

「私の娘（ジョアナ）も［ぺぺたちは］都合が良いときだけ私を呼びに来て，都合が悪いときや私の方から彼に頼み事があるときなどはまったく無視するから，もう TDCC や ADI には参加しない方がいいって反対してね．それでもう活動には参加しないことにしたのよ．」

TDCC のメンバーであり ADI と良好な関係にあったエミリアンやアルビニオも同様の判断をし，今ではもう ADI や TDCC とは関わっていないという．（2022年8月30日（火）フィールドノート）

ここまで見てきたとおり ADI をめぐる社会の認識が変化しつつあり，現行法に明記されている「先住民コミュニティ」を ADI と同一視すべきではない，という理解が広まりつつある．カバグラの住民たちもその変化を感じている．しかし，依然として1977年の先住民法に代わる新たな国内法は成立していない．このため，たとえば「生態系サービスへの支払い制度（Pago por Servicios Ambientales, PSA）」にカバグラが参加する場合には，現在も，その正式な送金先となるのは ADI のみである．徐々に存在感を大きくしているとはいえ，ADI 以外の住民グループはまだその役割を完全には代行することができない．2022年当時 ADI 執行部であり続けていたヘススの様子からもこのことがわかる．

【PSA のお金は ADI に入ってくる】

ブエノスアイレスの ARADIKES［先住民族の権利に関するセミナーなどの会場となる建物］でこれからサンホセへ向かうというヘススと出くわした．

ヘススが私の今回のカバグラ訪問の目的を訪ねるので，主に2013年の CLEI 創設前後のカバグラの変化を知りたいと伝えると，一瞬の沈黙の後，彼は「［誰に尋ねるか次第なので］カバグラのことをとても悪い状況だと思うかもしれないね」と漏らし，こう続けた．

「カバグラには ADI は不要だという人もいる．TDCC のような［カバグラの先住民の住民たちによる］独自（propio）の権威［組織］でないからね．」そしてこう続けた．「でも法的（judicial）には ADI は必要だ．お金は ADI に入って来るからね．」

「先住民法つまり現行法上は ADI が唯一の正式な「先住民コミュニ

142

ティ」ですからね」と私が言うと，彼は軽くうなずいた．（2022年9月1日（木）フィールドノート）

　ここまでみてきた自治の問題と常に関連するのが，カバグラでの土地，領土の問題である．自治と同様，土地，領土への先住民族の権利に関する新たな国内法は，1977年以降施行されることはなく，制度上もほとんど変化のないままの状態が長く続いてきた．その間に不法な土地収奪や領土侵害の被害を受けたという多くの住民たちの証言を，筆者は何度も耳にしてきた．カバグラの最年長者の一人オティリアの証言はその1つである．

【ドニャ・オティリアの証言】
　筆者「オティリアさんが幼かった頃のカバグラはどのようでしたか？」
　オティリア「私が小さかったときのカバグラは，そのパリートのよう［緑に覆われた状態］だったのよ．でも人びと（gente）がやって来て，カバグラのこの上の山（cerro）を破壊した．」
　筆者「「人びと」というのは誰のことですか？」
　オティリア「ブランコたち（gente blanca）よ．木材を全部持って行ってしまい，カバグラの山は侵略された状態で残された．そのときから今まで，先住民でない人びとが入って来るようになっちゃったのよ．先住民でない人びとが［カバグラの土地，領土へ］入り込むようにね．今をごらん．［当時は今以上に］インディオたち，私たちは貧しいので，フィエスタ（パーティー）に，チチャに［と誘惑された］，ブランコが一人やって来て，こう言うのよ．『ほんの少しの，小さい土地を売ってくれよ』，おカネ（plata）のみと交換でね．以前はそんな風に簡単に土地を売って，［売る（vender）という動詞を言い直して］プレゼント（regalar）してしまっていた．」（2019年8月18日（日）ドニャ・オティリア宅での聞き取り調査（録音データ））

　このような状況に対して，カバグラの住民たちは，2000年頃からはADIを介した手続きによって対応してきた．そしてその成果としてある程度の土地，領土の回復は達成した．その後，「ADIが弱くなった」2020年頃以降は，ADIに代わる複数の住民グループによる「土地回復（recuperación）」と呼ばれる行為をとおして，特定の区画を現在の所有者・占有者から実際に取り戻す動きが活発化した．そして2023年現在もこの状況が続いている．[16]

　これらの動きはいずれも，国内では国際人権レジームが実効性を持ってこな
かった土地や領土に関する問題に対して，カバグラの住民たちがただ黙って
「気の毒な被害者」として過ごしてきた訳ではなく，その都度何とか状況の変
化に対応しようとし続けてきた人びとであったことを示す事例として捉えるこ
とができる．

3　「教育」分野での先住民居住区への影響——住民たちの視点から——

　2013年の制度改革以降[17]，カバグラに CLEI が誕生した．その結果，カバグラ
内に20校ほどあるエスクエラ（小学校）や３校あるコレヒオ（中学・高校）の教
員や職員は CLEI によって選考されるようになった．つまり，CLEI が申請者
を募り，履歴書や面接による人選を実質的に担うことが可能となり，実際にそ
れが実行されるようになったのだ．

　偶然にも筆者は，制度改革から約２年が経過した頃にサンラファエル集落で
実施された CLEI による教職員選考テストと，その３日後に開催された CLEI
の会合に居合わせたことがある．当時の様子を以下のとおり描写することで，
2013年の教育制度改革の意図したとおりの成果が，たしかに2015年当時のカバ
グラにおいては確認できていたことをまず示したい．

【CLEI による教職員選考テスト】

　　今日10月16日（金）は，来年度の教職員ポストへの応募日だった．申請
　者はコレヒオで CLEI が作成したミニテストを受けた．受験者の一人だっ
　たアンドレアにその内容を尋ねたところ，「先住民関連の法令の質問とか，
　ブリブリ語の質問とかがテストに出たわ」と教えてくれた．CLEI への応
　募書類（CV）の提出・受付は今日一日のみだという．「今日を逃したら，
　やる気（interés）がないと見なされるの」だと，アンドレアは説明してく
　れた．

　　今回，CLEI が募集した新たに空きが出たポストは２つのみだった．一
　つは定年退職するラウデンシオの後任ポスト，もう一つはラスブリサス集
　落の退職希望の女性のポストだ．この２つのポストに対して，カバグラ内
　の複数の集落，居住区外のポトレロ・グランデやブエノスアイレスといっ
　た街からも山ほど応募があったそうだ．

　新規の採用に加え，すでにカバグラ内の教育機関でポストを得ている人たちも継続のためには書類の手続きが必要であり，その継続手続きもCLEIを介して行わなければならない．申請書類はCLEIメンバー（ナタリア，ラファ，パトリシア，ベイレルなど）が選考し，教育省（MEP）へ推薦リストを送り，来年の1月くらいにMEPのHP上に結果が発表されるという流れだ．（2015年10月16日（木）フィールドノート）

【CLEIによる選考のための会合の様子】

　現職ポストの継続を希望する者のCVと，新たな申請者のCVを仕分けする作業から始まる．CLEIメンバーのマリナに言われ，私もCVの仕分け作業の手伝いを行う．各CVにはMEP作成の申請フォームに加え，CLEIが作成したと思われるブリブリ語の質問やスペイン語の質問用紙が添付されている．

　ラウデンシオの後任候補は女性二名だ，とラファが言い，ベイレルやデニスたちにも二人のCVを配布している．それ以外にも来年度のCLEIのメンバーとしてウィルソンを推薦するための書類にも署名がなされる．候補者のうち一人は男性関係の問題があるようで，エドゥワルドが批判的なコメントをする．この二人以外にもイバンという候補者もいるにはいるようだが，まだ学生とのことで適任ではないという．話し合いの結果，候補者女性二人のうち一人がラウデンシオの後任に決まる．

　CLEIの選考では，過去の犯罪歴の有無もチェックされていた．申請者のなかには妻への傷害行為で過去に罰金を支払ったという人もいた．

　会合の開始時間，内容，次回ミーティングの日時，終了時間などを書記役のパトリシアがすべて記録する．記録したもの（大学ノート）はスキャナでラファがコピーを取っていた．（2015年10月18日（木）フィールドノート）

　2015年当時，教育制度改革によるCLEIの誕生や，CLEIを介した教職員の選出・任命に対して，住民たちの否定的な意見はまったく聞こえてこなかった．聞こえてきたのは，改革とそれに伴うカバグラへの影響を評価する声だけだった．たとえば，カバグラ内のエスクエラで料理人として勤務していた母親を持つ，当時20代の住民女性メルドリンは「今はブリブリであることで［先住民居住区内で］仕事がもらえるかもらえないかが関わってくる．（中略）エスクエラの料理番だってブリブリ語が話せるかどうかが問われる．調理師資格，6年生

以上の教育を修了していること，そしてブリブリ語を話せること，これらを満たして初めて料理番として働くことができる時代なのよ」と述べ，改革後の変化を歓迎していた．メルドリンのこの言葉は，先住民言語に対する社会的な評価が過去と現在とではどれほど違うかに対する驚きを込めて発せられたものだった．「ブリブリ語が話せる」ことや「ブリブリである」ことが，エスクエラのような公的機関での就職に有利に働くとは，数十年前までは到底考えられないことだった．この状況が CLEI の設置によって一変した．先住民言語のもつ意味や社会からの価値評価が急激に変化した背景には，先住民族の権利に関する国際レジームからの影響があったこと，またコスタリカ政府が少なくとも教育分野においてはその影響を積極的に受け入れ，国内法を整備してきたことが関係している．

　しかし，その後2022年と2023年の調査から明らかになったのは，住民たちはもうこの状況を喜んではいないということだった．先述したとおり，少なくとも2015年当時は，2013年の改革による CLEI の創設や CLEI を介した教職員の選出・任命について，否定的な意見はほとんど聞こえてこなかった．しかし，2022年と2023年には，こちらが尋ねずとも CLEI への批判や嘆きの声が多くの住民から聞かれた．そしてこれらの人びとが共通して口にしたのは，CLEI に「アミギスモ（縁故主義，ネポティズム）」が蔓延っているということであった．以下，その様子を見てみよう．

【ドニャ・パオラ宅でのエピソード】

　ADI や TDCC から距離をとると語ったパオラは，CLEI への不満も口にした．彼女の親族も現在の CELI の一員だが，どのメンバーも CLEI であるという立場を利用し自身の親族を教職員に任命しているという．

　その場で話を聞いていたパオラの娘ジョアナによると，彼女の友人の1人は，すでに教育課程も修了し，カバグラ内の教育機関で仕事をしたいと何度も応募しているにも関わらず，まだ一度も採用されたことはない．これに対して CLEI のメンバーたちの親族はコレヒオを卒業してすぐに教職員として CLEI から任命を受け，雇用されているという．「不公平だ」とジョアナは批判した．（2022年8月30日（火）フィールドノート）

【ドン・エミリアン宅でのエピソード】

　エミリアンの娘たちロレナ，リディア，ロシ，そして孫娘のスリがソ

ファに座り，ADI プレジデンテだったラファが権力を失ってからの ADI，
そして CLEI はひどいものだと酷評している．

　CLEI からデニスがいなくなったかと思うと，その妻シニアがメンバー
となり，教育課程を終えたばかりの息子ネネを教員に任命したという．

　カバグラでのポストに応募するため，わざわざタラマンカからやって来
た女性がいたことも教えてくれる．この女性は，カバグラの教職員として
任命すると CLEI から言われたことを信じ，ブエノスアイレスとサンラ
ファエルを何度も行き来して申請書類集め等の準備をしていた．しかし，
結局は採用されず，彼女の代わりに CLEI メンバーの親族が採用されたそ
うだ．（2022年8月30日（火）フィールドノート）

実は，このような CLEI への批判が聞かれるのはカバグラに限った話ではな
い．ボルカやカベカルなどの先住民居住区においても CLEI をめぐっては同様
の状況が起きていることがわかった．たとえば，先住民族の権利回復に関する
会合で何度か一緒になったボルカ先住民居住区のヒルベルの説明は次のような
ものだった．

【ボルカ先住民居住区の CLEI の問題】
　あくまでボルカの状況だとしながらも「CLEI はまったく良くない」と
ヒルベルは批判的な言葉を口にした．ヒルベルの見解では，CLEI による
教職員の選考が行われるようになってから教員の質が低下したというのだ．
　ペレスセレドン［コスタリカ南部の主要都市］の私立大学では土曜日しか授
業を行っておらず，6か月で学位が取れてしまうとヒルベルは言う．コス
タリカ・ナショナル大学（UNA）などの国公立のレベルとは大きく異なり，
私立大学の教育の質はとても劣る．しかし，UNA などサンホセ県の「国
公立で勉強し，学位を獲得した人たちは先住民居住区には戻ってこない，
こられない」とヒルベルは感じている．CLEI には「アミギスモが蔓延っ
ている」とヒルベルは批判した．（2022年9月1日（木）フィールドノート）

ここ20年間のコスタリカでは，少なくとも教育分野における先住民族の自己
決定権の行使を妨げる障害は，法制度的にも実質的にも少なくなりつつある．
少し前までは差別や暴力の対象となっていた「ブリブリ語を話す」ことが今日
ではむしろ就職に有利な条件となったのは，CLEI をはじめとする教育制度改

革の成果であることは間違いない．しかし，カバグラを含む複数の先住民居住区において CLEI を批判する住民たちの声が次第に大きくなっていることも無視できない．CLEI がなかった頃の方がよかった，CLEI ができたことでアミギスモが蔓延り，先住民居住区内の教育の質が落ちたという意見さえあるのだ．CLEI という，先住民居住区の教育に対する「先住民族の自己決定権」を可能にする仕組みができたにもかかわらず，なぜこれが批判されるという状況が生まれているだろうか．ようやく獲得したはずの教職員を任命するという先住民族の権利を，真っ向から否定しているようにも聞こえるこれらの声を私たちはどのように理解すればいいのだろうか．

　筆者の十年来の友人であり調査協力者であり，現在はカバグラ在住の弁護士でもあるペペは，この状況を次のように説明しつつ自身の見解を示してくれた．

　　「コスタリカの教育は，1990年代からまったく変化していない．内容はまったく変わっていない．［教職員の］任命システムだけが変化したんだ.」
　　ペペは CLEI の運営体制には疑問を抱いている．カバグラでは2013年の11月に CELI が誕生し，現在で３期目である．メンバーは３年ごとに交代しなければならない．
　　「CLEI のメンバー10名のうち，その過半数が［自分自身も］MEP の職員［＝教員］だ．教員は［採用時や継続時に］４つの指標で評価される．指標には「先住民であり，先住民言語ができること，かつ教員過程を修了していること」や「先住民であり，先住民言語は話せないものの，教員過程を修了していること」などが含まれる．しかし，教育施設の「警備員や料理人は，CLEI のメンバーと仲良しかどうか，CLEI のお気に入りかどうかで仕事がもらえるかどうかが決定する」とペペは言う．
　　このことに大きな問題を感じているペペは，教員だけでなく職員に対しても適応されるような，CLEI 内での選考や任命の規定・規則（reglamento）を作成しようと取り組んでいた．規定・規則が出来れば，状況は改善するだろうと考えているからである．しかし，ペペがカバグラを留守にしている際に CLEI の会合が開かれ，彼がカバグラに戻ったときにはすでに選考や任命が終わってしまっていたこともあったそうだ．（2022年９月５日（月）フィールドノート）

このように語り諦めの色を浮かべていたペペは，彼自身も CLEI のメンバー

であったことから，一部の住民の批判の的になっていた．彼の義理の妹2名
（妻の妹たち）がカバグラ内のエスクエラで雇用されたのは，彼女たちがぺぺの
家族だからに違いない，これもアミギスモの一例だという陰口は，2022年と
2023年のカバグラ滞在時に筆者の耳にも入ってきた．しかし，冷静に考えれば，
これはまったく根拠のない「チスメ（chisme, 中傷，陰口，悪意のある噂）」である．
彼の義理の妹2名が特別支援教育の教員としての大学教育課程を修了している
ことは事実である．またカバグラの複数の集落のエスクエラには特別支援を要
する生徒たちが一定数いることも事実である．しかし，特別支援教育の専門課
程を修了している人材は彼女たち以外にはいない．これらを総合的に判断する
と，彼女たちがアミギスモで職を得たとは到底考えにくい．しかし，そう説明
したところで，ぺぺやCLEIを非難している人びとを納得させることは難しい
のが現状である．

　CLEIは，国際人権レジームやその影響下での国内での法整備，また先住民
居住区に暮らす人びとやその支援者によるこれまでの権利回復を求める運動と
いったここ数十年間の新たな動きの成果として，今日，ようやく実行に移され
るようになった教員任命という自己決定権行使の仕組みである．そのCLEIを，
2015年当時のように上手く機能させていくためには，住民間の対立やそれを加
熱させる，根拠のない陰口に対応し和解に導く調停のような仕組みが必要だ．
そうでなければ，外部のより強力なアクターが，このようなCLEIをめぐる居
住区内の住民間の対立を利用し，少なくとも教育分野では進展したはずの先住
民族の自己決定権を脅かし，この権利をまた取り上げようとするかもしれない．
しかし残念ながら，自治，また土地，領土の問題を解決する道が見えない現在
のカバグラには，多くの住民から支持を得ていたかつてのようなADIもなけ
れば，ADIと協力して住民間紛争に対処すべく活動していたTDCCももう存
在しない．現時点では，新たな住民グループがADIやTDCCの担っていた役
割を代行したりこれらの活動を再活性化したりするだろうという見通しも立て
づらい．

おわりに

　本章では，国際人権レジーム研究のなかで指摘されてきた国内での実効性の
問題と，法人類学や法の民族誌研究のなかで蓄積されてきたレジーム下を生き

る人びとのエージェンシーを垣間見ることのできる日常生活の様子を，コスタリカとりわけカバグラ先住民居住区の事例から明らかにした．カバグラの事例から浮かび上がるのは，コスタリカ政府が教育面での制度改革に力を入れ，そうすることで国際的規範を一定程度遵守する一方で，自治，また土地，領土に関する権利については長らく見て見ぬふりをし続けてきたということである．またその結果，解決が極めて困難なさまざまな問題が先住民居住区の人びとの暮らしや活動のなかに生じているということである．

　他方，カバグラの住民たちは，「自治」，「土地，領土」分野での制度的変化の無さと，「教育」分野での大きな変化を日常生活のなかで感じ取り，それぞれのやり方でそのときどきの状況に応じて対処してきた．当初は官製の「先住民コミュニティ」にすぎなかった ADI を内実としては改革した2000年代の取り組みや，ADI に代わる形態での先住民の自治・自立を模索中の2023年現在の取り組みはその一例である．誕生当初は機能していたものの2023年現在は問題含みとなってしまった CLEI のように，人びとの取り組みが目に見える成果をあげることもあれば，まったく上手くいかないときもある．それでもカバグラの住民たちは，試行錯誤を続けながら毎日をたくましく生き抜いている．

　ここまで示したとおり，先住民居住区に暮らす人びとにとって教育，自治，また土地，領土はすべて互いに関わり合っており，それぞれ個別に対応できるような問題ではない．しかし，現実の政治は個別断片的にしか動かない．国際人権レジームの影響下で先住民族の権利への配慮が，政策分野を問わず求められるようになった今日でも，この状況は変わっていない．また，国レベルでの交渉の際，先住民居住区の住民や国際人権 NGO など立場の異なるアクターが登場し，これら相互間での交渉が可能になったとはいえ，政府のようにより強力なアクターの便宜が優先される傾向にある．しかし，それでもなお，先住民居住区の住民たちは諦めず，今日も挑戦を続けている．

注

1）今日的な意味での人権概念は，第二次世界大戦以降に形成されたと説明されることが多いが，その形成当初は国内でマイノリティとなっている人びと，たとえば自他ともに「先住民である」と認める人びとの権利をほぼ無視したものだった（キムリッカ，2018:40-41）．しかし，その後，国際社会に急速に浸透し，2000年代以降は世界中に普及する，「解放」のための重要概念の1つだと見なされるようになった（Santos, 2002）．今日では，マイノリティや先住民族の権利を承認することが人権を実現するための前提条件だ

と広く主張されるようになっている（キムリッカ, 2018: 47）.

2）先住民族の権利に関する国際的な枠組み（本章ではこれを「国際人権レジーム」と捉えなおしている）が，コスタリカを含む多くの国々において先住民運動を生じさせ活発化させる背景の一つであること，また先住民運動に参加する多くの人びとがこれらの国際人権条約を「武器」「手段」とすることで「先住民である」個人および集団としての権利を自国政府に対して主張するようになったことについては，額田（2019）を含めすでに数多くの研究成果が発表されている．そのため本章では，国際人権レジームの「先住民運動への影響」ではなく，先住民運動の参加者でもある先住民居住区の住民たちの「日常生活への影響」の方に焦点を当てる.

3）1989年6月採択，1991年9月効力発生.

4）2007年12月採択.

5）ILO 第107条約は，世界で初めて「先住民および部族民（Indigenous and Tribal Populations）」を政策対象として扱った国際法規である（トメイ・スウェプトン, 2002; 清水, 2012）．1957年採択，1929年効力発生.

6）ILO 第169号条約の批准状況については ILO 公式 HP（www.ilo.org）より確認可能（2023年6月2日閲覧）.

7）2016年6月採択.

8）報告書（全文）は，国連人権高等弁務官事務所（Office of the High Commissioner for Human Rights）公式 HP（www.ohchr.org）より複数言語で閲覧可能（ただし，原文はスペイン語）.

9）UNDRIP 第5条には「先住民族は（中略）独自の政治的，法的，経済的，社会的及び文化的制度を維持，強化する権利を有する」ことが明記されている.

10）コスタリカにおける教育一般への評価は，少なくとも制度や政策面においては世界的に賞賛される傾向にあり，「教育は民主主義的な政治観を浸透させる制度として，またそれ自体が国民に対する福祉の中心の一つとして，重要な地位を占めた（米村, 2014: 130）」とも言われる．しかし，国際レジームの形成以前のこの国の教育制度やその内容を，先住民居住区に暮らす人びとの視点から捉えなおすと，それは民主主義的とも福祉ともほど遠いものであり，差別と強制の長い歴史を想起させるものでしかない．この状況を変化させる兆しが見え始めるのは，国連などを中心に先住民族の権利に関する国際レジームの形成が顕著となり，先住民運動が著しく活発化した1990年代以降である.

11）先住民教育部門（Subsistema de Educación Indígena）は，1993年2月の命令・通達 N°22072-MEP によって創設された.

12）太平洋に面した細長いプンタレナス県の南部に位置するブエノスアイレス郡にはカバグラを含む複数の先住民居住区が設置されている．2005年5月の行政命令第32454号で同郡は「コスタリカの先住民文化地域（Región de las Culturas Aborígenes de Costa Rica）」であることが宣言された.

13）カバグラ先住民住区内には22の集落が点在する．ただし，これらには数家族しか暮らしていない極めて小さな集落も含まれる．大多数の住民が暮らすのはサンラファエル集落やラスプリサス集落である.

14）2015年10月16日（金）フィールドノート.

15）ラファがプレジデンテだった頃の ADI から支援を受け，住民間コンフリクトを処理していた住民グループの名称．詳しくは額田（2019）参照．

16）「土地回復」の動きは，ここ数年で極めて暴力的なものと化していることに加え，背後にカバグラ内外のさまざまな利害関係が関わっている可能性が高いため，手放しで評価できる動きではない．また「土地回復」という言葉が想起するイメージとは異なる状況（ブリブリの住民間でのコンフリクト）であっても，カバグラではこの言葉が使用されることもあるため注意が必要である（額田, 2022）．

17）2013年の改革以降の先住民居住区全体としての教育の状況について，コスタリカの研究者ゲバラとソラノ（Guevara V. y Solano A., 2017）は2015年までの調査にもとづき改革の課題と実効性をそれぞれ検討した．彼らによると，課題として明らかになったのは，改革を実行するにあたり関係者全員への説明が丁寧に行われなかったこと，また当事者全員の合意形成が丁寧に行われなかったことに起因する問題が起こっていることである．教員のギルド内でのコンフリクト（たとえば先住民諸言語を話す教員と，話さない教員との間での対立）や，教員免許を必要としない「言語と文化（Lengua y Cultura）」担当教員に対する，一般科目担当の教員や校長による差別が生じていること，また CLEI への不満（たとえば先住民諸言語を話せない教員が CLEI からの「差別」を訴えていること）などが問題に含まれる．とはいえ，彼らは，制度改革の実効性については総じて評価している（Guevara V. y Solano A., 2017）．

18）2015年 8 月18日（火）フィールドノート．

参考文献

赤星聖（2021）「人権（労働者，女性，子ども）——人権規範の浸透と多中心化・多争点化するガバナンス」西田真規子・山田高敬編著『新時代のグローバルガバナンス論　制度・過程・行為主体』ミネルヴァ書房，pp. 176-185.

キムリッカ，ウィル（2018）『多文化主義のゆくえ——国際化をめぐる苦闘』法政大学出版局.

清水昭俊（2012）「国際法から「先住の民，先住民」への呼びかけ」太田好信編著『政治的アイデンティティの人類学——21世紀の権力変容と民主化にむけて』昭和堂，pp. 188-214.

トメイ，マヌエラ・スウェプトン，リー（2002）『先住民族の権利——ILO 第169号条約の手引き』苑原俊明・青西靖夫・狐崎知己訳，論創社.

米村明夫（2014）「コスタリカの教育——制度および政策」山岡加奈子編『岐路に立つコスタリカ——新自由主義か社会民主主義か』アジア経済研究所，pp. 129-156.

額田有美（2019）『Co* Design SP. 1　法廷において文化と向き合う——コスタリカにおける「裁判所」の民族誌』大阪大学 CO デザインセンター.

————（2022）「Facebook から読み解くコスタリカの先住民「土地回復」運動——オンライン調査からの一考察」『ラテンアメリカ・カリブ研究』第29号，pp. 38-48.

角田猛之・石田慎一郎編著（2015）『グローバル世界の法文化——法学・人類学からのアプローチ』福村出版.

Donnelly, Jack (1986) "International Human Rights: a Regime Analysis" *International Organization*, Vol. 40, No. 3, pp. 599-642.

Fernández Aráuz, Andrés (2018) *Estadísticas del subsistema de Educación Indígena de Costa Rica: Historia y situación actual (1800-2016)*, San José: Ministerio de Educación Pública.

Goodale, Mark (2002) "Legal Ethnography in an Era of Globalization: The Arrival of Western Human Rights Discourse to Rural Bolivia" in June Starr and Mark Goodale (eds.) *Practicing Ethnography in Law: New Dialogues, Enduring Practices*, New York: Palgrave Macmillan, pp. 50-71.

Guevara Víquez, Federico y José Solano Alpizar (2017) *La escuela y los pueblos indígenas de Costa Rica: Políticas, indicadores educativos y planificación multilingüe*. Heredia, Costa Rica: Universidad Nacional.

Nukada, Yumi (2020) "¿El Tribunal de Derecho Consuetudinario de Cabagra como reactivación de la tradición?: Un análisis etnográfico de "justicia indígena" en Costa Rica" *Cuadernos de Antropología*, Vol. 30, No. 2.

Santos, Boaventura de Sousa (2002) "Toward a Multicultural Conception of Human Rights" in Hernandez-Truyol, Berta (org.), *Moral Imperialism: A Critical Anthology*. Nova Iorque: New York University Press, pp. 39-60.

Sieder, Rachel (2010) "Legal Cultures in the (Un) Rule of Law: Indigenous Rights and Juridification in Guatemala" in Javier Couso, Alexandra Huneeus and Rachel Sieder (eds.) *Cultures of Legality: Judicialization and Political Activism in Latin America*, Cambridge: Cambridge University Press.

Speed, Shannon and Jane Collier (2000) "Limiting Indigenous Autonomy in Chiapas, Mexico: The State Government's Use of Human Right," *Human Rights Quarterly*, 22, pp. 877-905.

第7章　ベネズエラにおける人権侵害と
　　　　国際人権レジームの関与

坂口安紀

は じ め に

　2014年以降ベネズエラでは，ニコラス・マドゥロ政権下で国家による人権侵害が深刻化している．反政府派の政治家やジャーナリスト，人権活動家などに対する弾圧，反政府派の抗議活動に対する過剰な暴力的対応，政治的理由による逮捕者（政治犯）の増加，治安部隊による過剰な暴力による犠牲者の増加などが，国際社会から厳しく糾弾されている．

　一方国内では司法や検察，軍，警察などがチャベス派（マドゥロ政権）によって支配されているため，被害者やその家族・遺族が司法に訴えても対応してもらえず，国内で彼らが保護・救済される可能性は事実上なく，人権侵害を未然に防ぐのは困難である．選挙管理委員会や司法もチャベス派がコントロールし，選挙の公平性や透明性が著しく損なわれているため，選挙を通した政権交代による現状変更の可能性も小さい．

　このような状況に対して，欧米カナダ，南米の近隣諸国などから非難が寄せられてきた．加えて国連や米州機構（OAS），国際刑事裁判所（ICC）などを中心に，国際社会がベネズエラの人権状況に対する監視と関与を強めている．それらは被害者や遺族，彼らを支援する人権 NGO などの訴えを取り上げ，人権状況に関する調査を実施し非難決議を提起するなど，国際社会による監視・関与が強まっている．

　本章では，マドゥロ政権下の人権問題の状況と，それに対する国際人権レジームの関与について考察を進める．ベネズエラの人権状況について述べる前に，第 1 節では一国内の人権侵害に対して国際社会が関与する責任があると認識されるようになった背景について概説することから始める．その理由は，マ

ドゥロ政権（チャベス派）およびそれを支持する国・勢力・人びと（日本人も含めて）が，ベネズエラ国内における人権侵害への国際社会の関与を内政干渉であるとしばしば批判するため，人権（自由権）と国家主権について国際社会で主流となりつつある考えを整理する必要があると考えたからである．それを受けて第2節ではベネズエラにおける人権侵害の状況，第3節ではそれに対する国際社会の関与について考察する．

1　国際人権レジームの形成

1.1　人権と国際社会

　ある国のなかでなされる人権侵害に対して，国際社会がなんらかの関与・監視を行う場合，国家主権や内政不干渉の原則との対立関係をどうときほぐすかが課題となる．国連を中心とした国際社会は，第二次世界大戦以降，ナチス・ドイツによる残虐行為や旧ユーゴ，ルワンダの内戦などで多くの市民が犠牲になる悲劇を前に，内政不干渉の原則に阻まれて介入することができず，多くの犠牲者が出るのを止められなかった．国際社会の不作為によって人道的悲劇が繰り返されたことに対する猛省から，人権保護は国内問題から国際関心事項へと大きく変化した（東澤, 2022: 165; 渡部, 2009: 27）．

　国家が国民の人権を侵害している場合，かたや人権保護，かたや国家主権・内政不干渉というふたつの規範が対立する．このような競合関係を調整するために，20世紀後半から21世紀にかけて，さまざまなアイデアや新しい概念が作り出されてきた[1]．2001年に出され，その後の国連における人権保護の議論の土台となった「介入と国家主権に関する国際委員会（ICISS）」の報告書では，国家主権の概念に関して，「支配としての主権」に代わり「責任としての主権」概念が提示された．国家主権は，自国民を保護する主要な責任が国家にあることを前提とする．しかし市民が深刻な人権侵害を受けている状況で，当該国家がそれを防止・回避する意思や能力がない場合には，当該国家にかわり国際社会がその「保護する責任」を負うと考える．「介入する権利」ではなく「保護する責任」が国際社会にはあるというロジックである（政所, 2020: 62）．

　ICISS が提示した「保護する責任」論はその後国連内で繰り返し議論され，主流化していった（政所, 2020: 第4章）．2005年に開催された世界サミットの成果文書に，はじめて「保護する責任」が明記され，2006年の安保理決議では

「保護する責任」という言葉が主文にもりこまれた．そして2009年には国連総会の場において，「保護する責任」に関する総会決議が採択されている．なおこの議論において，ラテンアメリカ域内ではベネズエラ，キューバ，ニカラグア，エクアドルが反対の立場をとっていた[3]．国連における「保護する責任」論の主流化は，国際人権レジームの活動を規範面から強く支えるものであったといえる．

　国際人権レジームによる人権保障が実効力をもつには，当該国政府の協力が不可欠となる．しかし当該政府が人権侵害の実行者である場合，それは国内問題であり主権の問題として国外からの検証が拒否されることもある．そのような状況に対して「保護する責任」論は，「国家主権は無条件の権利ではなく国民を保護する責任との関係で相対化されるもの，言い換えればその責任を果たさない場合は，国家主権が制限され，干渉される場合もあり得るという主権認識は，国際的な人権保障にとって歓迎すべき」と評価される（東澤, 2013: 24）．

　「保護する責任」は，人権侵害を防止するための手段として，武力介入を含む強硬措置も容認するが，それはまれで，むしろ人権侵害の防止や保護など，非軍事的介入や監視においてより重要性をもつ．そして非軍事的介入や監視の手段・仕組みとして，さまざまな国際法の整備や国際機関の活動など，国際人権レジームの役割が重要となる．

　国際人権レジームは，国際的に共有される人権規範を基盤としながら，国連を中心とした世界レベル，欧州，米州，アフリカなどの地域レベルの双方でそれぞれの法体系，組織を形成しながら形成されてきた．また多くの場合それらは相互に協働しあい，また国内外の人権 NGO などとも連携しながら活動している．

1.2　国連

　国際人権レジームの核となるのが，国連である．国連憲章，世界人権宣言，そしてそれらに法的拘束力を持たせる「経済的，社会的，文化的権利に関する国際規約（社会権）」，「市民的，政治的権利に関する国際規約（自由権）」のふたつの国際人権規約が1966年国連総会で採択された（発効は1976年）．その第一選択議定書では，権利を侵害されたと主張する個人に請願の権利が与えられている[4]．

　ベネズエラは自由権規約，社会権規約ともに1969年に署名し，1978年に批准

表7−1　ベネズエラの人権に関する条約批准状況

		署名日	批准日
CERD	人種差別撤廃条約	1967.4.21	1967.10.10
CCPR	市民的及び政治的権利に関する国際規約（自由権規約）」およびその第一選択議定書	1969.6.24	1978.5.10
CESCR	経済的，社会的，文化的権利に関する国際規約（社会権規約）	1969.6.24	1978.5.10
CEDAW	女性差別撤廃条約	1980.7.17	1983.5.2
CAT	拷問等禁止条約	1985.2.15	1991.7.29
CAT-OP	拷問禁止条約の選択議定書	2011.7.1	
CRC	子どもの権利条約	1990.1.26	1990.9.13
CCPR-OP2-DP	自由権規約の第二選択議定書（死刑廃止に関する）	1990.6.7	1993.2.22
CRC-OP-AC	子どもの権利条約の選択議定書（武力紛争における子どもの関与に関する）	2000.9.7	2003.9.23
CRC-OP-SC	子どもの権利条約の選択議定書（児童売買等に関する）	2000.9.7	2002.5.8
CED, Art.32	強制失踪条約	2008.10.21	
CMW	すべての移住労働者とその家族の権利保護に関する条約（移住労働者条約）	2011.10.4	2016.10.25
CRPD	障碍者権利条約		2013.9.24*

注：*accession（加盟）．網かけはチャベス，マドゥロ政権下での署名・批准．
出所：UN Treaty Body Database より作成．https://tbinternet.ohchr.org/_layouts/15/TreatyBodyExternal/Treaty.aspx?CountryID=191&Lang=EN　2023年5月17日閲覧．

している．くわえて，それらに付随する7つの人権条約についても，すべて署名，およびその大半を批准ずみである（**表7-1**）．なお本章ではベネズエラにおける自由権の状況についてのみ考察し，社会権については取り扱わない．

　国連において人権問題を担当する組織は，国連人権理事会と，国連人権高等弁務官（UNHCHR）および同事務所（OHCHR）である．人権理事会は総会において地域ごとに選出された47の理事国から形成される．なおベネズエラは2019年10月の国連総会でラテンアメリカ選出枠として人権理事会メンバーに選出された．[5]

　人権理事会は各国における人権状況を監視し，人権侵害を防止する（以下，東澤, 2022: 100-107）．同理事会は国連の全加盟国に対して4年ごとに人権記録を審査する「普遍的・定期的レビュー」，また人権侵害の事由が発生した際に特

定の国，あるいは特定のテーマに基づいた個別の調査・報告を行う「特別手続き」を実施する．特別手続きは，国家の代表ではなく専門家個人として選ばれた任務保持者が実施し，年次報告書を人権理事会や国連総会に提出する．

　また，人権侵害の被害者である個人や NGO などが，間接的に人権理事会に申し立てることもできる．申し立ては，国の代表ではなく個人として指名された専門家からなる通報作業部会，理事国の代表の中から指名される状況作業部会を介して人権理事会に付される．人権理事会は，その報告を非公開で検討し，監視の継続や，人権高等弁務官事務所（OHCHR）による技術協力や助言を勧告する．申し立て手続きは非公開で行われ，人権侵害が認められた場合でも対応は対象国に対する勧告や助言にとどまり，被害者を直接救済するものではない．

　国連人権高等弁務官（UNHCHR）および同事務所（OHCHR）は，人権の促進，擁護，そのための国連諸機関との調整や勧告，当該政府との対話などを行い，人権理事会と総会に報告する．また，国連難民高等弁務官（UNHCR）や国連食糧農業機関（FAO）などとも連携しながら各国の人権状況の改善に努める．国連人道問題調整事務所（OCHOA）は，人道的危機や災害発生時や難民発生時に，国連諸機関および各国政府，赤十字，NGO などとの間で連携して効果的な支援ができるよう調整する．

　また安全保障理事会（安保理）においても，人権高等弁務官や人権理事会からの報告を受けて，深刻な人権侵害について協議し，非難決議が出されることがある．人権高等弁務官は，出身国の代表としてではなく専門家個人として任命され活動するが，安保理の議論は国家間のものとなる．安保理は，対象国による自発的な義務履行を促す平和的解決だけでなく，国連の中で唯一強制措置（軍事的介入および経済制裁などの非軍事的措置）を取ることが国連憲章によって認められている．

　そのため勧告や助言にとどまる人権理事会などの活動に比べて，安保理は人権保護において強い実効力を持ちうる．しかし安保理の行動は，国際政治的要因の影響，常任理事国による拒否権発動など，現実には合理的理由に乏しい選別性をはらんでおり，それが実効性や信頼性を損なっている（東澤, 2022: 110-112）．

　国連は，欧州や米州の地域機関と異なり，人権裁判所をもたない．そのため，次に紹介する国際刑事裁判所（ICC）との間で協定を締結し，国連安保理が ICC に対して訴追を付託することができる．

国際的人権保護の取組みは，実際には各国内において当該政府や担当する国内組織によって推進されることになるため，国内の人権保護活動やコミットメントを担保する国際的仕組みが必要になる．そのため国連は，加盟国に対して，国内に人権保護の専門機関（国内人権機関）の設置を求める．国内人権機関とは，人権委員会やオンブズマンなどの組織で，国家が国内において国際人権保護の義務を果たすよう，また人権侵害を調査し，被害者を保護するよう，また人権教育を推進するよう働きかける独立機関である．国連は1993年総会において，「国内人権機関の地位に関する原則（パリ原則）」を採択し，国内人権機関の連合組織である「国内人権機関世界連合（GANHRI）」が設立された．ベネズエラにおいてもパリ原則に基づき，1999年憲法によってオンブズマン事務所（Defensoría del Pueblo）が設置された．GANHRI は各国の国内人権機関の状況について A（パリ原則に十分に対応）と B（パリ原則に部分的に対応）に分類している．2021年1月20日現在127カ国のうち A が84，B が33と分類されており，ベネズエラのオンブズマン事務所は B と分類されている[6]．

1.3　国際刑事裁判所（ICC）[7]

第二次世界大戦以降も世界各地で武力紛争や自国民に対する殺戮で多くの市民が犠牲になった．その責任者である個人を訴追するために，旧ユーゴスラビアやルワンダなど個別の国際刑事法廷がその都度設置されてきたが，常設の国際刑事法廷を設置するために1998年に「国際刑事裁判所ローマ規定（通称「ローマ規定」）」が採択され，2002年に発効した．124カ国が加盟している[8]．ベネズエラはローマ規定に1998年に署名し，2000年に批准しており，その結果 ICC は2002年7月1日以降にベネズエラ国内またはベネズエラ国籍保有者によって行われた犯罪を取り扱うことができる．ICC は，集団殺害犯罪，人道に対する罪，戦争犯罪に問われる個人を訴追する．ICC は国連からは独立した組織だが，先述の通り国連安保理が ICC に付託することができる．ICC は内部に検察局をもつ．

ICC は，関係国に捜査・訴追を行う能力や意思がない場合のみ管轄権を有する（補完性の原則）．ICC が管轄権をもつのは，① 締結国が ICC 検察官に付託した場合，② 国連安保理が ICC 検察官に付託した場合，③ ICC 検察官が自己の発意により予備的検討を行った後，予審裁判部が捜査開始を許可した場合，である．締結国は ICC からの逮捕および引き渡しの請求に応じる義務がある[9]．

国際社会が「保護する責任」を行使する方法として，軍事介入ではなく非軍事的な人権保護の法的仕組みとして ICC は重要な役割をもつ．一方で，ICC には限界がある．ひとつには，あくまでも事後的介入であり，いくらかの抑止効果は期待できたとしても進行中の人権侵害に対して即時にそれを停止させる効果はない（東澤, 2013: 28）．もうひとつは，ICC の裁判には被疑者の出席が必要で，訴追のためには逮捕状や召喚状にもとづく身柄確保が必要だが，実際には被疑者確保や証拠収集には当該国の協力に頼らざるを得ないため，なかなか手続きが進まないという点である（東澤, 2013: 19）．

1.4　米州機構の人権レジーム[10]

米州機構は，欧州とならんで第二次世界大戦直後から人権に関する地域的取組みを進めてきた．1948年には米州人権宣言が採択され，1969年には法的拘束力をもつ米州人権条約が成立し（1978年に発効），2023年6月現在23カ国が批准している．ベネズエラは同条約を批准していたが，2012年に同条約を破棄した[11]．

1959年には域内の人道状況を監視する組織として米州人権委員会（IACHR）が設置され，1978年には米州人権裁判所も設置された．ヨーロッパ同様米州においても人権裁判所が設置されている．米州人権委員会は，総会で選出された7人の委員が，出身国の代表としてではなく個人資格の専門家として務める．人権委員会は，国別の人権状況を調査して報告書を作成するといった監視活動に加え，人権侵害の被害者である個人やそれを支援する NGO などの団体からの申し立てを受理する．人権委員会はまず，国内的救済が尽くされているか，また他の国際手続きに係属していないかといった要件を確認する．受理が認められた場合，審査を行う．和解が成立しない場合や当該国政府が同委員会の助言に対応しないと判断した場合，米州人権裁判所の審判を仰ぐ．人権裁判所が，米州人権条約などの違反があるとの判決を下した場合，当該国に救済措置や賠償を命じることができる．人権裁判所の判決は法的拘束力を持ち，締約国は判決に従う義務を負う（東澤, 2022: 135）．

米州人権条約には廃棄条項があり，トリニダード・トバゴとベネズエラが同条約を廃棄している．これは国連の自由権規約には廃棄条項がないのと対照的である（杉木, 2015）．

2　ベネズエラの人権状況

2.1　チャベス・マドゥロ政権下の憲法規定と人権保護

　ベネズエラはチャベス・マドゥロの両政権期，とりわけ2013年のチャベス死去後に政権についたマドゥロ政権下において人権状況が悪化しており，国際人権組織が監視を強めている．ここで確認しておくべき点は，ベネズエラは上述のように国連のすべての人権規約や国際刑事裁判所に関するローマ規定のいずれも署名・批准しているということである．米州人権条約についても，チャベス政権下で2012年に破棄したものの，それまでは批准していた．2000年代以降に署名された一部の条約・議定書をのぞき，ベネズエラが署名した国連人権法の大半は，チャベス政権前の1960〜90年代に署名・批准されている (**表7-1参照**)．それを受けて，チャベス政権初年 (1999年) に制定された新憲法には，批准済みのそれら国際人権法を反映した人権規定や国際人権レジームに対するコミットメントが明確に規定されている．なお，2007年にチャベスは憲法改正を試みたが，国民投票で否決されているため，現行憲法はそれら国際人権法を反映した1999年制定憲法である．

　1999年憲法のうち人権保護を扱う第3章では，国籍，市民権，政治的権利，社会権，文化・教育に関する権利，経済的権利，先住民の権利，環境権が規定されている．第3章の冒頭におかれた第19条は，「国家は，進歩性の原則に従い，いかなる差別なく，すべての人に対して，放棄され得ない，不可分の，相互依存の人権享受・行使を保障する」と規定するとともに，「本憲法および<u>共和国によって承認され署名・批准された条約，法律に従い，人権の尊重・保障は市民権力の組織の義務である</u>」とする．そして第31条は，「<u>共和国が批准した人権に関する条約，協定，合意によって定められた条件のもとで，すべての人は，国際人権機関に対してみずからの人権の保護を要請するための請願や苦情を申し立てる権利をもつ．国家は，本憲法および法律が定める手続きにのっとり，国際人権機関の決定を遵守するために必要な手段をとる</u>」と規定する (下線は筆者，以下同)．

　また，国内人権機関の設置に関するパリ原則にもとづき，1999年憲法は市民権力の組織のひとつとしてオンブズマン (Defensoría del Pueblo) を設置した．第280条は「オンブズマン事務所は，憲法および<u>人権に関する国際条約が規定す</u>

る人権の促進，保護，監視を担う」とする．第281条では，オンブズマンの職責として，憲法や国際人権条約が規定する人権保障についての監視・調査，人権侵害にかかる違憲行為の申し立て・人身保護令状，人身保護情報などの司法手続き，人権侵害があった際に管轄機関に対する是正と制裁の要請，人権保護の促進や政策の実施などが規定されている．

　このように1999年に制定された現行憲法は，人権規定を明確に規定するとともに，ベネズエラが批准してきた国際人権法を尊重すること，それを国内で推進していくための国内人権組織（オンブズマン）を設置し，国民が国際人権機関に人権保護を要請する権利を尊重するなど，国際人権法に対する国家としてのコミットメントを明確に規定していることは注目に値する．すなわちチャベス政権下で作られた現行憲法は，人権保護について高い理念をかかげ，国際的な人権保護の取組みに積極的かつ協調的・協力的な憲法であるといえる．

　にもかかわらずチャベス・マドゥロ両政権下で人権侵害が広がっているのは，なぜか．それは，国内の政治状況の変化，とくに支持率が低下するなかで政権を死守するために，政権みずからが立憲主義を放棄し，現行憲法から逸脱した行為・政策を展開しているためである．

　きっかけとなったのは，2007年にチャベス大統領およびチャベス派が支配する国会が提案した憲法改正案が国民投票で否決されたことである．政権初年度制定の1999年憲法では，自由民主主義や代表制民主主義，多元主義（第2条，第6条）が明確にうたわれており，経済システムの原則として，「（略）社会的公正，民主主義，効率性，自由主義，（略）」（第299条）が掲げられている．しかし2005年以降チャベスは社会主義国家建設および彼が「コミューン国家」と呼ぶ統治体制への移行を目指すと公言するようになった．それは，代表制民主主義や国民の市民的・政治的自由，多元主義を謳う現行憲法とは相いれず，ましてや現行憲法には社会主義もコミューンという言葉も存在しないため，チャベスは2007年に憲法改正によりそれを実現しようとした．しかし国民の同意を得られずチャベスの憲法改正案は国民投票で否決される結果となった．

　これに対してチャベスは「（改正案を）コンマひとつ変えない．この改正案は生きている」と宣言し[12]，否決された改憲案の内容を，チャベス派が支配する国会を使って法律レベルで推し進めていった．それらには，明らかに現行憲法に違反する内容が少なくない．たとえば，地域住民委員会など住民の政治参加のための組織はすべて「社会主義的組織」であると法律で規定された．そのため，

社会主義に賛同しない住民やコミュニティ組織はそれらの政治参加の枠組みから排除され，予算配分も受けられず，政治的意思に基づく差別がされている．2007年以降チャベス・マドゥロ両政権下においては政治的多元主義を謳う現行憲法はあからさまに軽視され，政権に与しない人びとの政治的自由は失われていった．

　このように2007年憲法改正に失敗したのち，チャベスおよびその後継マドゥロ政権は，憲法遵守の姿勢を失い，立憲主義は崩壊して権威主義化が進んだ．その結果，現行憲法が人権保護を明確に規定し，国際人権条約の遵守や国際人権機関との協調を謳っているにもかかわらず，政権がその憲法を軽視し形骸化することで，人権保護の原則は重みを失っていった．

2.2　ベネズエラの人権状況

　チャベス期（1999〜2013）より，反政府派の政治家やメディア，政府に抗議する学生，労組リーダーなどの政治的・市民的権利が侵害されるようになっていた．多くのテレビ・ラジオ局が閉鎖され，反政府派の有力政治家が被選挙権のはく奪や公職追放などにより選挙に立候補できない状況に追い込まれた．政治的理由，また恣意的かつ法的手続きを得ないかたちで逮捕される人が増えたが，検察・司法ともにチャベス派が支配しており，公正な裁判を受ける権利は失われた．

　2013年にチャベス大統領が死去した後に政権を継いだマドゥロ政権下（2013〜）では，ハイパーインフレや大幅な経済縮小，食料や医薬品の欠乏などで，9割以上の国民が貧困や生活維持の困難に陥り[13]，命を落とす人が続出する人道危機に発展した．チャベス期から悪化していた治安も著しく悪化し，人口当たりの殺人発生数は世界でも2〜3位に高い国となった（坂口, 2021: 205）．このような厳しい状況から，人口の2割を超える700万人以上が国外に脱出した[14]．

　マドゥロ政権への支持率は10％台へと落ち，政府に対する抗議デモが過熱・長期化するとともに，反チャベス派による度重なる巻き返しで，マドゥロは幾度も政権維持の危機に陥った．そのような状況で政権を死守すべく，マドゥロ政権はチャベス期以上に反チャベス派政治家やメディア，人権活動家，学生リーダー，労組リーダー，そして造反が疑われる軍人などへの弾圧を強めていき，弾圧は政権維持の危機に直面するたびに強化された．

　レオポルド・ロペス，エンリケ・カプリレス，マリア・コリナ・マチャドな

ど，大統領候補として名前があがる反チャベス派の有力政治リーダーがおしなべて，被選挙権はく奪，公職追放，恣意的逮捕，またはその威嚇を受けて亡命を余儀なくされるなど，反チャベス派政治家の国内での活動は著しく制限されている（坂口, 2021: 55）．2018年大統領選挙はそのようななかで強行された形骸化したものであったが，マドゥロが再選されたと主張したため欧米日本や南米諸国などからその正統性が認められていない．それが2019年1月フアン・グアイド国会議長の暫定大統領就任，およびその結果「ふたりの大統領」が自らの正統性を主張しあうという政治的混乱につながった．

　マドゥロ期には，経済的窮状を訴える抗議デモ，グアイドら反チャベス派政治家の動員に応えるデモ，政治的あるいは恣意的に逮捕された人びとの釈放を求めるデモが激増した．人権NGO，OVCSの集計によると，「ふたりの大統領」状態に陥り政治的緊張が高まった2019年には全国で1万6739件の抗議デモが発生し，うち42％は市民権や政治的権利を主張するものであった[15]．別の人権NGO，Foro Penalの集計によると[16]，2019年には1年で2219人が政治的な理由により，あるいは恣意的に逮捕・拘束されており（政治犯），2014年～2023年3月までに合計では1万5792人にのぼる．Foro Penalの情報に基づく国連人権高等弁務官事務所（OHCHR）のまとめでは，2019年5月末までに条件付き釈放も含め1万35人が釈放される一方，793人が拘束されたままであった．同事務所は，政府は少なくとも2014年以降，反チャベス派を威嚇し，異議申し立てを抑え込む手段として，恣意的な逮捕・拘束を使っていると認識している（UNHCHR, 2019: 9）．

　抗議行動に対してマドゥロ政権は過度の暴力を使って対応してきた．国家警備軍（GNB），ボリバル国家警察（PNB），特殊部隊（FAES），およびそれらとともに活動するチャベス，マドゥロ両政権と関連がある武装市民グループ「コレクティーボ」が，非武装の市民に対して発砲するなど暴力的対応をしたため，多くの市民が死傷した．政治的緊張が高まった2019年1～5月の抗議デモに対する治安当局の暴力的対応で，66人が犠牲になったと国連人権高等弁務官は報告している（UNHCHR, 2019: 8）．

　政治的理由による逮捕の場合，拷問も報告されている．国連人権高等弁務官事務所は135人の政治犯にインタビューをし，拷問や，非人道的な扱いを受けたとの多くの証言を得ている．とくに国家ボリバル情報部（SEBIN）と軍事カウンターインテリジェンス局（DGCIM）が，情報を得るため，自白させるため，または威嚇するなどの目的で，電気ショック，食事や水を与えないこと，性的

暴力も含めた暴力的対応を繰り返していたことが報告されている．検察は，2017〜2019年にデモ参加中に拘束された174人から，拷問やその他の不適切な扱いに関する72件の不服申し立てを受け付けたとするが，調査に関する情報は国連人権高等弁務官事務所は確認できなかったとする（UNHCHR, 2019: 9）．収容施設において政治犯が「落下事故」や「自殺」で命を落とす事件も続いた．

　軍人の逮捕や拷問も行われている．マドゥロ政権が権威主義化を深める一方，政権に造反する軍人グループの動きもいくつかあった．それらは軍人に対する盗聴などの諜報活動により未遂に終わるかごく小規模のまま抑えられているが，軍人の反政府的行動に関する監視が強まり，多くの軍人が逮捕されている．Foro Penal によると，2019年末の政治犯388人のうち118人が軍人であった．政治犯は2023年3月末には283人に減少したが，軍人は152人と増えており，政治犯の半数以上が軍人である．[17] 2019年には造反容疑で逮捕された少佐が，拷問のすえ瀕死の状態で車椅子にのせられて法廷に姿を見せ，その直後に死亡した．これは，見せしめとして，潜在的な造反兵士らに思いとどまらせるためのシグナル効果をもつと考えられる．

　また，急速に悪化する治安対策として，マドゥロは2018年に特殊部隊（FAES）を設置しし，貧困層居住地域での犯罪者の掃討作戦をかけてきた．しかし十分な調査や法的手続きを経ないまま，過剰な暴力的作戦で，犯罪者のみならず多くの市民が犠牲になっている．国連人権高等弁務官報告によると，治安オペレーションによる犠牲者は2018年には政府の集計で5287人（人権NGO, OVVによると少なくとも7523人），2019年1月1日から5月19日までで1569人（同左，少なくとも2124人）と，すさまじい数字となっている（UNHCHCR, 2019: 10）．

　このように，ベネズエラではとくにマドゥロ政権期に人権侵害が深刻化している．世界各国の自由や民主主義に関する専門家評価を行うフリーダムハウスによると，[18] 2023年にベネズエラは政治的権利（0〜40）が1とほぼゼロ評価，市民的自由（1〜60）が14，併せた総合評価が15と評価されている．これは評価対象195カ国のうち下位27位で，ロシアと同レベルである．下位50カ国のうちラテンアメリカ・カリブ諸国はベネズエラに加えてキューバ（同12位），ニカラグア（同19位）のみであり，域内でも人権の保護がもっとも劣悪な国のひとつと評価されている．

　ベネズエラの人権状況の時系列変化を見ると（**表7-2**），政治的権利，市民的自由のいずれもがマドゥロ政権期（2013〜）の10年で大きく評価を落として

表7-2　フリーダムハウスによるベネズエラの政治的・市民的権
　　　　利状況の評価

年	政治的権利 （0～40）	市民的自由 （0～60）	総合スコア （0～100）	状況
2013	15	24	39	部分的自由
2014	14	24	38	部分的自由
2015	13	22	35	部分的自由
2016	15	20	35	部分的自由
2017	11	19	30	非自由
2018	8	18	26	非自由
2019	3	16	19	非自由
2020	2	14	16	非自由
2021	1	13	14	非自由
2022	1	13	14	非自由
2023	1	14	15	非自由

注：個別質問は0～4で評価され，政治的権利に関しては10の質問があり合計スコアは0
　　～40，市民的自由は15の質問からなり合計スコアは0～60，総合スコアは0～100で，
　　いずれも高い方が達成されている.
出所：Freedom House, Comparative and Historical Data Files より抜粋.

いる．その結果ベネズエラは，2017年に「部分的自由」から「非自由」な国へ
と評価が変わった．

3　国際人権組織によるベネズエラの人権状況への関与

3.1　国連

　ベネズエラの人権状況に関する国連の関与は，2017年，2018年に国連人権高
等弁務官事務所（OHCHR）が国連人権理事会に報告をあげて以降，強化されて
いる．2018年9月には人権理事会はベネズエラの人権促進・保護に関する決議
を承認，2019年3月11～22日には国連人権高等弁務官事務所がベネズエラで現
地調査を実施し，同年6月にはミチェル・バチェレ人権高等弁務官がベネズエ
ラを訪問し，マドゥロ政権側，反政府派リーダー，そして人権侵害の犠牲者お
よびその家族らと面談を重ねたのち，7月に国連人権理事会に詳細な報告書を
提出した．2019年9月に同理事会は，バチェレ高等弁務官に同報告書を総会で
報告するよう求めるとともに，2014年以降のベネズエラの人権侵害状況を調査
するために，事実究明ミッション（FFMV）を設置することを決議した[19]．

166

　事実究明ミッションは，マドゥロ政権，人権侵害を受けている反チャベス派政治家やジャーナリスト，人権団体，一般市民などと会合を持ち情報収集するとともに，人権侵害が報告されている勾留施設を訪問するなどして，人権侵害状況の調査，監視，人権理事会への報告を行っている．加えて，人権侵害回避のための当局への早期介入，技術支援，人権 NGO との協力を進めることで，人権状況の改善を試みている．

　上記2019年9月の国連人権理事会の決議では，米州人権委員会のベネズエラの人権状況に関する取り組み（後述）にふれ，ベネズエラの人権状況を監視するにあたり，協力することを求めている．また国際刑事裁判所検察官がベネズエラの人権犯罪について予備審査の開始を決定したこと（後述）にもふれており，国連，米州機構，国際刑事裁判所の三つの国際機関がともに協力しながらベネズエラの人権状況の改善にあたっていることがわかる．

　国連安保理でもベネズエラの人権状況について取り上げられている．とりわけ「ふたりの大統領」という政治混乱状況と食料・医薬品の欠乏という人道危機が先鋭化した2019年には，ベネズエラに関して4回の会合が開かれている．また2019年2月28日には，安保理でベネズエラについて2つの決議案が出されている．ひとつめの決議案は米国が提出したもので，民主主義の平和的回復と公正な大統領選挙の実施を求めるとともに，国際的人道支援物資の受入れをマドゥロ政権が拒否したことに強い懸念を示すものであった．これに対してはロシアと中国が拒否権を発動したため，成立しなかった．一方ロシアは，平和的方法による政治問題の解決を求めること，そしてマドゥロ政権に対して米国政府が軍事介入の可能性を示唆していることへの懸念，また人道支援の国内持ち込みはマドゥロ政権の同意を必要とするという内容の決議案を出した．こちらの決議案は4カ国（ロシア，中国，南アフリカ，赤道ギニア）しか賛成せず，成立に至らなかった[20]．

　また国連人権高等弁務官事務所の活動のひとつ「特別手続き」では，強制措置（経済制裁）が対象国の人道的状況に与える影響に関する調査がされている．そのなかでベネズエラについて特別報告官が2021年2月にベネズエラで現地調査を実施し，その結果として，経済制裁は，すでに存在していたベネズエラの経済社会的危機を悪化させ，すべての国民，とりわけ貧困層や女性，子ども，先住民などに大きな影響を与えているとして，人権や民主主義，法の支配の名のもとで課されている制裁措置を解除するよう求めている[21]．

　国連人権高等弁務官によるベネズエラの人権状況への監視は続いている．2023年1月にはトゥルク（Volker Türk）高等弁務官がベネズエラを訪問し，3月と7月に人権理事会に報告している．そこで高等弁務官は，マドゥロ政権側が同弁務官事務所スタッフらに対して刑務所への訪問やインタビュー，裁判の資料閲覧・傍聴を許可するなど協力していること，治安当局による殺害，拷問・不適切な扱いに関する報告は減少傾向にあること，2022年には362人の治安担当者が拷問や不適切な扱いについて起訴され，47人に有罪判決が下されたことなどを報告している．一方で2014年以降の抗議デモ参加者の死亡に関する調査が遅れており，裁判が開始されたのは1割にも満たないこと，恣意的拘束の件数は減っているものの，まだ続いていること，公的情報への制限や表現や報道の自由が侵害されていること，2024年の大統領選挙を控えて，反チャベス派政治家らの政治的自由の回復が喫緊の課題であることなどを報告している[22]．

3.2　国際刑事裁判所（ICC）

　国際刑事裁判所におけるベネズエラの人権侵害に関する取組みは，2018年9月27日に同裁判所の設立基盤であるローマ規定の署名国グループ（アルゼンチン，カナダ，コロンビア，チリ，パラグアイ，ペルー）が，ICC検察局に2014年以降のベネズエラの人権状況について付託したことに始まる．同グループはベネズエラ国内において「人道に対する犯罪」がなされたとされる件について，調査を開始するよう求めた．それは予審裁判部へ送られ，少なくとも2017年4月以降に関しては人道に対する犯罪がなされたと信じるに足る合理的根拠があるとの結論が出された．2021年11月3日にICC検察局は予備審査の結果，調査開始を決定した．

　しかしそれに対して2022年4月16日，ICC検察局は，ベネズエラ政府より，この件についてはベネズエラ当局が調査を実施するためICC予審裁判部の調査を中止するよう求める要請を受け取った．ICCは，当該国に捜査・訴追する能力や意思がない場合にのみ管轄権をもつため，ベネズエラ政府がみずから行うということであれば，ICCは管轄権をもたないことになる．予審裁判部は，ICC検察からの申し立て，ベネズエラ当局の申し立て，そして被害者参加準備部を通して集められた人権被害に関する1875件の見解・懸念を検討した結果，ベネズエラ当局側による事実調査が不十分かつICC検察局が期待する速度で進められていないことなどから，ベネズエラは適切な審議を行う能力や意思を

もたないと判断し，2023年6月27日にICC検察局に対して調査再開を承認し
た[23]．

ICCのカリム・カーン検察官は2023年6月にカラカスを訪問し，ベネズエラ
国内にICC事務所を開設することについてマドゥロとの間で合意書に署名し
た．これにより，国連人権高等弁務官事務所とICCの双方がベネズエラ国内
に事務所を構えることになった．

3.3 米州機構（OAS）

米州機構も国連同様，傘下の米州人権委員会を中心に，ベネズエラにおける
人権状況について監視と批判を強めていた．とくに政府に抗議するデモへの暴
力的対応で死傷者が続出した2014年3月，2017年4～7月，2019年1～2月に
は，米州機構ではひんぱんにベネズエラに関する会合が開かれ，マドゥロ政権
に対して市民への暴力的対応を中止することや人権保護を求めるアピールがさ
れた．また幾度かにわたりベネズエラの人権状況に関する調査とその報告が行
われている[24]．

米州人権委員会は，人権侵害の被害者からの要請に応えて当該国に予防措置
を求める決議を出すが，ベネズエラについては2015年から2023年7月20日まで
の間に合計85件の予防措置が決議されている[25]．

2017年9月には，米州機構のルイス・アルマグロ事務総長が，ベネズエラの
人権状況が「人道に対する犯罪」として国際刑事裁判所（ICC）に申し立てら
れるべきかを調査するための専門家3人による独立パネルを任命した．同パネ
ルは2018年5月に，少なくとも2014年2月14日以降は，人道に対する犯罪がな
されたと考えるに十分な材料があるとの報告書を提出した．同報告書はICC
検察局に送られ，ICCローマ規定締結国に対してベネズエラの人権状況につい
てICC検察局に申し立てを行うよう求めた[26]．同年9月には，先述の通りアル
ゼンチンやコロンビアなど米州地域のローマ規定署名国6カ国が，ベネズエラ
の人権状況についてICC検察局に付託している．

2019年8月28日には，米州機構理事会がベネズエラの人権状況に対して，
「拷問，違法かつ恣意的な拘束，法に基づかない刑の執行，強制失踪などの深
刻で組織的な人権侵害および，健康，食料，教育といった基礎的権利やニーズ
の多くが与えられていない状況に対して強く糾弾する」という決議を行った．
また同決議には，米州人権委員会が国連人権高等弁務官事務所との協力を深め

てベネズエラの人権状況を監視することがもりこまれている[27].

　2019年10月に米州人権委員会は，監視強化と人権侵害にすみやかに対応することを目的に，ベネズエラ特別フォローアップメカニズム（MESEVE）を設置した．MESEVE は人権侵害の被害者に寄り添い，市民社会組織や米州機構内のその他の組織および国連と協力し，ベネズエラ国内の組織的な人権侵害について報告をする[28].

　MEVESE の報告などを受けて，米州人権委員会は，ベネズエラ国内の人権侵害の状況を監視し，ベネズエラ政府に対してさまざまなアプローチで対応する．人権侵害の個別ケースについて批判し事実究明を求める，被害者を保護するようベネズエラ政府に警告する，被害者に代わり人権侵害の訴えを米州人権裁判所に送致する，などである．米州人権裁判所は人権侵害の被害者個人からの訴追は受け付けないが，個人が人権委員会に訴え，調査したのちに同委員会が適切と判断した際に，当該ケースを米州人権裁判所に対して起訴することができる（表7-3）.

　ワシントンに本部を置く米州機構は米国の影響が強いとされ，またベネズエラの民主主義や人権侵害について厳しく批判し続けていたことから，米州機構，とりわけルイス・アルマグロ事務総長とチャベス・マドゥロ両大統領は厳しく対立していた．2011年にはチャベス大統領が米州人権条約を破棄し，2017年にはマドゥロ大統領が米州機構からの脱退を宣言した（発効は2年後）．それに加えて2019年以降のベネズエラ国内の政治的混乱が状況をさらに複雑にした．グアイド国会議長が暫定大統領に就任した2019年1月，米州機構はすみやかにグアイドを正統なベネズエラ大統領として承認し，グアイドが任命したグスタボ・ターレをベネズエラ大使として受け入れたためである[29].

　米州機構の総会では，各国大使が国を代表して意見表明や投票を行うため，ベネズエラの人権状況に対する姿勢も域内政治に左右されやすい．チャベス政

表7-3　ベネズエラから米州人権委員会が受取った請願数の推移（件）

	2013	2014	2015	2016	2017	2018	2019	2020	2021	2022
人権委員会が受取った請願数	38	14	26	43	53	56	54	64	34	24
人権裁判所に送致された数	1	0	1	2	2	0	4	0	2	5

出所：米州機構ウェブサイト Estadisticas より作成．https://www.oas.org/es/cidh/multimedia/esta disticas/estadisticas.html　2023年7月26日閲覧.

権から安価に石油を受け取ってきた中米カリブ諸国は，チャベス・マドゥロ両政権に対する非難決議に賛成票を投じにくい．2017年6月の総会では，米国，メキシコ，ペルー，チリなどがマドゥロ政権による憲法改正手続きの停止や人権尊重を求める非難決議を提案したが，中米カリブ諸国が棄権に回ったことで，決議採択に必要な数に届かず，非難決議は成立しなかった[30]．2010年代にはラテンアメリカの多くの国が中道・中道右派政権下にあり，チャベス・マドゥロ両政権には批判的であった．しかし2020年代になるとメキシコに続きコロンビア，ブラジル，アルゼンチンなどラテンアメリカで再び左派政権が増えており，米州機構内でのベネズエラに対する各国の対応に影響が出ると考えられる．

おわりに

　本章では，ベネズエラの厳しい人権侵害の状況について考察した．ベネズエラは国連，国際刑事裁判所，米州機構などの人権条約や規定のすべてに署名，その大半を批准している（米州人権条約を破棄したのを除く）．そしてチャベス政権下で制定された現行憲法には，それらの国際人権法を反映させ，国際条約へのコミットメントについても明確に規定している．国内人権機関の設置に関するパリ原則も尊重し，同憲法でオンブズマンを設置している．すなわち，チャベス政権下で制定された憲法は人権保護において国際水準を充たしたものであると言える．ベネズエラで人権侵害が広がっている理由は，チャベス・マドゥロ両政権が憲法遵守の姿勢を弱め，立憲主義が崩壊したことにより，国民の人権が法的保護を失ってしまったためである．

　政府が国民の人権を守る意思を失っているため，ベネズエラ国民の人権を守る責任は国際社会が負うことになる．国連と米州機構，国際刑事裁判所はそれぞれにベネズエラの人権状況の監視や調査，助言などを行いながら，相互に連携していることがわかった．これらは国際人権レジームを形成し，連携することでより効果的にベネズエラの人権状況の改善を支えることができると考えられる．ベネズエラでは上述のように現行憲法には人権保護規定がしっかりともりこまれているため，人権状況の改善のかぎは，立憲主義の回復ということになる．

　支持率が底をついている状況で政権を死守しようとしているマドゥロ政権が，反政府派の政治家や市民に対する弾圧を緩めることを期待するのは難しい．そ

のような状況で国際人権レジームの働きかけが奏功するには，監視・調査・批判・助言だけでは困難かもしれない．国連においては安保理が経済制裁や軍事介入などの強制措置を承認することができるが，それは現時点では現実的ではなく，また拒否権をもつロシアや中国の存在が，ベネズエラに対して安保理が一枚岩になって有効な措置をとることを阻んでいる．

　一方米州機構は，長年チャベス，マドゥロ両政権と対立してきたこと，グアイド暫定大統領をいちはやく承認したこと，大きく揺れ動くラテンアメリカの域内政治の影響を受けやすいこと，チャベス，マドゥロが人権条約を破棄し，米州機構を脱退したことなどで，有効な手を打ちづらい．そのようななか，国際刑事裁判所は国の利害と独立した国際法や人権の専門家集団であり，中立で公正な調査や判決が期待できる．しかし実際には，欠席裁判が認められていないため，被告が国際刑事裁判所に出廷しないかぎり裁判が進められない．

　そのためベネズエラの人権侵害に対する国際人権レジームの介入は，監視や調査，政権側とのひんぱんなコミュニケーションなどが重要になると考えられる．国連人権高等弁務官事務所と国際刑事裁判所がベネズエラ国内に拠点をおいたことで，彼らは被害者や遺族，人権団体などからより多くの情報を集めることが可能になるうえ，国際人権スタッフによる拘留施設への訪問やインタビュー，逮捕記録の閲覧や裁判の傍聴は，一定程度の人権侵害の抑止効果をもつと期待できる．

　2014年，2017年，2019年といった政治的緊張が高く人権侵害も深刻化し続けた時期と比べて，それ以降2023年にかけて人権侵害の状況は若干改善しているようにみえる（とはいえ，いまだ厳しい状況には変わりない）．2023年7月にトゥルク国連人権高等弁務官は，治安当局による殺害，拷問・不適切な扱いに関する報告が減少していること，それらに関する裁判が行われており，有罪判決も出ていることを報告している．先述の通り政治犯の数も2019年末の388人から2023年3月末には283人におよそ100人減っている．

　しかしこれらは，必ずしも国際人権レジームの働きかけの効果であるとは言い切れない．反チャベス派政党や政治家が弱体化し彼らが動員する抗議デモが減少していること，今までの厳しい弾圧の威嚇効果でデモに参加する市民が減っていること，多くの政治家やジャーナリストなど弾圧の対象となる人々の多くがすでに逮捕されていたり国外に脱出していることなども，反チャベス派の人々への人権侵害の事案が減っている背景にあるとも考えられる．政治犯の

減少については，米国の経済制裁解除をカードにしたマドゥロ政権と反チャベ
ス派との交渉のなかで少しずつ釈放された結果でもある．

　国際刑事裁判所では，人道に対する犯罪の責任者個人に対する判決を出す．
そのためマドゥロおよび政権の高官，軍・治安部隊のトップなどが被告となり
得る．その裁判で有罪判決が出る可能性が高くなるほど，彼らは政権を死守し
なければならなくなる．政権交代すれば身柄を引き渡され法の裁きを受けるこ
とになるからである．国際刑事裁判が進展するほど，政権死守のために反政府
派の政治家や市民への弾圧がふたたび強まることも予想される．粛々と裁判を
進める一方で，国際人権レジームによる監視の強化とその効果を上げるための
なんらかのレバレッジを模索し，実効性を高めていく必要がある．

注
1）アナン国連事務総長の求めを受け，カナダ政府が中心となり2000年に設立された「介
　入と国家主権に関する国際委員会（ICISS）」の2001年報告書に始まる．以下，政所
　（2020: 第2章）の整理より．
2）政所（2020: 98）より．なお成果文書はコンセンサスで採択されたが，同サミットの
　議論において「保護する責任」を支持する姿勢を示していたのは68カ国，慎重姿勢を見
　せていたのは，米国，日本，中国，ロシアを含む11カ国，反対姿勢を示していたのは12
　カ国で，それにはベネズエラとキューバも含まれる（政所, 2020: 100，表3-1）．
3）支持していたのは90カ国，慎重派が中国，ロシア，ブラジルなどを含む18カ国，反対
　はラテンアメリカ域外のパキスタン，イラン，北朝鮮，スーダンを含む8カ国（政所,
　2020: 122，表4-1）．
4）"Optional Protocol to the International Covenant on Civil and Political Rights,"国連人権
　高等弁務官事務所（OHCHR）ウェブサイト．
5）"Venezuela to Join U. N. Human Rights Council, Despite Track Record," *The New York
　Times*, Oct. 17, 2019. 2019年10月の総会では，ベネズエラ同様に人権侵害で嫌疑がかか
　るスーダンやリビアも選出されている．
6）"Chart of the Status of National Institutions Accredited by the Global Alliance of
　National Human Rights Institutions."国内人権機関世界連合（GANHRI）ウエブサイト．
7）https://www.icc-cpi.int/　2023年6月18日閲覧．
8）https://www.unic.or.jp/activities/international_law/icc/　2023年6月18日閲覧．
9）https://www.mofa.go.jp/mofaj/files/100437651.pdf　2023年6月18日閲覧．
10）https://www.oas.org/en/iachr/　2023年6月18日閲覧，東澤（2022: 133-135）．
11）https://www.corteidh.or.cr/que_es_la_corte.cfm?lang=en　2023年6月29日閲覧,
12）"Pese a la derrota, Chávez insistirá en las reformas." *La Nación*, 4 de diciembre, 2007.
13）"ENCOVI, Indicadores sociales." ENCOVI ウェブサイト．
14）"Refugees and Migrants from Venezuela." R4V（Inter-Agency Coordination Platform

for Refugees and Migrants from Venezuela）ウェブサイト．

15）"Conflictividad social en Venezuela en 2019." Observatorio Venezolano de Conflictividad Social（OVCS），24 enero, 2020. OVCS ウェブサイト．

16）Foro Penal "Reporte sobre la represión en Venezuela año 2019." 23 enero, 2020/ "Reporte sobre la represión política en Venezuela 2023." marzo 2023. Foro Penal ウェブサイト．

17）注16と同じ．

18）Freedom in the World, Comparative and Historical Data Files, Freedom House ウェブサイト．

19）"42/25. Situation of Human Rights in the Bolivarian Republic of Venezuela," Resolution adopted by the Human Rights Council on 27 September 2019." https://documents-dds-ny.un.org/doc/UNDOC/GEN/G19/299/69/PDF/G1929969.pdf?OpenElement　2023年 6 月27日閲覧．

20）"Russia, China Veto US Resolution on Venezuela." *DW*, March 1, 2019.

21）"A/HRC/48/59/Add. 2: Visit to the Bolivarian Republic of Venezuela‐Report of the Special Rapporteur on the Negative Impact of Unilateral Coercive Measures on the Enjoyment of Human Rights, Alena Douhan." OHCHR website, October 4, 2021. OHCHR ウェブサイト．

22）"Venezuela Update by High Commissioner Türk." July 5, 2023. OHCHR ウェブサイト．

23）"Situation in Venezuela: ICC Pre‐Trial Chamber I Authorizes the Resumption of the Investigation." June 27, 2023. ICC ウェブサイト．

24）OAS ウェブサイト各年月の Press Release リストより．

25）Inter-American Commission on Human Rights ウェブサイト Precautionary Measures の各年のリストより．

26）"Secretary General of the OAS Announces the Appointment of Independent Panel of International Experts." September 14, 2017/ "Panel of Independent International Experts Finds "Reasonable Grounds" for Crimes against Humanity Committed in Venezuela." May 29, 2018. OAS ウェブサイト Press Release リストより．

27）"OAS Permanent Council Approves Resolution on the Situation of Human Rights in Venezuela." August 28, 2019. OAS ウェブサイト Press Release リストより．

28）"Special Monitoring Mechanism for Venezuela." Inter-American Commission on Human Rights ウェブサイトより．

29）"OAS Recognizes Juan Guaido's Ambassador." *DW*, April 10, 2019.

30）丸山修一・外山尚之「米州機構，ベネズエラが脱退正式表明　非難決議できず」『日本経済新聞』2017年 6 月22日．

参考文献

齊藤巧高『米州人権制度の研究――米州人権委員会と米州人権裁判所の挑戦とその影響』北樹出版，2021年．

坂口安紀『ベネズエラ――溶解する民主主義，破綻する経済』中央公論新社，2021年．

篠原梓『国際規範としての人権法と人道法』東信堂，2017年.

杉木志帆「特集　人権保障メカニズムをめぐる国際動向　米州における地域的人権保障制度」『国際人権ひろば』No. 119（2015年01月）.

東澤靖「現代における人権と平和の交錯——国際刑事裁判と「保護する責任」をめぐって」『PRIME』36：15-31，2013年.

————『国際人権法講義』信山社，2022年.

政所大輔『保護する責任——変容する主権と人道の国際規範』勁草書房，2020年.

渡部茂己編『国際人権法』国際書院，2009年.

Constitución de la República Bolivariana de Venezuela. 30 de diciembre, 1999.

Engstrom, Par, and Courtney Hillebrecht eds. *The Inter-American Human Rights System: The Law and Politics of Institutional Change*. New York: Routledge, 2019.

Hillebrecht, Courtney. *Domestic Politics and International Human Rights Tribunals*. New York: Cambridge University Press, 2014.

UN High Commissioner for Human Rights (UNHCHR). "Human Rights in the Bolivarian Republic of Venezuela." A/HRC/41/18, July 5, 2019.

ウェブサイト

国際連合広報センター・人権. https://www.unic.or.jp/activities/humanrights/

ENCOVI. https://insoencovi.ucab.edu.ve/indicador-pobreza/

Foro Penal. https://foropenal.com/

Freedom House, Freedom in the World, Comparative and Historical Data Files. https://freedomhouse.org/report/freedom-world#Data

Global Alliance of National Human Rights Institutions (GANHRI, 国内人権組織世界連合). https://ganhri.org/nhri/

Human Rights Watch World Report 2023 Venezuela. https://www.hrw.org/world-report/2023/country-chapters/venezuela#dc3816

Inter-American Commission on Human Rights (IACHR, 米州人権委員会). https://www.oas.org/en/iachr/

International Criminal Court (ICC, 国連刑事裁判所). https://www.icc-cpi.int/

Observatorio Venezolano de Conflictividad Social (OVCS). https://www.observatoriodeconflictos.org.ve/

Observatorio Venezolano de Violencia (OVV). https://observatoriodeviolencia.org.ve/

Office of The UN High Commissioner for Human Rights (OHCHR, 国連人権高等弁務官事務所). https://www.ohchr.org/en/ohchr_homepage

R4V (Inter-Agency Coordination Platform for Refugees and Migrants from Venezuela). https://www.r4v.info/en

Special Monitoring Mechanism for Venezuela (MESEVE), Inter-American Commission on Human Rights. https://www.oas.org/en/iachr/jsForm/?File=/en/iachr/meseve/default.asp

終　章　国際人権レジームの
　　　　ラテンアメリカにおける影響

宇佐見耕一

　今日のラテンアメリカでは，自由権と社会権を含む人権を保護する法制度が整備され，人権委員会や護民局といった公訴機関を備えており，制度上は人権保護制度が制定されているようみえる．しかし，実質的にはそうした国内における人権保護が十分機能していない事例が，特に社会的脆弱層において多く観察される．人権は，国内制度によってまず保障されるのが理想であるが，20世紀後半まで権威主義体制が続いてきたラテンアメリカ諸国では，国内の法制度が進みにくい状況にあった．その一方で，国際的な人権保護のレジームが1948年の世界人権宣以来，各種の条約，宣言，声明，会議での報告等により形成されてきた．本書では，国内的に十分に解決できない人権上の問題に対して，国際人権レジームがいかなる影響を域内各国の人権保護制度に与え，またそれが実際にどの程度機能しているかを解明することを課題とした．

　本書で分析の対象としたのは，アルゼンチンにおける高齢者，メキシコにおける家内労働者，移民／難民，ペルーとコスタリカにおける先住民の権利，ベネズエラにおける自由権である．各章で示されたように，各々個別のグループの人々を保護する国際人権レジームが存在している．例えば高齢者に関しては全世界的に数多くの宣言が出された一方で，高齢者の人権保護条約は地域的な米州高齢者人権保護条約が発効しており，それらが高齢者保護国際人権レジーム・コンプレックスを構成しているといえる．先住民や女性に関しても同様なことが言える．こうした世界的，または地域的なグループごとの国際人権レジーム・コンプレックスと並行して，各国においてもそれぞれの法制・機関の整備が進んだことは確かである．問題は，果たして国際人権レジームを反映して整備された各国での制度が，それぞれの社会的脆弱層の人権を実質的に保護できているかどうかである．それではそれぞれの課題について各章での議論を

概観してみよう．

　第1章は，アルゼンチンにおける高齢者の事例を扱っている．アルゼンチン政府は第二次世界大戦後早期から高齢者の人権保護を目的とした国際的，地域的人権レジームの形成に関与してきた．2017年には米州高齢者人権保護条約が批准され，連邦議会においてそれを根拠とした多くの高齢者保護法案が上程され，一部成立している．また，米州高齢者保護条約は憲法と同格の役割を与えられ，一部司法の面でもそれが活用されている．しかし，公訴機関としては司法よりも護民局への訴えが多く，米州人権委員会や米州人権裁判所は，最後の解決の場所としての位置づけである．他方，社会保障面では年金を中心にインフォーマルセクターを包摂する制度が形成された．それは主として国内政治的要因によりなされたものであるが，国際的な高齢者保護人権レジーム形成とも期を同じくしていた．

　第2章ではメキシコの女性を中心とした家事労働者の事例を扱っている．家事労働者保護に関する国際人権レジームとしては，2011年発効の「家事労働者のためのディーセント・ワークに関する条約（ILO189号）」（the Convention concerning Decent Work for Domestic Workers）および2013年にILO総会で採択され発効した家事労働者の適切な仕事に関する勧告第201号がある．地域的には，国連ラテンアメリカ・カリブ海経済委員会（CEPAL）やカリブ海移民協議会（CNC）が，ラテンアメリカ地域の家事労働者の調査，報告，ネットワーク作りを行っている．ILO，国連女性機関（UNWomen），国際移住機関（IOM）などが家事労働者の人権に係る国際的なアクターとなっている．

　これに対応してメキシコ国内でもメキシコ政府は，労働法の改正に着手した．連邦労働法ではすでに家事労働者を労働法の対象としていた（連邦労働法331条から343条）が，2012年，2019年の労働法改正を経て，批准に至った．しかし現実には，ほとんどの家事労働者は非正規雇用で，労働法や家事労働者法の恩恵を受けていない．特に，移民家事労働者に関しては，メキシコ人の家事労働者よりも労働条件は悪く，非正規，移民，女性という三重の脆弱性にさらされているのが現状ある．

　第3章ではメキシコにおける移民／難民の権利保護を検討している．移民／難民を保護する国際人権レジームの中核には，国連人権委員会によって提起され，1951年に採択された「難民の地位に関する条約（難民条約）」，およびこの条約を補完するものとして，難民の地位に関する議定書がある．また，難民救

済のための国際機関として国連難民高等弁務官事務所（UNHCR）がある．地域レベルでは，1984年に，ラテンアメリカ9か国により「カルタヘナ宣言」が採択されている．他方，メキシコにおいては，罰則主義に基づく住民一般法が長らく移民／難民に関する唯一の法律であった．しかしそれでは移民／難民の多様な問題に対処しきれないことが明らかとなり，2011年に国際条約に対応した移民法が制定され，2000年に「難民の地位に関する条例」が批准され，2011年にの難民法が制定された．また，近年特に問題となっているのが，中米からメキシコを通過して米国を目指すトランジット移民の増加である．トランジット移民の多くは非正規移民であり，彼らを排斥する国外追放者数も増加している事実が指摘されている．さらに2019年からは国家警備隊を非正規移民の取り締まりに動員している．他方，難民申請者数は2017年頃から増加しているが，認定者数はあまり増加していない状況も明らかにされた．このように法整備がなされる一方で，移民／難民が適切に保護されていない理由として，メキシコ難民支援機関（COMAR）の予算・人員が不足している点，米国の政策による影響がある点，移民／難民が多様化している点を指摘している．

　第4章は，ペルーにおける先住民の権利保護の問題を扱っている．まずペルーにおいて先住民言語の分断，先住民の国内移住，革命派反政府武装組織の存在等々により先住民が分断されており，先住民運動が起こりにくいとする．他方，国際的な先住民の人権保護に関して1982年より報告書（通称コボ・レポート）を受け，先住民の権利と自由に関する宣言の準備委員会が設置された．1986年にはILOが先住民の権利に関する専門家委員会を設置した．そして，89年に先住民の権利保障を定めたILO第169号条約が可決され，91年に発効した．さらに，1995年に国連「世界先住民族国際10年」が設定され，2000年に社会経済理事会に「先住民問題に関する常設フォーラム」が設置されるというように先住民の権利保護を目的とした国際人権レジーム・コンプレックスが形成されていった．これに対応してペルー国内においても，1994年と比較的早い時期にILO第169号条約を批准した．しかし，事前協議法が可決されるには時間がかかり，ウマラ政権により，2011年に事前協議法が成立した．とはいえ，その事前協議法第15条において国家と先住民の間で合意が成立しない場合は，国家機関が先住民の集団的権利を保障する配慮をして最終決定する権限がある旨を規定し，最終的決定権が国家にあることが明示されてた．2012年の執行細則の公布以降，今日まで83の事前協議が提起，開始された．毎月，少なくとも

200件前後の社会紛争が起き，そのうちの6～7割が自然資源開発に関する紛争であることを考えると，事前協議の制度利用は決して多くない．その理由として，経費が掛かる点，事前協議期間が短く設定されている，最終決定権が国家にある点が指摘されている．

第5章も同じくペルーの先住民の権利保護がなされているのかを，フィールドワークの視点から明らかにしている．同論文においても，第4章と同じく先住民の人権を保護すべき国際人権レジームの形成をまず説明する．その上でペルー南部アマゾン地域，マドレ・デ・ディオス県のアラサイレ共同体でのフィールド調査を実施した．マドレ・デ・ディオス州は近年，ブラジルから同県を経て，ペルー南部太平洋岸へと至る大陸横断道路の開通（2011年頃）によりアンデス高地からの移民が流入し，違法金採掘，それに伴う森林破壊，水銀汚染等が社会問題となっていた．2010年代に入り制定された事前協議枠組みは，本フィールドワークにおいては石油開発に関しては一定の意義は認められるものの，住民の生活と関連している金採掘問題ではその影響は見られなかったとしている．他方でアラサイレ共同体は，違法金採掘問題をめぐる行政の場当たりな対応に振り回されてきた．現状ではいったん，自領域内での新規認可が一切停止された状態で落ち着きを見せている．しかし，鉱回廊における採掘が容認される限り，イナンバリ川の濁りが解消されることはなく，たとえ事前協議枠組みが再開されても，金採掘をめぐる環境的荒廃の解決策にならないと想定されると結論している．

第6章は，コスタリカの先住民の権利保障に関して，土地の権利と教育に焦点を当てたフィールド調査を基にした分析である．先住民保護に関する国際人権レジームは第4章で示されたものに加えて，米州機構の「先住民族の権利に関するOAS宣言」を挙げている．コスタリカ政府は1993年にILO169号条約を批准した．それに対応して国内法で先住民の土地に関する権利を保護する法律として1977年の先住民法（Ley Indigena，法律第6172号）が公布された．そこでは保留地は先住民コミュニティが時効なしで保有できることが定められている．先住民の教育に関しては教育省の命令・通達により，先住民居住区教育委員会（CLEI）が設立され，先住民居住区内の教育機関の教員任命制度の改革が目指された．調査対象地は，プンタレナス県南部に位置するブエノスアイレス郡周辺の先住民居住区である．まず，土地に関しては2000年頃からは政府の政策に対応して作られたADIと呼ばれる先住民コミュニティ組織を介し，ある程度

の土地，領土の回復さらた．その後，ADI が弱体化したと認識された2020年
頃以降は，ADI に代わる複数の住民グループによる「土地回復」と呼ばれる
行為をとおして，特定の区画を現在の所有者・占有者から実際に取り戻す動き
が調査地カバグラ内でも活発化し，2023年現在もこの状況が続いている．教育
に関してみると，従前は差別の対象となっていた先住民語「ブリブリ語を話
す」ことが，CLEI 制定後では就職に有利な状況になっている．しかし，カバ
グラを含む複数の先住民居住区において CLEI を批判する住民たちの声が次第
に大きくなっていることも無視できない．コスタリカでは，先住民の権利保護
の国際人権レジームに対応して国内で整備された法制・機関が，先住民の土地
と教育に関して一定の効果が見られたが，それはコミュニティ内外の要因によ
り必ずしも安定的状況にない．

　第7章は，ベネズエラにおける前チャベス政権と現マドゥロ政権下の自由権
に関する分析を行っている．自由権に関する国際人権レジーム・コンプレック
スは，1945年の設立に際しての国連憲章1948年に採択された国連の世界人権宣
言，1966年に発効した社会権，自由権からなる国際人権規約が等々一連の宣言
なされている．また，それら人権保護を担保する国際機関として国連人権高等
弁務官（UNHCHR）および同事務所（OHCHR）が設置されている．国連内の組
織としては2006年に人権理事会が設置された．人権保護の国際司法機関として，
1998年に国際刑事裁判所設置のための「国際刑事裁判所ローマ規定（通称
「ローマ規定」）」が採択され，2002年に発効した．ベネズエラはローマ規定に
1998年に署名し，2000年6月7日に批准している．地域レベルでも米州人権委
員会と米州人権裁判所が設置されているが，ベネズエラは2011年にはチャベス
政権が米州人権条約を廃棄，2017年には人権侵害を批判されたマドゥロ政権が
米州機構からの脱退を宣言した（発効は2年後）．他方ベネズエラ国内では，
チャベス政権とその後続のマドゥロ政権により，反政府派への深刻な弾圧・人
権侵害が続いている．これに対して国連では事実の究明，2019年以降ベネズエ
ラ国内には国連常駐調整官事務所の設立，，国際刑事裁判所での審議の準備，
2019年には米州機構理事会でベネズエラの人権状況に対する非難等々国際人権
レジーム・コンプレックスが直接ベネズエラ政府による人権侵害問題の究明に
関与している．こうした国際的な人権レジーム・コンプレックスによる圧力が，
マドゥロ政権による人権侵害に対する抑止につながる可能性が指摘されている．

　これらの事例研究から，ラテンアメリカにおける社会的脆弱層，高齢者，女

性家内労働者，移民／難民，先住民の自由権を保護するための国際人権レジー
ム・コンプレックスが形成され，各国ではそれに対応した法律や機関が制定さ
れたことが確認された．問題は，果たしてそれが十分効果的にラテンアメリカ
域内の社会的脆弱層を保護してきたかという点である．本書の事例研究からい
えることは，それらは一定の役割を果たしたが，必ずしも十分ではなく，また
社会的脆弱層のグループや国によりその効果も異なるということである．

　例えば，メキシコの難民／移民に関して難民条約に対応してメキシコ憲法が
改正され，行政組織としてのメキシコ難民支援機関（COMAR）の機能が拡張さ
れた．現在メキシコ国内にはメキシコには10か所の COMAR 事務所があり，
人道ビザ取得のための証明書が付与されることになっている．ビザの有効期間
は就労可能であり，また申請中は自国に戻されないことが保障されている．し
かし，申請者に対して認定される難民の割合は低くなっているの実情である．
先住民に関しても，ペルーにおいては先住民の権利保障を定めた ILO 第169号
条約が可決され，91年に発効した．時間はかかったものそれに対応してペルー
国内で2011年に事前協議法が成立した．マクロ的に見た場合，事前協議は行わ
れているが紛争の数に比べて実施事例は少なくなっている．また，フィールド
調査でも一部では事前協議は行われているが，住民の生活と直接関連する分野
では行われていないなど，その不十分性が示されている．他方同じ先住民でも，
コスタリカの先住民の土地と教育問題を調査したフィールド調査では，ILO
第169号条約に対応したコスタリカの国内法・制度は機能していたことが示さ
れている．しかし，それも万全ではなく，内外の要因により先住民保護制度に
は揺らぎが見られることが指摘されている．

　さて本書における事例研究から，一連の国際人権レジームはどのような性格
のものであるのかを序論で示したドネリーの基準に即して考えてみよう．まず
国際基準となっているのか国内的かという，以下の４つの基準に当てはめてみ
よう．① 国際的基準がそのまま各国により受け入れられた権威のある国際規
範，② 国家が部分的に国際基準を受け入れた国家による例外規定のある国際
基準，③ 国家により受け入れられてはいないが推奨されている国際ガイドラ
イン，④ 国際的基準が不在の国家レベルの基準（宮脇, 2003: 60-61; Donnelly, 1986:
603-604）．本書の事例研究により取り上げた条約は，① 国際的基準がそのまま
各国により受け入れられた権威のある国際規範，に相当すると考えられる．

　他方，国際規範等の決定手続きに関して，ドネリーは以下の６つのタイプを

挙げている．① 有効な強制力を伴う国際的決定，② 国際的監視，③ 国際的政策協調，④ 国際的情報交換，⑤ 国際的勧告または支援，⑥ 国家主権のもとに行われる国家による決定（Donnelly, 1986: 603）．ここでは米州人権委員会や人権裁判所，および各種国際機関が存在しているが① 有効な強制力を伴う国際的決定とみられるが，それらが部分的実効性しかもたないことから② 国際的監視ではないかと考えられる．

　この規範・原則・ルールと，その決定手続を交差させて以下の 4 つのレジームが想定されている．① 強制レジーム，② 履行レジーム，③ 促進的レジーム，④ 宣言的レジームに分類している（宮脇, 2003, 60-61; Donnelly, 1986: 603）．本書における検討結果から，ラテンアメリカにおける社会的脆弱層を保護する国際人権レジーム・コンプレックスは，② 履行レジームあるいは ③ 促進レジームではないかというのが本書の検討から得られた知見である．

参考文献

宮脇昇『CSCE 人権レジームの研究──「ヘルシンキ宣言」は冷戦を終わらせた』国際書院，2003年．

Donnelly, Jack, "International Human Rights: A regime Analysis" *International Organization*, Vol. 40 No. 3, 1986.

謝　辞

　本書は，2019年から2022年にわたって実施された科学研究費助成事業の基盤研究（B）課題番号19H04373「ポスト新自由主義時代におけるラテンアメリカの人権レジーム：地域統合と各国での実践」の研究成果の主要部分を刊行するものである．出版にあたっては，同志社大学人文科学研究所の研究叢書出版助成を頂き，同研究所事務の方々から多大なる支援を賜り，ここに出版に至った．同研究所と同研究所事務の方々には心からの謝辞を申し上げたい．

　また本書は，同志社大学人文科学研究所第20期17研究会（2019年から2021年実施）の上記科学研究助成事業と同名の研究会の成果でもある．そのため，本書の執筆にあたり本研究会に講師として，畑恵子氏（早稲田大学），牧野久美子氏（アジア経済研究所），杉山知子（愛知学院大学），山内熱人（同志社大学ラテンアメリカ研究センター嘱託研究員），狐崎知己（専修大学），Marta Torres Falcón（UNAM），村川淳（同社大学ラテンアメリカ研究センター嘱託研究員），Nisaguie Abril Flores Cruz 氏，David Burbano González 氏（Javeriana大学），Horacio Dantes 氏（同志社大学嘱託講師）をお招きした．研究会では，上記諸氏により本書のテーマに関連した貴重なお話を賜り，本書執筆者は多大なる知的刺激を受け，各自の研究の貴重なヒントとなった．ここに本研究会に講師としていらして下さった諸氏に感謝申し上げたい．

　同志社大学では中核研究拠点としてラテンアメリカ研究センターを設置しており，本書の執筆者の一人村川淳氏はそのメンバーである．本書のもととなった研究会は，同志社大学ラテンアメリカ研究センターの活動の一部であり，同センターの研究活動の活性化に貢献したことも記しておきたい．

　また，出版に際しご尽力を賜った晃洋書房の井上芳郎氏，櫻井天真氏に対し，ここに感謝の意を表したい．

　　　　　　　　　　　　　　　　　　　　　　　　　宇佐見耕一

索　引

《執筆者紹介》（執筆順，＊は編著者）

＊宇佐見耕一（うさみ　こういち）[はじめに・序章・第1章・終章・謝辞]

　　奥付参照

松久玲子（まつひさ　れいこ）[第2章]

　　同志社大学大学院グローバル・スタディーズ研究科（名誉教授）
　　1980年　京都大学教育学研究科修士課程修了，教育学修士（京都大学）
　　1983年　京都大学教育学研究科博士課程単位取得退学
　　2011年　博士（学術）（東京外国語大学）

　　主要業績
　　『国境を越えるラテンアメリカの女性たち―ジェンダーの視点から見た国際労働移動の諸相』（編著
　　　書）晃洋書房，2019年
　　『メキシコ近代公教育におけるジェンダー・ポリティクス』行路社，2012年
　　『メキシコの女たちの声――メキシコ・フェミニズム運動資料集』（編著書）行路社，2002年

柴田修子（しばた　のぶこ）[第3章]

　　同志社大学グローバル地域文化学部准教授
　　1998年　東京大学大学院総合文化研究科博士課程満期退学
　　2019年　博士（グローバル社会）（同志社大学）

　　主要業績
　　「南米域内の国際労働移動――コロンビアからチリへ」松久玲子編著『国境を超えるラテンアメリカ
　　　の女性たち――ジェンダーの視点から見た国際労働移動の諸相』晃洋書房，2019年
　　「コロンビアにおける平和構築の阻害要因――トゥマコのFARC分離グループの事例研究」『ラテン
　　　アメリカ研究年報』第41巻，2021年
　　「コロンビア・ドゥケ政権下における全国抗議行動とその背景」『ラテンアメリカ・レポート』第39
　　　巻1号，2022年

村上勇介（むらかみ　ゆうすけ）[第4章]

　　京都大学東南アジア地域研究研究所教授
　　1991年　筑波大学大学院修士課程地域研究研究科修了（国際学修士）
　　2011年　博士（政治学）（筑波大学）

　　主要業績
　　El Perú en la era del Chino: la política no institucionalizada y el pueblo en busca de un salvador. 4ª.
　　　edición, 2 tomos, Lima: Instituto de Estudios Peruanos, 2023
　　América Latina en la encrucijada: coyunturas cíclicas y cambios políticos recientes (2010-2020).
　　　Xalapa, Veracruz, México: Universidad Vercruzana, 2021（coeditado con Enrique Peruzzotti）
　　Sueños distintos en un mismo lecho: una historia de desencuentros en las relaciones Perú-Japón
　　　durante la década de Fujimori. 2ª. edición, Lima: Instituto de Estudios Peruanos, 2019

村川　淳（むらかわ　あつし）［第 5 章］

同志社大学ラテンアメリカ研究センター嘱託研究員
2015年　京都大学大学院農学研究科博士後期課程指導認定退学
2018年　博士（農学）（京都大学）

主要業績

『浮島に生きる──アンデス先住民の移動と「近代」』京都大学学術出版会，2020年
「1970年代，ラテンアメリカにおける非同盟運動──ベラスコ軍事政権下のペルーから考える」
　　『Prime』第45号，明治学院大学国際平和研究所，2022年
「アンデスの高嶺から砂漠に水をひく──ペルー・タクナ県総合開発計画をめぐる国際的力学と高度
　　経済成長期の日本」『研究年報』第20巻 1 号，滋賀大学環境総合研究センター，2023年

額田有美（ぬかだ　ゆみ）［第 6 章］

南山大学外国語学部スペイン・ラテンアメリカ学科講師
2018年　大阪大学大学院人間科学研究科博士後期課程修了，博士（人間科学）（大阪大学）

主要業績

「Facebook から読み解くコスタリカの先住民「土地回復」運動──オンライン調査からの一考察」
　　『ラテンアメリカ・カリブ研究』第29号，2022年
“Interpreting cultural expert testimony in an indigenous community in Costa Rica” in Leila Rodriguez
　　(ed.) *Culture as Judicial Evidence: Expert Testimony in Latin America,* University of Cincinnati
　　Press, 2021

坂口安紀（さかぐち　あき）［第 7 章］

ジェトロ・アジア経済研究所地域研究センター主任調査研究員
1990年　University of California, Los Angeles, MA in Latin American Studies 修士（カリフォルニア
　　大学ロスアンジェルス校ラテンアメリカ地域研究学部）

主要業績

『チャベス政権下のベネズエラ』（編著）アジア経済研究所，2016年
『ベネズエラ　溶解する民主主義，破綻する経済』中央公論新社，2021年
「底を打つベネズエラ経済──プラス成長とインフレ低下はなぜ達成されたか？」『ラテンアメリ
　　カ・レポート』Vol.39 No.2，2023年

《編著者紹介》

宇佐見　耕一（うさみ　こういち）

同志社大学グローバル地域文化学部教授，アジア経済研究所名誉研究員．
1986年　筑波大学大学院修士課程修了．博士（学術）（筑波大学）．

主要業績

"Re-thinking Argentina's Labour and Social Security Reform in the 1990s: Agreement on
　　Competitive Corporatism", *Usami Koichi ed., Non-Standard Employment under
　　Globalization: Flexible Work and Social Security in the Newly Industrializing
　　Countries*, Basingstoke: Palgrave Macmillan, 2010, 47–72.
『アルゼンチンにおける福祉国家の形成と変容——早熟な福祉国家とネオ・リベラル改
　　革』，旬報社，2011年．
「アルゼンチン」宇佐見耕一編『新世界の社会福祉10　中南米』旬報社，2020年．

同志社大学人文科学研究所研究叢書 LXIII

ラテンアメリカと国際人権レジーム
——先住民・移民・女性・高齢者の人権はいかに守られるのか？——

2024年2月20日　初版第1刷発行　　　＊定価はカバーに
　　　　　　　　　　　　　　　　　　　　表示してあります

編著者　　宇 佐 見 耕 一
発行者　　萩 原 淳 平
印刷者　　藤 森 英 夫

発行所　株式会社　晃 洋 書 房

〒615-0026　京都市右京区西院北矢掛町7番地
電話　075（312）0788番代
振替口座　01040-6-32280

装丁　尾崎閑也　　　　　　印刷・製本　亜細亜印刷㈱
©Koichi Usami 2024　　　　ISBN978-4-7710-3794-6